Engelbrecht/Buhr
Schießausbildung

Schießausbildung

Ein Leitfaden für die Polizei und für andere Berechtigte

Von Hans-Otto Engelbrecht
Polizeidirektor im Bundesgrenzschutz a. D.

Jürgen Buhr
Polizeihauptmeister im Bundesgrenzschutz a. D.

2., völlig neu bearbeitete Auflage, 2003

RICHARD BOORBERG VERLAG
Stuttgart · München · Hannover · Berlin · Weimar · Dresden

Bibliografische Information Der Deutschen Bibliothek

Die Deutsche Bibliothek verzeichnet diese Publikation in der Deutschen Nationalbibliografie; detaillierte bibliografische Daten sind im Internet über **http://dnb.ddb.de** abrufbar.

2. Auflage, 2003
ISBN 3-415-03039-3

© Richard Boorberg Verlag GmbH & Co, 1982
www.boorberg.de

Satz: Lihs GmbH, Medienhaus, Ludwigsburg
Druck und Verarbeitung: Laupp & Göbel, Nehren
Papier: säurefrei, aus chlorfrei gebleichtem Zellstoff hergestellt; alterungsbeständig im Sinne von DIN-ISO 9706

Vorwort

Die Autoren dieses Lehr- und Lernbuches waren Polizeivollzugsbeamte im Bundesgrenzschutz, die aufgrund ihrer langjährigen Tätigkeiten als Fachbereichsleiter im waffentechnischen Bereich und Schießtrainer an der Grenzschutzschule in Lübeck und im zivilen Bereich die heutige Schießaus- und -fortbildung im Bundesgrenzschutz maßgeblich mitgeprägt haben.

Die Notwendigkeit zur Erstellung dieses Buches wurde aus der Erkenntnis abgeleitet, dass das Erlernen schulmäßiger Übungen und das „Erfüllen" vorgegebener Bedingungen aus Schießvorschriften und anderen Vorgaben alleine nicht ausreichen, um den in der heutigen Zeit an einen Polizeibeamten gestellten Anforderungen im Umgang mit Schusswaffen gerecht zu werden, damit er die ihm gesetzlich übertragenen Aufgaben erfüllen kann.

Auch die in den Polizeidienstvorschriften vorgesehenen Schießübungen unter „einsatzmäßigen Bedingungen" alleine werden den Ansprüchen an den heutigen Polizeiberuf nur bedingt gerecht: Eingriffsrecht, Psychologie, Ethik, gezielte sportliche Übungen sowie mentales Training sind im Zusammenhang mit einem Schusswaffeneinsatz ebenso bedeutsam wie die im Einsatz immer wiederkehrende Grundsatzfrage nach dem Nichtschießen oder Schießen.

Dieses Buch wurde in erster Linie erstellt für die „Grund"-Schießaus- und -fortbildung in der Polizei. Deshalb wird sowohl von den auszubildenden als auch von den regelmäßig an der Schießfortbildung teilnehmenden Polizeibeamten allgemein von **Polizeibeamten** oder einfach (und gleichbedeutend) von **Schützen** oder auch von **Auszubildenden** gesprochen.

Die Damen in diesen Verwendungen mögen für diese Vereinfachung Verständnis zeigen.

Trotz dieser personenbezogenen Bindung wünschen sich die Autoren, dass alle zur Durchführung von Schießaus- und -fortbildungsmaßnahmen Autorisierten bzw. anderen Berechtigten (z. B. zur Abnahme von Sachkundeprüfungen zum Besitz und Führen von Schusswaffen nach den einschlägigen Bestimmungen des Waffengesetzes und den entsprechenden Vorschriften des jeweiligen Bundeslandes) von den Aussagen und Hilfestellungen dieses Buches profitieren mögen.

Diesen Personen bzw. Einrichtungen bitten die Autoren, die hier verwendeten polizeibezogenen Begriffe analog anzuwenden. Insofern wird auch der Begriff **Berechtigte** verwendet.

Aus Gründen der Vereinfachung wird im Text für den Begriff **Faustfeuerwaffen (Pistolen und Revolver)** auch die Bezeichnung **Waffen** verwendet. Wo erforderlich, werden andere Begriffe begründet benutzt.

Wenn im Text anstelle des Begriffes „Lauf" auch der Begriff „Rohr" benutzt wird, so werden beide Begriffe synonym gebraucht, es wird hiermit dem Sprachgebrauch bei der Polizei Rechnung getragen.

Weitere waffentechnische, munitionstechnische, medizinische usw. Begriffe und Daten werden nur angeführt und erläutert, soweit sie für die Schießaus-

und -fortbildung von Bedeutung sind. Sie erheben in diesem Zusammenhang keinesfalls den Anspruch auf Vollständigkeit.
Dank für ihre fachkundige und kollegiale Mitarbeit gebührt Frau Mitterhuber-König, den Herren Bensch, Männich und Stappen von der Grenzschutzschule in Lübeck sowie den Firmen Heintges Lehr- und Lernmittel GmbH Marktredwitz und Pinnecke & Engelhardt GmbH Schießscheibenvertrieb Braunschweig für die Genehmigung, Abdrucke oder Aussagen aus ihren Unterlagen übernehmen zu dürfen.

Die Autoren

Hans-Otto Engelbrecht
Polizeidirektor im BGS a. D.

Jürgen Buhr
Polizeihauptmeister im BGS a. D.

Inhalt

1.	Vorbemerkungen	13
1.1	Allgemeines	13
1.2	Ziel der Schießaus- und -fortbildung	15
2.	**Ethische und psychologische Aspekte, Stress**	**18**
2.1	Ethische und psychologische Aspekte	18
2.2	Stress	21
3.	**Rechtliche Betrachtung**	**26**
3.1	Das Grundgesetz	26
3.2	Vorrang des Gesetzes	27
3.3	Übermaßverbot	27
3.4	Möglichkeit der Befolgung einer polizeilichen Verfügung	27
3.5	Geeignetheit polizeilicher Verfügungen zur Zweckerreichung	27
3.6	Erforderlichkeit polizeilicher Maßnahmen	28
3.7	Verhältnismäßigkeit	28
3.8	Zeitliches Übermaßverbot	28
3.9	Polizeilich Verantwortliche	28
3.10	Unmittelbare Ausführung und/oder sofortiger Vollzug	29
3.11	Allgemeine Zulässigkeitsvoraussetzungen für die Anwendung des unmittelbaren Zwanges	30
3.12	Ermächtigungsbegrenzende Bestimmungen	30
3.13	Vorrang milderer Mittel des unmittelbaren Zwanges	30
3.14	Vorrang von Sachmitteln	30
3.15	Zweck und zulässiges Maß des Schusswaffengebrauchs gegen Personen	30
3.16	Beschränkung von Befugnisnormen	30
3.16.1	Beschränkung der Befugnisnorm beim Schusswaffengebrauch gegen Kinder	30
3.16.2	Beschränkung der Befugnisnorm zum Schusswaffengebrauch zur Fluchtvereitelung bei Jugend- und Strafarrest	31
3.16.3	Beschränkung der Befugnisnorm bei Gefährdung Unbeteiligter	31
3.16.4	Beschränkung von Befugnisnormen beim Schusswaffeneinsatz gegen Personen in einer Menschenmenge	31
4.	**Entwicklung der Schießaus- und -fortbildung**	**32**
4.1	Geschichtliche Entwicklung	32
4.2	Töten kranker, verletzter oder gefährlicher Tiere	37

Inhalt

4.3	Üben/Schießen unter einsatzmäßigen Bedingungen	37
4.3.1	Aufmerksame Sicherungshaltung	38
4.3.2	Entschlossene Sicherungshaltung	38
4.3.3	Entschlossene Schießhaltung	39
4.3.4	Einsatzmäßige Übungen	40
5.	**Merkmale einer modernen (zeitgemäßen) Schießaus- und -fortbildung**	**42**
5.1	Schulmäßiges Schießen als Grundvoraussetzung	42
5.2	Handhabungs- und Treffsicherheit	43
5.3	Situationstraining/situatives Handlungstraining	43
6.	**Grundsätze zur Durchführung der Schießaus- und -fortbildung**	**45**
6.1	Sicherheit	45
6.2	Ruhe – kein Zeitdruck	46
6.3	Erklären, zeigen, begründen	46
6.4	Systematischer Aufbau	47
6.5	Ständige Kontrolle	47
6.6	Motivation	47
6.7	Besprechung/Nachbereitung	47
6.8	Training und Verinnerlichung der Handhabungssicherheit	48
6.9	Eigenverantwortlichkeit im Umgang mit der Schusswaffe auch im Training	49
7.	**Sicherheit im Umgang mit Faustfeuerwaffen**	**50**
7.1	Sicherheitsbestimmungen	50
7.2	Unbeabsichtigte Schussabgabe	53
8.	**Schießen auf Schießanlagen**	**54**
8.1	Allgemeines	54
8.2	Schießordnung	55
8.3	Aufgabenverteilung auf Schießanlagen	56
8.4	Rechte der zugelassenen Aufsichtspersonen auf behördlich zugelassenen Schießständen	59
8.5	Aufgaben der Aufsicht beim Schützen	59
8.6	Mögliche Sanktionen bei Pflichtverstößen	60
9.	**Sicherung gegen Abhandenkommen**	**61**
10.	**Theoretische Schießausbildung**	**62**
10.1	Begriffsbestimmungen für die Schießaus- und -fortbildung	62
10.2	Schießlehre	65
10.2.1	Innenballistik	65
10.2.1.1	Drall	66
10.2.1.2	Geschossbewegung im Lauf	67
10.2.2	Außenballistik	68
10.2.2.1	Anfangsgeschwindigkeit	69
10.2.2.2	Abgangsrichtung	69
10.2.2.3	Schwerkraft	69

10.2.2.4	Geschossprofil	70
10.2.2.5	Luftwiderstand	70
10.2.2.6	Witterungseinflüsse	71
10.2.2.7	Erscheinungen an der Laufmündung	71
10.3	Schussleistung	72
10.3.1	Geschosswirkung	72
10.3.2	Durchschlagsleistung	72
10.4	Streuung	73
10.4.1	Visieren/Visiereinrichtung	74
10.4.1.1	Begriffsbestimmungen beim Zielen/visieren	75
10.4.1.2	Visierfehler	77
10.4.1.3	Ursachen für schlechte Schießergebnisse	80
11.	**Praktische Schießausbildung**	**83**
11.1	Schießvorschule	83
11.1.1	Allgemeines	83
11.1.2	Schießvorschule – Vorbemerkungen	83
11.1.3	Erfassen und Halten der Faustfeuerwaffe	85
11.1.3.1	Beidhändig	85
11.1.3.2	Einhändig	88
11.1.3.3	Atemtechnik	90
11.1.4	Visiertechnik	92
11.1.4.1	Einleitung	92
11.1.4.2	Feststellen des Führungsauges	92
11.1.4.3	Visiergestaltung bei Faustfeuerwaffen	94
11.1.4.4	Begriffsbestimmungen	94
11.1.4.5	Visierter Schuss	97
11.1.4.5.1	Übungen zum Erlernen des visierten Schusses	97
11.1.4.5.2	Techniken zum Erlernen des Visierens	97
11.1.4.5.3	Visierübungen bei unterschiedlichen Lichtverhältnissen	102
11.1.4.5.4	Ausbildung am Anschusstisch	102
11.1.4.5.5	Erkennen des Abkommens	104
11.2	Abziehtechnik	105
11.2.1	Allgemeines	105
11.2.2	Möglichkeiten der Schussauslösung	108
11.2.2.1	DA-Abziehtechnik	109
11.2.2.2	SA-Abziehtechnik	109
11.2.3	Visieren und Abkrümmen	110
11.2.4	Nachhalten	111
11.2.5	Abzugstraining ohne scharfen Schuss	111
11.2.5.1	Allgemeines	111
11.2.5.2	Abzugsstäbchen	112
11.2.5.3	Spannabzug	112
11.2.5.4	Vorgespannter Schlaghebel	112
11.2.5.5	Fingerhut	112
11.2.5.6	Ellenbogen	113
11.2.5.7	Balkenkreuz	114

11.2.5.8	Patronenhülse	114
11.2.5.9	Verlängertes Korn	115
11.2.5.10	Abzieh-Trainingsgerät	115
11.3	Handhabungsübungen mit Faustfeuerwaffen	117
11.4	Rückstoßkontrolle	117
11.4.1	Verriegelung	118
11.4.2	Duldung	118
11.5	Anschlagarten	119
11.5.1	Allgemeines	119
11.5.1.1	Eigensicherung/Sicherungs- und Schießhaltungen	119
11.5.1.2	Deckung vor Wirkung	119
11.5.1.3	Eigengefährdung	119
11.5.1.4	Sicherungs- und Schießhaltungen (Waffenhaltungen)	119
11.5.1.4.1	Aufmerksame Sicherungshaltung	119
11.5.1.4.2	Entschlossene Sicherungshaltung	120
11.5.1.4.3	Entschlossene Schießhaltung	121
11.5.2	Anschlagarten im Einzelnen	122
11.5.2.1	Anschlag stehend beidhändig (Präzision)	123
11.5.2.1.1	„Isosceles-Anschlag"	125
11.5.2.1.2	„Weaver-Anschlag"	127
11.5.2.2	Stehend einhändig (Präzision)	128
11.5.2.3	Schnell gezielter Schuss	129
11.5.2.3.1	Stehend beidhändig	129
11.5.2.3.2	Stehend einhändig („Police-Crouch")	133
11.5.2.4	Erzwungene Schießstellungen	134
12.5.2.4.1	Anschlag kniend	134
11.5.2.4.2	Anschlag kniend, Schießen mit der Nichtschießhand	137
11.5.2.4.3	Anschlag liegend	139
11.5.2.4.3.1	Alternative („amerikanische Variante")	140
11.5.2.4.4	Deckungsanschläge	141
12.5.2.4.4.1	Rechtsseitiger Deckungsanschlag	141
11.5.2.4.4.2	Linksseitiger Deckungsanschlag	142
11.5.2.4.5	Anschläge aufgelegt	144
12.	**Auswerten von Trefferbildern**	**149**
12.1	Mögliche Ursachen für unzureichende Trefferergebnisse	149
12.2	Einwandfreies Trefferbild	151
12.3	Ungleichmäßige Streuung	153
12.4	Extreme Breitenstreuung	155
12.5	Trefferlage rechts	157
12.6	Trefferlage links	158
12.7	Trefferlage tief-links	160
12.8	Trefferlage tief-rechts	161
12.9	Trefferlage hoch-links	163
12.10	Trefferlage hoch-rechts	164
12.11	Extreme Vertikalstreuung	165
12.12	Trefferlage hoch	166

12.13	Trefferlage tief	168
12.14	Vorhalten	170
13.	**Schießen bei ungünstigen Lichtverhältnissen**	**172**
13.1	Allgemeines	172
13.1.1	Auswertung einer europäischen Statistik	173
13.2	Grundtechniken	173
13.2.1	FBI-Technik	174
13.2.2	Der Harries-Anschlag	175
13.2.2.1	Grundsätze bei der Einnahme des Harries-Anschlages	177
13.2.2.2	Vorteile der „Harries"-Schießtechnik beim Stablampeneinsatz	179
13.2.2.3	Übungseinheiten zur Vervollständigung des Schießens unter ungünstigen Lichtverhältnissen mit dienstlich zugewiesenen Stablampen	180
13.2.2.4	Sonstiges	181
14.	**Schusswaffengebrauch gegen Tiere**	**182**
14.1	Allgemeines	182
14.2	Rechtliche Zusammenhänge	183
14.3	Einteilung der Tiere	184
14.3.1	nach Arten	184
14.3.2	nach Krankheitssymptomen	185
14.4	Gefährdungsgrad der Tiere	185
14.5	Heimisches Haarwild	186
14.5.1	Aufbau des Körpers	186
14.6	Schießen auf kranke, verletzte und gefährliche Tiere	187
14.7	Töten von kranken, verletzten oder gefährlichen Tieren	189
14.7.1	Federwild	189
14.7.2	Niederwild (Haarwild)	190
14.7.3	Schalenwild	190
14.7.4	Hunde	194
14.8	Problem tollwutkranker Tiere	195
15.	**Anhang**	**198**
15.1	Gegenüberstellung Pistole – Revolver	198
15.2	Eine kleine Parabellum-Geschichte	199
15.3	Deformationsgeschoss für Behörden	200
15.4	Wundballistik	202
15.4.1	Physikalische Grundlagen	203
15.4.2	Vorgänge im Ziel	203
15.5	Georg Luger	205
15.6	Vergleichsübersicht gebräuchlicher Pistolen- und Revolverpatronen	206
15.7	Leistungsdaten der Patrone 9 mm x 19 Luger	206
15.8	Geschossablenkung	208

15.9	Behandlung und Pflege von Faustfeuerwaffen	209
15.9.1	Allgemeines	209
15.9.2	Füllen von Magazin und Trommel	209
15.9.3	Pflege und Reinigung	210
15.9.4	Durchführung der Reinigung	210
16.	**Schießtechnische Begriffe**	**212**
17.	**Schlussbetrachtung**	**223**
Stichwortverzeichnis		**225**

1. Vorbemerkungen

1.1 Allgemeines

Polizist erschoss seine Frau
– es passierte beim Entladen

Die Ehefrau stand nur eine Sekunde in der Tür – da traf sie die tödliche Kugel. Abends in Berlin. Polizei-Meister Henry D. (31, erst seit drei Monaten mit der Ausbildung fertig) bereitet im Wohnzimmer seine Uniform und seine Ausrüstung für den nächsten Tag vor. Er hat Frühdienst. Auch seine Dienstpistole (9 mm) ist dabei.

Im Kinderzimmer nebenan bringt Ehefrau Birgit (32) die Kinder Sarah (8) und Dave (4) zu Bett. Sie bleibt noch bei ihnen sitzen, erzählt eine Gute-Nacht-Geschichte. Die Tür zum Wohnzimmer ist offen.
Dort will Henry D. gerade seine Waffe entladen (Vorschrift). Er holt das Magazin aus dem Griffstück. Aber – eine Kugel liegt noch im **Lauf. Die vergisst er.**
Birgit D. sagt ihren Kindern endgültig „Gute Nacht", steht auf, bleibt für eine Sekunde in der Tür zum Wohnzimmer stehen. In diesem Moment löst sich der Schuss.
Die Kugel trifft sie im Oberkörper. Sie verblutet. Ehemann steht unter Schock.

Eine Presseinformation – **Handhabungssicherheit?**

Die oben angeführte Pressemeldung und weitere in diesem Buch enthaltenen Meldungen belegen, dass Polizeibeamte und auch andere Berechtigte aus unterschiedlichsten Anlässen in Situationen kommen können, in denen sie mit einer Schusswaffe hantieren (müssen).

Während bei Übungsschießen oder beim Waffenreinigen i. d. R. genügend Zeit für eine sichere Handhabung zur Verfügung steht, muss der Waffenträger im Einsatz häufig in sehr kurzer Zeit und in einer extremen Stresssituation prüfen und entscheiden, ob die Voraussetzungen für einen Schusswaffengebrauch vorliegen. Er muss also beurteilen können, ob der Verdacht eines Verbrechens oder eines Vergehens, ein Vergehen unter Mitführung von Schusswaffen oder Sprengstoff bzw. ob eine gegenwärtige Gefahr für Leib oder Leben, die nicht anders abgewehrt werden kann, vorliegt.

Über die Handhabung wird er sich in der Regel keine Gedanken mehr machen können.

Vorbemerkungen

> ## Schieß-Lehrer traf Polizist ins Herz
>
> **ph. Nürnberg, 20. März**
>
> Der Schießausbilder der Nürnberger Polizei hat gestern früh aus Versehen einen Beamten getötet. Polizeiobermeister Werner B (26) übersah eine Kugel in seiner Pistole und drückte ab. Das Geschoss traf das Herz eines Polizeihauptmeisters.
> Auf dem Schießstand waren 20 Polizisten im Halbkreis angetreten. Sie hörten dem Ausbilder zu, der das Magazin aus seiner Pistole (9 mm) gezogen und die Waffe am ausgestreckten Arm zur Tür gerichtet hatte: „Beachten Sie bitte meine Bein- und Körperhaltung."
> Als er am Abzugshebel zog, ging die Tür auf und Polizeihauptmeister Hans Riemer (40) kam herein. Tödlich getroffen sank er zu Boden. Riemer hinterlässt eine Frau, eine achtjährige Tochter und einen elfjährigen Sohn.
> Der Ausbilder erlitt einen Schock. Nürnbergs Polizeipräsident Horst Zeitz: „Ein zuverlässiger und gewissenhafter Beamter."

Eine Presseinformation – **Handhabungssicherheit?**

Die Ausbildung von Polizeibeamten und anderen Berechtigten muss also auf solche und ähnliche Situationen vorbereiten. Es müssen solide und fundierte Grundkenntnisse, auf die aufgebaut werden kann, vermittelt werden; es muss **Handhabungssicherheit** im Umgang mit der Faustfeuerwaffe geschaffen werden.

Handhabungssicher ist nur, wer umfassend ausgebildet ist, ständig fortgebildet wird und selber um seine eigene Fortbildung bemüht ist.

Viele Handgriffe kann und sollte der Auszubildende alleine üben.

Hieraus ergeben sich hohe Anforderungen an einen zum Führen von Schusswaffen Berechtigten.

Der Polizeibeamte muss sein Handwerkszeug technisch beherrschen, darüber hinaus muss er
- psychologisch so geschult sein, dass er über eine Lagebeurteilung sein Gegenüber einschätzen und daraus seine zu ergreifenden Maßnahmen richtig ableiten kann,
- über kommunikative Fähigkeiten verfügen, um sein Gegenüber deeskalierend ansprechen zu können,
- Grundsätze der Einsatztaktik beherrschen,
- das Eingriffsrecht in allen Situationen sicher anwenden können,
- das ihm zur Verfügung stehende Zwangsmittel situationsgerecht und angemessen, also handhabungs- und treffsicher anwenden können,
- Grundsätze der Eigensicherung für sich und mit eingesetzte Einsatzkräfte/Personen beherrschen,

letztlich und insgesamt über **Handlungskompetenz** verfügen.

Weiterhin müssen im Einsatztraining, das der Schieß-„Grundausbildung" folgen muss, Basisfertigkeiten ständig so vertieft und automatisiert werden, dass der Polizeibeamte im Einsatz diese Fähigkeiten und Fertigkeiten auch anwenden wird. Dieses ist aber nur zu erreichen durch regelmäßiges und intensives Training. Die Zeit für die Schießaus- und -fortbildung wird in der Regel zu knapp bemessen (angeblich fehlende Zeit kann und darf auf Grund der Bedeutung der komplexen Schießaus- und -fortbildung nicht als Entschuldigung gelten). Dieses zeitliche Defizit muss mit besonders qualifiziertem und engagiertem Ausbildungspersonal, modernen Schießanlagen sowie zweckmäßigem und umfangreichem Ausbildungsmaterial aufgefangen werden.

1.2 Ziel der Schießaus- und -fortbildung

Der Schusswaffengebrauch gegen Menschen ist das äußerste und schwerwiegendste Mittel, der aus diesem Grunde sowohl für den Bereich der Polizei als auch für den zivilen Bereich besonderen Regelungen und Bestimmungen unterliegt.

Unterschiedliche Aufgabenwahrnehmungen (Polizei, Bewachungsunternehmen, Personenschutz usw.) erfordern die professionelle Beherrschung des gesetzlichen Befugnisspektrums. Dies trifft umso stärker zu, wenn Befugnisse durch Maßnahmen des unmittelbaren Zwanges und hierbei besonders durch den Einsatz von Schusswaffen durchzusetzen sind.

Der Einsatz der Schusswaffe bei der Aufgabenwahrnehmung als tiefgreifender Eingriff in die Rechte eines Anderen stellt hohe Anforderungen an den zum Führen von Schusswaffen Berechtigten. Es ist daher unabdingbar, dass jeder zum Einsatz von Schusswaffen Berechtigte durch sorgfältige Vorbereitung in die Lage versetzt wird, diese sachgerecht und rechtlich einwandfrei einsetzen zu können.

Die „Konzeption für die Schießaus- und -fortbildung im Bundesgrenzschutz (BGS)" soll in Verbindung mit der „Vorschrift für die Schießausbildung", Polizei-Dienst-Vorschrift 211 (PDV 211) sowie der „Einsatzbezogenen Fortbildung" dazu beitragen.

Für die Schießaus- und -fortbildung bedeutet dies, dass
- zunächst in einer ersten Phase die **sichere Handhabung** der Schusswaffen **drillmäßig** zu erlernen ist, um Bewegungsabläufe im Umgang mit diesen zu verinnerlichen, bis diese **als automatisierter Prozess** intuitiv (unbewusst) richtig ablaufen, bevor
- in einer zweiten Phase die unabdingbar erforderliche **Treffsicherheit** erworben wird. Danach werden
- in einer dritten Phase die theoretischen und praktischen Lehranteile der polizeispezifischen Lehrfächer in **Situationstrainings** zusammengeführt werden.
  Unverzichtbare Voraussetzung für das sachkompetente Einsetzen der Schusswaffe ist das Erlangen von **Schießfertigkeit**, d. h. der **Handhabungs- und Treffsicherheit,**
- in einer vierten Phase folgen dann an Praxis- und Einsatznähe orientierte Übungsabläufe, die der Komplexität von Einsatzlagen Rechnung tragen und zur **Handlungssicherheit** beitragen.

Vorbemerkungen

Ziel dieses Fachbuches ist es, Schießfertigkeiten zu vermitteln – letztendlich als Voraussetzung zum Treffen der Entscheidung „Nichtschießen" oder „Schießen", da sich ohne die Fähigkeit, eine Schusswaffe handhabungs- und treffsicher einsetzen zu können, die o. a. Entscheidungsfrage nicht wirklich stellt.

> **Polizist schoss sich mit seiner Waffe in den Bauch**
>
> ggf. – Bei der Reinigung seiner Dienstwaffe schoss sich gestern morgen ein 55-jähriger Polizist in Hamburg selbst in den Bauch. Gegen 9 Uhr hielt sich Gerd C. allein in seinem Einzelbüro beim Landeskriminalamt (LKA) auf, als Kollegen einen Schuss hörten. Der herbeigerufene Notarzt stellte einen glatten Bauchdurchschuss mit hohem Blutverlust fest. Bei Redaktionsschluss war der Gesundheitszustand des Kriminalbeamten noch „kritisch". „Inzwischen haben sich seine Überlebenschancen aber deutlich verbessert", sagte der Polizeisprecher. Fremdverschulden oder Suizidversuch schließt die Polizei aus. **Jedoch hätte der Beamte beim Reinigen der Pistole die Munition entfernen müssen,** meinte der Polizeisprecher.

So ein Auszug aus einer Presseinformation der Welt – **Handhabungssicherheit?**

Handhabungssicherheit, Treffsicherheit und Handlungssicherheit(-kompetenz) sind nur durch systematisch aufgebautes, kontinuierliches Training erreichbar. Dieses gilt sowohl für die Polizei als auch für private Berechtigte. Gleichzeitig gilt es jedoch, dem zu schulenden Personenkreis die Handlungsalternative „**Nichtschießen**" näher zu bringen. Hierzu gehört der große Bereich der **Konflikvermeidungsfertigkeiten** (Suchen nach Alternativen zum Schusswaffeneinsatz).

Insbesondere im fortgeschrittenen Stadium der Schießfortbildung müssen im Bereich des einsatzmäßigen Schießens die in der Basisausbildung vermittelten Grundsätze bestätigt werden.

Anmerkung:
Wenn in diesem Buch von Schießausbildung und Schießfortbildung gesprochen wird, so ist hierunter innerhalb der Polizei folgendes zu verstehen: Die Schieß**ausbildung** findet innerhalb der Laufbahnausbildung, also bis zum erfolgreichen Abschluss der Laufbahnausbildung und damit auch zur Berechti-

gung zum Führen einer Schusswaffe statt, während alles, was danach an weiteren Qualifizierungsmaßnahmen (= Fortbildung) durchgeführt wird, als Schieß**fortbildung** bezeichnet wird. Dieses gilt auch für andere Gebiete. Beide müssen einem ständigen **Praxisabgleich** unterliegen.

Wenn in diesem Zusammenhang vom **Schießlehrer** gesprochen wird, sind damit synonym die Begriffe **Schießausbilder** und **Schießtrainer** sowie andere gebräuchliche Begriffe gemeint. In der Polizei unterscheiden sich die Begriffe durch unterschiedliche Qualifikationen der einzelnen Personen (Schießausbilder, Schießlehrer, Schießtrainer, Einsatztrainer).

Eine Reihe von Themen, wie z. B. **ethische, psychologische Aspekte** sowie **Stress** und **rechtliche Betrachtungen** in Einsatzsituationen werden in diesem Buch lediglich angerissen, um auf ihre Bedeutung im Rahmen der Schießaus- und -fortbildung und des Schusswaffeneinsatzes hinzuweisen. Eine ausführliche Erörterung würde den Rahmen dieses Buches sprengen. Es wird auf die diesbezügliche Fachliteratur verwiesen.

2. Ethische und psychologische Aspekte, Stress

2.1 Ethische und psychologische Aspekte

Das Studium des folgenden Artikels, der ebenfalls in der Presse erschienen war, gibt Anlass zum Nachdenken und für Verantwortliche Grund genug, die Art und Weise, in der z.T. heute noch die Schießaus- und -fortbildung in vielen Bereichen betrieben wird, kritisch zu überdenken.

Zweimal unbeabsichtigte Schussabgabe durch Polizeibeamte

Köln-Mülheim. Bewaffneter Raubüberfall in Köln-Mülheim auf eine Filiale der Restaurantkette McDonald's. Im Zuge der Fahndungsmaßnahmen sichten Polizeikräfte gg. 03.30 Uhr einen Pkw auf der BABA 3, auf den die Beschreibung des gesuchten Täterfahrzeuges zutrifft. Mit Unterstützung einer weiteren Streifenwagenbesatzung wird das Fzg. verfolgt und angehalten. Beim „Herantreten" an das Fahrzeug wird von einem Polizeibeamten und einer Polizeibeamtin unbeabsichtigt jeweils ein Schuss aus der Dienstwaffe abgegeben. Dabei entsteht Sachschaden an dem Pkw. Die vier Fahrzeuginsassen, die sich auf dem Weg zum Düsseldorfer Flughafen befinden und in keiner Verbindung zum Raubüberfall stehen, bleiben unverletzt. Soweit die Pressemeldung der Polizei.

Von örtlichen Pressekollegen war zu erfahren, dass der erste Schuss von einem Beamten abgegeben wurde, der in einer Hand die Waffe und in der anderen eine Taschenlampe hielt und diese einschalten wollte. Eine Beamtin, die ebenfalls auf dem Weg zum vermeintlichen Täterfahrzeug war, versuchte Deckung durch „in die Hocke gehen" zu nehmen, rutschte dabei aus und schoss durch die vordere Stoßstange in den Motorraum. Bemerkenswert ist in diesem Zusammenhang auch die Wahrnehmung eines Fahrzeuginsassen: Er spricht in diesem Zusammenhang von „dilettantischem Handeln, insbesondere im Hinblick auf die sichere Handhabung der Handfeuerwaffen, die gravierende Ausbildungsmängel deutlich machen". Abschließend bemerkt er, dass im Zuge eines Ermittlungsverfahrens die für die Ausbildung der Polizei zuständigen Vorgesetzten und Politiker nicht aus der Verantwortung genommen werden sollten.
Quelle: AP

Aus: „Polizeitrainer Magazin 8/2001/22"

In der Schießaus- und -fortbildung eines Polizeibeamten werden insbesondere auch ethische und psychologische Probleme aufgeworfen und Fragen häufig ungenügend beantwortet, während rechtliche Fragen im Allgemei-

Ethische und psychologische Aspekte

nen in der Aus- und Fortbildung größtenteils als angemessen behandelt betrachtet werden können.

Doch welcher Polizeibeamte, der überraschend seine Schusswaffe gegen Personen einsetzen soll, kennt seine Empfindungen in dieser Situation und weiß tatsächlich um die persönlichen (und rechtlichen) Folgen eines Schusswaffengebrauchs und kann somit sein eigenes Verhalten und Handeln vorhersehen?

Es kann nicht oft genug betont werden, dass ein Schusswaffengebrauch gegen Personen das äußerste und unter Umständen auch das folgenschwerste Mittel der Anwendung polizeilichen Zwanges ist.

Kommt eine zum Führen einer Schusswaffe berechtigte Person in eine Situation, die einen sofortigen Gebrauch von der Schusswaffe erforderlich macht, erfordert dies ein schnelles Reagieren. Insbesondere ist häufig in Bruchteilen von Sekunden zu prüfen, ob alle Voraussetzungen für eine Schusswaffenanwendung erfüllt sind.

Wie die Statistik zeigt, kommt ein Polizeibeamter selten in eine solche Situation, er kann somit in der Regel nicht aus seiner eigenen Erfahrung heraus handeln. Umso mehr Bedeutung kommt einer realitätsnahen, alle relevanten Lehrfächer einbeziehende Schießaus- und -fortbildung zu, um diesen zum Einsetzen von Schusswaffen berechtigten Personenkreis auf eine solche Situation vorzubereiten, damit Fehler vermieden werden.

Schießergebnisse im Rahmen des schulmäßigen Schießens sowie eine ausreichende Handhabungssicherheit geben nur sehr bedingt eine Aussage darüber ab, wie sich Polizeibeamte in Konflikt-, Stress- oder Angstsituationen verhalten werden. Es ist damit zu rechnen, dass sonst treffsichere Schützen unter der Belastung eines realen Schusswaffeneinsatzes keinen Treffer anbringen, sich auch sonst taktisch falsch verhalten.

Im einsatzmäßigen Schießen ist die Situation für den Polizeibeamten gekennzeichnet von Stress, Zeitnot, intrapersonellen Schwierigkeiten – inneren Konflikten.

Wenn auch eine gezielte Schussabgabe auf einen Menschen immer noch die Ausnahme ist, ergibt sich aus der ständig vorhandenen Möglichkeit hierzu, dass die Aus- und Fortbildung, und ganz besonders die Schießaus- und -fortbildung, im Polizeidienst ständig weiter professionalisiert werden muss.

Es ist davon auszugehen, dass unter Stress und damit mit zunehmender Erregung die Reaktionsfähigkeit, die geistige Verarbeitung von aktuellen Krisensituationen und die Möglichkeiten, wirklichkeitsgerecht (sinnvoll) zu handeln, negativ beeinflusst werden. Es gilt somit, geeignete Maßnahmen bereits im Vorfeld zu ergreifen, um die aufgezeigten negativen Verhaltensweisen zu mindern bzw. im positiven Sinne zu steuern.

Im Rahmen der Ausbildung, aber auch vor jedem Einsatz, ist stets erneut von Bedeutung, auf Schusswaffeneinsätze und die Folgen einzugehen. Insbesondere nach einer abgeschlossenen Ausbildung, wenn also Polizeibeamte eigenverantwortlich einen Einsatz zu bewältigen haben, sind Einsatzver-

19

läufe im Team zu durchdenken und möglichst durchzuspielen. Jeder Polizeibeamte muss grundsätzlich für sich bewerten, ob er die Konsequenzen eines Schusswaffeneinsatzes tragen will oder kann (eine Frage, die sich jeder stellen und beantworten sollte, bevor er einen entsprechenden Beruf ergreift). Gegebenenfalls sind zeitgerecht erforderliche persönliche Maßnahmen zu treffen.

Es kommt also darauf an, den Polizeibeamten so auf alle Eventualitäten innerhalb seines Aufgabenbereiches vorzubereiten, dass dieser sich in konkreten Einsatzsituationen angemessen und lage-/situationsgerecht verhält.

Hierfür gibt es eine ganze Reihe von Techniken, die in die Schießaus- und -fortbildung einfließen sollten:
- Situationstrainings in vorgegebenen Einsatzlagen (Fälle aus dem polizeilichen Einsatz).
- Intensive und bewusste gedankliche Vorbereitung auf den Handlungsablauf („Einsatz").
- Einsatz von Farbmarkierungs- oder Filzmunition in Übungslagen gegen an der Übung beteiligte weitere Personen.
- Anfertigen von Checklisten für eigene Verhaltensweisen in bestimmten Einsatzsituationen.

Polizisten keine Ballermänner

Mehr gefährliche Angriffe, weniger Opfer.
MAGDEBURG. Trotz der Zunahme gefährlicher Angriffe auf Polizisten haben die Beamten nach Angaben der Innenministerkonferenz im vergangenen Jahr nicht häufiger zur Waffe gegriffen als zuvor. Im Jahr 2000 wurde in Deutschland 52-mal von Polizisten auf Menschen geschossen, einmal weniger als 1999. Dabei gab es sechs Tote und 30 Verletzte. 1999: 15 Tote und 33 Verletzte.

NEUE PRESSE, Nr. 137, Seite 24,
vom Freitag, den 15. Juni 2001

- Mentales Training zur Regulierung des eigenen Erregungszustandes sowie zur Umsetzung der in den Checklisten niedergeschriebenen Verhaltensweisen.
- Sportliche Übungen können die Atemtechnik, Muskelschulung/Muskelentspannung, Ausdauer usw. fördern.

Nach einem Schusswaffengebrauch gegen Menschen, insbesondere mit tödlichem Ausgang, entstehen im Schützen sehr unterschiedliche Empfindungen. Menschen sind so unterschiedlich, dass ihre speziellen Gedanken und Gefühle sowie letztlich ihre Reaktionen nach einem Schusswaffengebrauch nicht vorhersehbar sind.

Die bewusste Abgabe eines gezielten Schusses auf einen Menschen stellt eine Ausnahmesituation dar, auf die man sich rational einstellen aber nicht tatsächlich vorbereiten kann. Umso wichtiger ist es, dass neben der Vermittlung „handwerklicher" Fähigkeiten und Fertigkeiten auch ethische und psychologische Probleme für die „Zeit danach" bereits vor Abgabe dieses Schusses behandelt werden und sich der Polizeibeamte eine solche Situation immer wieder vor Augen führt. Eine kompetente Hilfestellung von außen ist unabdingbar.

2.2 Stress

Warum kann Stress in Extremsituationen (hier ein bewusster und gewollter Schusswaffeneinsatz gegen einen Menschen) Fehler im Handeln verursachen?

Jeder erfahrene Schießlehrer weiß, dass erzielte Schießergebnisse auf einer Schießanlage – also im Rahmen der Schießaus- und -fortbildung – nur sehr bedingt Auskunft über die tatsächliche Handhabungs- und Handlungssicherheit in Stresssituationen gibt. Diesem Umstand muss sowohl die Qualifikation von Schießlehrern als auch die Schießaus- und -fortbildung spätestens im fortgeschrittenen Stadium Rechnung tragen.

Konflikt- und Angstsituationen, aber auch **Zeitdruck** und **unvorhergesehene Komplikationen** spielen im realen Einsatz eine ganz erhebliche Rolle und beeinflussen das Handeln eines Polizeibeamten erheblich, da hier für den Betroffenen eine extreme Belastungssituation vorliegt. Dies gilt insbesondere dann, wenn ein Schusswaffengebrauch gegen ein Lebewesen zu erwarten ist – und führen somit zu **Stress**. Der Polizeibeamte befindet sich in einer psychologischen Ausnahmesituation.

Für einen Polizeibeamten ergibt sich in einem Einsatz, in dem mit einem Schusswaffengebrauch zu rechnen ist, eine Situation, in der **Angst** hervorgerufen werden kann. Diese Furcht vor dem Ungewissen beeinflusst sein weiteres Vorgehen und Handeln. Beeinflussende Faktoren können z. B. sein:

- Einsatzanlass,
- polizeiliches Gegenüber (psychisches und physisches Erscheinungsbild, zu erwartendes Verhalten),
- Tageszeit,
- Örtlichkeit.

Hinzu kommen aber auch solche Faktoren wie eigene **Bedrohung** oder **Hilflosigkeit**.

Stress entsteht in Extremsituationen, Stress sind körpereigene Warnsignale, Stress bewirkt, dass sich unsere Wahrnehmung verändert.

Stressreize lösen in entsprechenden Situationen **Stressreaktionen** aus. Diese wiederum beeinflussen das Verhalten eines Menschen insgesamt, aber verursachen z. B. auch häufig ansteigenden Puls, Zittern der Hände, starkes Schwitzen. In dieser Situation kommt es ebenfalls zu gedanklichen **Stressreaktionen**, die verstärkt werden, wenn ein Schusswaffengebrauch zu erwarten ist. Hier spielen **Angst, Gefühlslosigkeit** oder **Aggression** eine besondere Rolle.

In einer akut lebensbedrohlichen Lage, wie sie bei Polizeibeamten nicht auszuschließen ist, können diese Stressreaktionen so stark werden, dass es zu **panikartigen Zuständen** kommen kann. Der Organismus funktioniert eher instinktgesteuert, nicht kühl-abwägend.

Stress hat, in Abhängigkeit von der Stärke des Stressreizes, Auswirkungen auf die Reaktionsfähigkeit. **Stress in geringem Maße** aktiviert den Organismus und fördert durch den damit verbundenen geistigen und körperlichen Leistungszuwachs die Fähigkeit, auch situationsgerecht zu handeln. **Starke Stressreize** verursachen ein häufig zu hohes Maß an Energiemobilisierung und Erregtheit und erschweren oder verhindern überlegte und koordinierte Handlungen. D. h. also, dass ein **gesunder Stress** i. d. R. leistungssteigernd wirkt und sich für die erfolgreiche Aufgabenbewältigung durchaus positiv auswirken kann. Hinzu kommt, dass individuelle psychologische Bewertungen der Einsatzsituation eine Stressreaktion deutlich verstärken oder verringern können.

Die persönliche psychische und körperliche Konstitution spielt eine entscheidende Rolle.

Betroffene verlieren unter stärkeren **Stressreizen,** und nur von diesen ist im Folgenden die Rede, häufig die Fähigkeit, Informationen richtig wahrzunehmen und zu verarbeiten. Nach einem Schusswaffeneinsatz ist der Schütze beispielsweise häufig nicht in der Lage anzugeben, wie viele Schüsse er tatsächlich während eines Einsatzes abgegeben hat. Ein Polizeibeamter glaubte beispielsweise, er hätte in einem Einsatz nur einen einzigen Schuss aus seiner Waffe abgefeuert, obwohl es tatsächlich mehrere waren. Der Knall eines Schusses wird oft als sehr leise empfunden, da die Fähigkeit Geräusche wahrzunehmen, blockiert wird.

Dieser seelisch bedingte **Gedächtnisverlust** hat seine Ursache in einem existenziell bedrohlichen Erlebnis. Aus Angst oder Übererregung kann der Schütze den Geschehensablauf nicht bewusst verarbeiten und im Gedächtnis speichern, oder er verdrängt unbewusst (vergisst) diese Ereignisse. **Unter Stress** geht somit häufig die Fähigkeit verloren, Informationen richtig zu verfolgen und zu verarbeiten.

Ein **stressbedingter Anstieg der Herzfrequenz** führt in der Regel ab 125 Schlägen pro Minute zum Verlust der Feinmotorik. Die kontrollierte Beweglichkeit der Finger wird in dieser Situation am meisten verringert. Die Hand-Augen-Koordination wird negativ beeinflusst. Auf das Problem der Reflexe zwischen den Gliedern in besonderen Situationen wird an anderer Stelle näher eingegangen.

In **extremen Stresssituationen** kann sich die Muskulatur verkrampfen. Hierdurch kommt es zu unkontrollierten Muskelanspannungen, die sich bis in die Fingerspitzen auswirken können. Es kann zu unbeabsichtigten Schussabgaben kommen. Umso wichtiger ist die korrekte Handhaltung der Faustfeuerwaffe, z. B. Haltung des Schießfingers entlang der Abzugseinrichtung, solange nicht bewusst und gewollt geschossen werden soll. Hierauf wird später ausführlicher eingegangen werden.

Es ist schwierig, in der Schießaus- und -fortbildung Situationen zu schaffen, die der Realität entsprechen und gleichzeitig die „Stressfähigkeit" schulen. Dieses geschieht nicht unbedingt dadurch, dass den Polizeibeamten eine „unüberschaubare" Vielfalt an Techniken für den Einsatz seiner Schusswaffe vermittelt wird. Trainingssysteme, die den Schützen mit zahlreichen Optionen von Schießtechniken versehen, können im Ernstfall zu Fehlentscheidungen oder Handlungsunfähigkeit führen. Hier ist weniger oft mehr.

Wichtig ist, dass den Übenden bestimmte Bewegungsabläufe „drillmäßig" vermittelt werden. Unter „Drill" ist in diesem Zusammenhang das Konditionieren = Ausbilden von bedingten Reflexen als Reizaktionsketten gemeint, die im Ergebnis zu automatisierten Handlungen führen sollen. Solche Handlungen können z. B. sein: Ziehen der Waffe, Magazinwechsel, Beseitigen von Hemmungen, Wahl eines zweckmäßigen Anschlages. Dieses bedeutet, dass zur Erreichung einer Handlungsfähigkeit und Handlungssicherheit **in allen Situationen** die Bewegungsabläufe weit über tausendmal geübt werden müssen, bevor diese Bewegungsabläufe automatisiert worden sind. Manche Handhabungsübungen müssen im Rahmen der Schießaus- und -fortbildung zur Selbstverständlichkeit werden.

Hieraus ergibt sich, dass die Zeitansätze für die Schießaus- und -fortbildung häufig viel zu knapp bemessen sind.

Diese drillmäßig eingeübten Handlungen werden i. d. R. auch unter Stressbedingungen erfolgreich (automatisiert) ausgeführt. Dieser Automatismus endet jedoch in dem Augenblick, in dem über **Nichtschießen oder Schießen** zu entscheiden ist. Alle Handhabungen bis zur Schussabgabe verlaufen unbewusst, **die Schussabgabe muss in jedem Falle bewusst erfolgen!**

Zwischen der Schießaus- und -fortbildung – und mag sie noch so realistisch durchgeführt werden – und einem realen Schusswaffeneinsatz gegen Lebewesen, und besonders gegen Menschen, besteht ein so gravierender Unterschied, dass der jeweilige Schütze bereits im Erkennen seiner Situation in eine für ihn völlig **ungewohnte Stresssituation** kommt. Diese Stresssituation kann den Schützen in seinem logischen und rechtmäßigen Handeln soweit blockieren, dass er entweder gar nicht oder falsch handelt.

Soll eine Schießaus- und -fortbildung einsatzorientiert erfolgen, wird nach einer soliden Basisausbildung zwangsläufig ein **stress-orientiertes Schießtraining** (unter einsatzmäßigen Bedingungen) folgen müssen.

Wahrnehmbare Stresssymptome sind körpereigene Warnsignale!

Stress bewirkt, dass sich unsere Wahrnehmungsfähigkeit und damit vor allem die tatsächliche Wahrnehmung verändern kann.

Stress verringert die Fähigkeit, kritische Entscheidungen zu treffen.

Stress blockiert häufig die Fähigkeit, rationale Entscheidungen zu treffen.

Nicht stressresistente Menschen können in Extremsituationen zu **Panik**, **Überreaktionen** oder **Unentschlossenheit** neigen.

Stress kann dazu führen, dass die Koordinationsfähigkeit und die Feinmotorik verloren gehen.

Stress verursacht einen Tunnelblick und vermittelt die (positive) Fähigkeit, sich auf eine Gefahr zu konzentrieren.

Dies hat einerseits den Vorteil, dass die Gefahrenquelle intensiv beobachtet und die Waffe somit über das Muskelgedächtnis schnell ins Ziel gebracht werden kann, aber auch andererseits den Nachteil, dass das Umfeld nicht mehr genügend wahrgenommen werden kann und mögliche Gefahren daraus übersehen werden.

Wie kann dem Phänomen Stress entgegengearbeitet werden?

Nur durch einsatzbezogenes (fächerübergreifendes) Training lassen sich die **Stressreaktionen** so minimieren, dass die Handlungsfähigkeit gewahrt bzw. schnell wieder hergestellt werden kann. Zu diesem Training gehört eine gezielte **mentale Vorbereitung** auf Einsatzsituationen.

Ein Bewegungsablauf muss u. U. mehrere tausend Male geübt sein, bevor er im Bereich der Automatismen abrufbar abgespeichert ist. Entscheidend für die Anzahl der Wiederholungen ist die Komplexität der Bewegungen und die Fähigkeit des Waffenträgers, solche Bewegungsabläufe zu erlernen.

Folglich muss so trainiert werden, dass das Handling mit der Waffe eine programmierte unterbewusste Reaktion, in Form eines Reflexes auf eine Stimulation, darstellt.

Die Entscheidung zur Schussabgabe ist ein bewusster Gedankenvorgang. Er ist von der unterbewussten Kontrolle des Ziehens der Waffe, des Zusammenführens beider Hände, des Visierens und der Abzugskontrolle zu trennen. Diese unterbewusste Kontrolle ist schneller und ermöglicht es, den Verstand für wichtige taktische Erwägungen in einer Konfrontation freizuhalten. Darüber hinaus soll auch das Handling der Waffe bezüglich Nachladen, Entspannen, Störungsbeseitigungen und Holstern auf dieser unterbewussten Ebene ausgeführt werden können.

Es kommt in der einsatzbezogenen Schießaus- und -fortbildung darauf an, die Fähigkeit zu erlangen, in Extremsituationen zu erkennen, ob ein Schusswaffengebrauch notwendig (und rechtlich zulässig) ist. Für diese Entscheidung muss der Kopf möglichst von Routinetätigkeiten frei bleiben. Dieses ist nur mit Hilfe von automatisierten Bewegungsabläufen (des Muskelgedächtnisses) zu erreichen. Dieses bedeutet, dass alle für eine Schussabgabe erforderlichen Handlungsabläufe auf einfache und logische, auf ein Minimum reduzierte und sichere Bewegungsabläufe minimiert werden müssen.

Eine Möglichkeit hierzu ist die **mentale Einstellung**. Hierbei kommt es darauf an, Gedanken oder Überlegungen über etwas anzustellen, was im Rahmen eines Einsatzgeschehens kommen kann oder kommen sollte. Diese mentalen Prozesse müssen im fortgeschrittenen Stadium des einsatzmäßigen Schießens Bestandteil der Schießfortbildung sein, so wie sie in vielen Lebensbereichen regelmäßig stattfinden. Mentales Training ist also geeignet, gedankliche Stressreaktionen so zu modifizieren, dass noch zweckmäßige und angemessene Handlungen möglich sind.

Der Auszubildende muss im **mentalen Training** so weit gebracht werden, dass er sich ein klares Bild vom weiteren Ablauf, einschließlich seiner eigenen Handlungen und Handhabungen, machen kann. In Verbindung mit drillmäßig eingeübten Handhabungen und Handlungen können selbst in lebensbedrohlichen Situationen noch solche fest konditionierten Handlungsabläufe abgerufen werden. Es sollte jedoch auch bedacht werden, dass eine mentale Vorbereitung selbst bei Übungsschießen zu besseren Schießergebnissen führen kann und somit bereits dort trainiert werden sollte.

Sinn dieser kurzen Abhandlung ist es, deutlich zu machen, dass Schießaus- und -fortbildung mehr ist, komplexer ist, als das einfache Erbringen von geforderten Mindestleistungen in der Schießanlage.

Die oben gemachten Ausführungen machen deutlich, dass die Funktion eines Schießlehrers nicht nebenbei wahrgenommen werden kann. Spätestens der Einsatztrainer sollte ein älterer, besonnener und über Einsatzerfahrung in verschiedenen Bereichen verfügender Ausbilder sein.

3. Rechtliche Betrachtung

Es wurde bereits mehrfach auf die Bedeutung der Rechtslage bei der Beurteilung der Voraussetzungen für einen Einsatz von Schusswaffen aufmerksam gemacht. Die folgenden, bewusst sehr kurz gehaltenen Ausführungen sollen diese Bedeutung unterstreichen, sie sollen keine vollständige rechtliche Abhandlung dieses komplexen Themas darstellen bzw. die in jedem Falle notwendige intensive Schulung auf diesem Gebiet ersetzen, sondern den potenziellen Schützen zusätzlich sensibilisieren, sich auch mit dieser Materie intensiv zu beschäftigen. Gleichzeitig soll hiermit der Schießlehrer angehalten werden, diesen Bereich in seine Aus- und Fortbildungsmaßnahmen mit einzubeziehen.

Zur Wahrnehmung zugewiesener Aufgaben durch die Polizei, vornehmlich der Gefahrenabwehr, bedarf es einer **Ermächtigung**. D. h., eine (Polizei-)Behörde ist erst dann berechtigt, nach einem ihr zustehenden Ermessen tätig zu werden, wenn die gesetzlichen Voraussetzungen einer Befugnisnorm erfüllt sind. Ist dieses der Fall, ist zu prüfen, ob trotz des Vorliegens der notwendigen Tatbestandsvoraussetzungen weiterhin die entsprechende Rechtsfolge eintreten darf oder muss.

3.1 Das Grundgesetz

Artikel 20 Abs. 3 GG:

Die gesetzgebende Gewalt ist an die verfassungsmäßige Ordnung, die **vollziehende Gewalt** und die rechtsprechende Gewalt sind an Recht und Gesetz gebunden **(Gesetzmäßigkeit der Verwaltung)**.

Für die Polizei wird hierdurch ein Zustand der Wertgebundenheit normiert **(Grundsatz der Verhältnismäßigkeit)**.

Aus der Gesetzmäßigkeit der Verwaltung lassen sich zwei wesentliche Grundsätze ableiten:
- **Vorbehalt des Gesetzes.**
- **Jedes polizeiliche Handeln** muss sich auf eine **Befugnisnorm** zurückführen lassen.

Der Einsatz von Schusswaffen gegen Personen ist immer ein schwerwiegender Eingriff in das Recht auf Leben, körperliche Unversehrtheit sowie persönliche Freiheit, sodass es hierfür eines förmlichen Gesetzes bedarf. D. h. Eingriffsmaßnahmen sind den **Befugnisnormen der Polizeigesetze** zu entnehmen.

3.2 Vorrang des Gesetzes

Jedes polizeiliche Handeln muss im Einklang mit bestehenden Gesetzen stehen – darf also keinesfalls gegen höherwertiges Recht verstoßen. Dieser Grundsatz besagt nicht nur, dass z. B. ein Verwaltungsakt der Polizei (hierzu gehört auch der Schusswaffengebrauch), der nicht im Einklang mit einer polizeirechtlichen Befugnisnorm steht, rechtswidrig ist, sondern lässt auch eine Maßnahme rechtswidrig werden, wenn zwar eine Befugnisnorm besteht, aber die Polizei ihre Maßnahme durchführt, ohne das **Übermaßverbot** zu beachten.

3.3 Übermaßverbot

Nach dem Polizeirecht **kann** die Polizei in zahlreichen Fällen des Alltages Maßnahmen treffen, wenn bestimmte Voraussetzungen erfüllt sind. Im Einsatz befindliche Polizeibeamte haben sich allerdings jeweils die Frage zu stellen, ob sie auch eine Maßnahme treffen müssen, selbst wenn sie diese nach den einschlägigen Bestimmungen des Polizeirechts treffen dürften. Hierdurch wird deutlich, dass der Polizei bei ihrem Handeln ein **pflichtgemäßer Ermessensspielraum** eingeräumt wird. Hierzu zählen insbesondere die **ermächtigungsbegrenzenden Bestimmungen des Schusswaffengebrauchs**, die sich als konkrete Ausgestaltung des **Übermaßverbotes** und eine besondere Ausgestaltung des **Grundsatzes der Verhältnismäßigkeit** darstellen.

3.4 Möglichkeit der Befolgung einer polizeilichen Verfügung

Eine von der Polizei ausgesprochene Verfügung verlangt vom Adressaten ein Handeln, Dulden oder Unterlassen. Dieses gilt auch in Hinblick auf einen bevorstehenden Schusswaffengebrauch. Hiermit wird zum Ausdruck gebracht, dass ein Adressat auch die **Möglichkeit** haben muss, eine polizeiliche Verfügung befolgen zu können. Ist dieses nicht der Fall, ist die Anwendung einer ansonsten rechtmäßigen Maßnahme ausgeschlossen (**tatsächliche** Möglichkeit).

Die von der Polizei geforderte Handlung muss auch **rechtlich** möglich sein, d. h. z. B., der Adressat einer polizeilichen Verfügung darf nicht zur Begehung von rechtswidrigen Handlungen gezwungen werden, die einen Straftat- oder Bußgeldtatbestand darstellen.

3.5 Geeignetheit polizeilicher Verfügungen zur Zweckerreichung

Mit der von einem Polizeibeamten angekündigten bzw. durchgeführten Maßnahme muss der **Zweck seines Einschreitens**, das von ihm **angestrebte Ziel**, auch tatsächlich erreicht werden können – auf der Grundlage polizeilicher Aufgabenzuweisung, der Abwehr von Gefahren für die öffentliche Sicherheit.

3.6 Erforderlichkeit polizeilicher Maßnahmen

Die Polizei hat von mehreren **möglichen** und **geeigneten** Maßnahmen diejenige zu treffen, die den Adressaten oder die Allgemeinheit voraussichtlich am wenigsten beeinträchtigt. Dieser Satz sagt letztendlich nichts anderes aus, als dass der Schusswaffengebrauch **erst dann** zulässig ist, wenn andere Maßnahmen des unmittelbaren Zwanges (einschließlich anderer Hilfsmittel der körperlichen Gewalt) entweder bereits erfolglos angewendet worden sind oder ihre Anwendung offensichtlich keinen Erfolg versprechen.

3.7 Verhältnismäßigkeit

Der Grundsatz der **Verhältnismäßigkeit**, er hat in der Bundesrepublik Deutschland verfassungsrechtlichen Rang, lässt sich mit einem einzigen Satz umschreiben:

Eine polizeiliche Maßnahme darf nicht zu einem Nachteil führen, der zu dem angestrebten Erfolg erkennbar außer Verhältnis steht.

Diese **Mittel-Erfolg-Relation** hat jeder Polizeibeamte bei jedem Einsatz, und damit insbesondere beim Schusswaffeneinsatz, zu beachten.

In der Praxis kann gerade dieser Grundsatz zu Schwierigkeiten führen und bedarf somit der intensiven Abhandlung im Rahmen der Ausbildung der Polizeibeamten.

3.8 Zeitliches Übermaßverbot

Dies bedeutet kurz ausgedrückt, dass eine polizeiliche Maßnahme nur solange zulässig ist, bis entweder ihr Zweck, das Ziel polizeilichen Handelns, erreicht ist oder sich herausstellt, dass der Zweck nicht erreicht werden kann. Dieses gilt selbstverständlich auch und gerade für den Schusswaffengebrauch.

Mit diesem Grundsatz wird deutlich, dass sich eine polizeiliche Maßnahme ausschließlich gegen diejenige Person zu richten hat, die objektiv die Verantwortung für die entstandene Gefahr trägt.

3.9 Polizeilich Verantwortliche

Neben den oben angesprochenen zwingend zu beachtenden allgemeinen Grundsätzen, die Polizeibeamte bei jedem Einschreiten zu beachten haben, gibt es eine Reihe weiterer (einengender) Grundsätze für den Einsatz von Schusswaffen.

Der Schusswaffengebrauch ist stets das äußerste Mittel des unmittelbaren Zwanges!

Er setzt voraus, dass die sonst im Verwaltungsrecht üblichen Elemente von Widerspruch und Anfechtungsklage bei einem Schusswaffeneinsatz keinen Raum haben, d. h. die sonst zu beachtende aufschiebende Wirkung von Rechtsbehelfen entfällt bei unaufschiebbaren Anordnungen und Maßnahmen von Polizeivollzugsbeamten.

Schusswaffeneinsatz bedeutet **Anwendung unmittelbaren Zwanges.**

Allgemein wird der Unmittelbare Zwang definiert als die Einwirkung auf Personen oder Sachen durch körperliche Gewalt, ihre Hilfsmittel und durch Waffen. Bevor unmittelbarer Zwang angewendet werden darf, ist vor dem Hintergrund der obigen Grundsätze zu prüfen, ob das Verhalten oder der Zustand, das/der zwangsweise erreicht werden soll, tatsächlich auch rechtlich durchsetzbar ist (liegt eine einschlägige Befugnisnorm für die beabsichtigte Maßnahme vor?).

Weiterhin sind zu beachten: Übermaßverbot, rechtliche Zulässigkeit der Anwendung des unmittelbaren Zwanges sowie die Androhung von Zwangsmitteln vor ihrem Einsatz (eigenständiger Verwaltungsakt).

3.10 Unmittelbare Ausführung und/oder sofortiger Vollzug

Diese in den Polizeigesetzen des Bundes und der Länder unterschiedlich behandelten Rechtsinstitute sollen die Fälle in der polizeilichen Praxis abdecken, bei denen ein sofortiges Handeln als unmittelbarer Zwang und insbesondere als Schusswaffengebrauch erforderlich ist. Es besteht also keine Zeit für das Erlassen einer Grundverfügung.

Auf die Unterschiede zwischen diesen beiden Rechtsinstituten soll hier nicht weiter eingegangen werden.

Es ist jedoch nachvollziehbar, dass ein Schusswaffeneinsatz strengen Voraussetzungen unterliegt. Insbesondere ist zusätzlich zu prüfen:

- Ist die Abwehr einer konkreten Gefahr notwendig, die mit anderen Maßnahmen gegen Personen nicht oder nicht rechtzeitig möglich sind oder keinen Erfolg versprechen?
- Handelt die Polizei innerhalb ihrer Befugnisse (Fragen der Zuständigkeit, des Vorhandenseins von Aufgabenzuweisungsnormen und einschlägigen Befugnisnormen, der Inanspruchnahme des richtigen Adressaten sowie der Beachtung des Übermaßverbotes)?

Aus den o. a. Aussagen lässt sich ableiten, dass von allen Möglichkeiten, die der Polizei zur Verfügung stehen, um einen Dritten in Anspruch zu nehmen, die Anwendung des unmittelbaren Zwanges das u. U. einschneidendste Mittel ist. Und selbst hier ist von den zur Verfügung stehenden Mitteln der Schusswaffengebrauch besonders hervorzuheben.

3.11 Allgemeine Zulässigkeitsvoraussetzungen für die Anwendung des unmittelbaren Zwanges

Die Anwendung des unmittelbaren Zwanges, und damit des Schusswaffengebrauchs, ist nur dann zulässig, wenn er sich in jedem Einzelfall auf eine eigene, den unmittelbaren Zwang betreffende Befugnisnorm stützt. Hierbei sind Befugnisnormen die Normen, welche die tatbestandsmäßigen Voraussetzungen aufzählen, die erfüllt sein müssen, damit in einem einzelnen Fall die dort vorgesehene Rechtsfolge eintreten darf.

3.12 Ermächtigungsbegrenzende Bestimmungen

Diese sind solche, die Umfang und Grenzen der Zwangsanwendung definieren und unter dem Gesichtspunkt des Übermaßverbotes Handlungspflichten auferlegen. Sie gehen im Zusammenhang mit der Anwendung des unmittelbaren Zwanges allgemeinen Bestimmungen vor.

3.13 Vorrang milderer Mittel des unmittelbaren Zwanges

Schusswaffen dürfen nur dann eingesetzt werden, wenn andere mögliche Maßnahmen des unmittelbaren Zwanges ohne Erfolg angewendet worden sind oder offensichtlich nach sorgfältiger Abwägung von vornherein keinen Erfolg versprechen oder unzweckmäßig sind.

3.14 Vorrang von Sachmitteln

Hier ist zu prüfen, ob der Zweck des polizeilichen Einschreitens unter Einsatz von Schusswaffen gegen Sachen auch erreicht werden kann, bevor der Waffengebrauch gegen Personen durchgeführt wird. Kann also eine bestehende Gefahr dadurch beseitigt werden, dass die Schusswaffe gegen Sachen eingesetzt wird, ist der Schusswaffeneinsatz **gegen Personen nicht zulässig**.

3.15 Zweck und zulässiges Maß des Schusswaffengebrauchs gegen Personen

Danach dürfen Schusswaffen nur eingesetzt werden, um **angriffs- oder fluchtunfähig** zu machen (Übermaßverbot).

3.16 Beschränkung von Befugnisnormen

3.16.1 Beschränkung der Befugnisnorm beim Schusswaffengebrauch gegen Kinder

Diese ermächtigungsbegrenzende Norm besagt, dass gegen Personen, die dem äußeren Eindruck nach noch nicht 14 Jahre alt sind, Schusswaffen **nicht** eingesetzt werden dürfen. Jedoch gilt auch hier die Ausnahme, dass der Schusswaffengebrauch das einzige Mittel ist, um eine gegenwärtige Gefahr für Leib oder Leben abzuwehren.

3.16.2 Beschränkung der Befugnisnorm zum Schusswaffengebrauch zur Fluchtvereitelung bei Jugend- und Strafarrest

Hiernach ist ein Schusswaffeneinsatz gegen Personen, die sich im Jugendarrest oder in einem Strafarrest befinden, **unzulässig**, wenn hierdurch eine Flucht vereitelt oder die Wiederergreifung einer Person, die sich im amtlichen Gewahrsam befindet oder ihr zugeführt oder wenn die Flucht aus einer offenen Anstalt verhindert werden soll.

3.16.3 Beschränkung der Befugnisnorm bei Gefährdung Unbeteiligter

Ein Schusswaffengebrauch ist dann unzulässig, wenn für den Polizeibeamten erkennbar Unbeteiligte mit hoher Wahrscheinlichkeit gefährdet sind, es sei denn, der Schusswaffengebrauch ist tatsächlich das einzige Mittel zur Abwehr einer gegenwärtigen Lebensgefahr.

3.16.4 Beschränkung von Befugnisnormen beim Schusswaffeneinsatz gegen Personen in einer Menschenmenge

Grundsätzlich gilt, dass ein Schusswaffengebrauch gegen Personen, die sich in einer Menschenmenge befinden, **unzulässig** ist, wenn für den Polizeibeamten erkennbar ist, dass Unbeteiligte mit hoher Wahrscheinlichkeit gefährdet werden. Als Ausnahme gilt, wenn der Schusswaffeneinsatz das einzige Mittel ist, um eine gegenwärtige Lebensgefahr abzuwehren.

Für weitergehende Erläuterungen (zum Teil auch mit Unterschieden) sind die einschlägigen Gesetze des Bundes und der Länder heranzuziehen.

Aus den oben aufgeführten Grundsätzen beantwortet sich die Frage: „**Wann darf ich einen Schusswaffengebrauch androhen?**" von selbst. Vereinfacht: Der Einsatz einer Schusswaffe darf in der entschlossenen Schießhaltung nur dann angedroht werden, wenn die Voraussetzungen für einen Schusswaffengebrauch auch tatsächlich vorliegen! Ein unüberlegter oder gar willkürlicher Einsatz als reines Drohmittel, ohne die Schusswaffen rechtlich begründet auch wirklich einsetzen zu dürfen, verbietet sich. In der aufmerksamen und entschlossenen Sicherungshaltung darf die Schusswaffe als „Drohmittel" (non verbal) eingesetzt werden, ohne dass die rechtlichen Voraussetzungen für einen Schusswaffengebrauch vorliegen müssen. Siehe hierzu auch Ziffer 4.3.1–4.3.3.

Anmerkung:
Im Übrigen wird auf die umfangreiche und detaillierte Literatur, so z. B. auf das ebenfalls im Boorberg-Verlag in der 5. Auflage erschienene Buch „Polizeilicher Schusswaffengebrauch" von Ley/Burkart hingewiesen.

4. Entwicklung der Schießaus- und -fortbildung

4.1 Geschichtliche Entwicklung

Die Schießaus- und -fortbildung, besonders in der Polizei, muss ständig den sich verändernden gesellschaftlichen Bedingungen (Anforderungen) angepasst werden. Schießleistungen alleine, die vor wenigen Jahren noch als völlig ausreichend zur Bewältigung polizeilicher Lagen angesehen wurden, reichen in der heutigen Zeit nicht mehr. Schießaus- und -fortbildung ist ein komplexes Thema geworden. Ihre in jüngster Zeit erfolgte Entwicklung soll nachfolgend kurz aufgezeichnet werden.

1972 wurde mit der Erstellung und Herausgabe der PDV 211 dem Bedürfnis nach einer Modernisierung der Schießaus- und -fortbildung in der deutschen Polizei in einem ersten Schritt Rechnung getragen. Diese Vorschrift, die eine einheitliche Schießaus- und -fortbildung und damit einen einheitlichen Ausbildungsstand in der deutschen Polizei erreichen sollte, hat viele antiquierte Vorstellungen über eine angeblich berufsbezogene – also einsatzgerechte – Schießausbildung zu den Akten gelegt und bot den Fürsprechern für eine moderne Schießausbildung große Entfaltungsmöglichkeiten.

Wurden in den früheren Schießausbildungsvorschriften in der Regel nur die formalen Teile einer weitgehend stationären Schießausbildung reglementiert (und leider oft genug überbewertet) und der technischen Durchführung eines Schießens weniger Beachtung geschenkt, so wurden in der PDV 211 wesentlich mehr schießtechnische Details behandelt.

Auch wurden hier bereits Schwerpunkte im Bereich des **realitätsbezogenen Schießens** sowie der **Handhabungssicherheit** mit **Treffsicherheit** festgelegt. Weiter wurden Themen behandelt wie schnelles und sicheres Schießen unter Zeitdruck (einschließlich schnelles und sicheres Inanschlagbringen der Waffe), Stellungswechsel, verstärktes Schießen auf Figurenscheiben und Kombinationsübungen (z. B. 12 P = Situationsschießen).

Der Schwerpunkt lag in dem Beschießen der Scheibe.

Geschichtliche Entwicklung

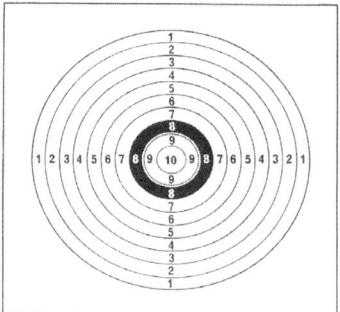

Scheibe 1 aus 1981

Es waren nur geringe bewegliche Elemente enthalten – vorrangig war weiterhin das statische Schießen.
Auch ließ diese Vorschrift, insbesondere bei der Ausbildung von Schieß-Anfängern, viele Fragen offen. Damit ergaben sich, auch im Hinblick auf Schießunfälle in den eigenen Reihen, Fragen nach weiteren Möglichkeiten einer Intensivierung der Aus- und Weiterbildung in der Waffen- und Schießausbildung, um die Fertigkeiten in der Handhabung von Schusswaffen so zu verbessern, dass unbeabsichtigte Schussabgaben zukünftig möglichst verhindert und die Schießergebnisse insgesamt verbessert werden konnten.

1977 erhielt die Schießvorschrift weitere Ergänzungen wie verstärkte Schulung des praxisnahen beidhändigen Anschlags mit der Waffe, leicht erlernbare und vielseitig einsetzbare Grundschießhaltung mit der Waffe in Körpermitte und Schulterhöhe sowie vielseitig verwendbare Anschlagsarten (besonders beim Schießen aus Deckungen).
Es bestanden jedoch weitere Forderungen nach
- realistischen Zieldarstellungen
- Nichtschieß- und Schießübungen
- Übungen aus unterschiedlichen Grundhaltungen heraus
  (z. B. aufmerksame Sicherungshaltung/entschlossene Schießhaltung)
- Schießübungen unter 6 Meter (ca. 90% aller Schusswaffenanwendungen erfolgen unter 6 Meter)
- Schaffung und Verwendung polizeispezifischer und praxisgerechter Schießanlagen (z. B. Raumschießanlagen mit der Möglichkeit, Schießübungen zu schießen, die eine Steigerung der nervlichen und körperlichen Anspannung und Belastung des Schützen ermöglichen.

Die Ziele wurden mit der PDV 211-Ergänzung 1977 noch nicht erreicht.

Entwicklung der Schießaus- und -fortbildung

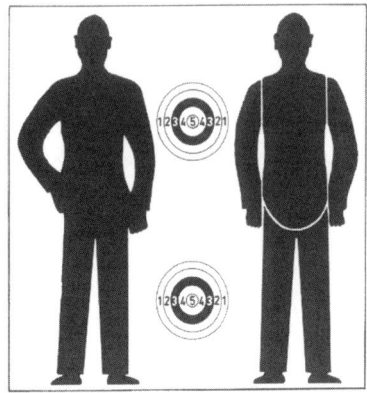

Scheibe 1 aus dem Jahre 1972

1981 fiel die Entscheidung, die PDV 211 fortzuschreiben. Wesentliche Änderungen sollten sein:
- Fortentwicklung der in der Vorschrift enthaltenen Übungen,
- Verstärkung einer praxisnahen Schießausbildung (z. B. taktische und rechtliche Lagebeurteilung),
- Einbeziehung von Alltagssituationen (z. B. psychologische Einschätzung des polizeilichen Gegenübers),
- Festigung der **Handhabungsfertigkeit** mit der Waffe (schnell und sicher) durch gezieltes und regelmäßiges **Handhabungstraining,**
- bewusste „Einführung" der „Hemmschwelle" zum **Nichtschießen,**
- Kenntnisse über das Verhalten in **Konflikt- und Stresssituationen,**
- Vertiefung der technischen Kenntnisse über Schusswaffen und Munition.

Scheibe 2 aus 1981

Geschichtliche Entwicklung

Diesen wesentlichen Fortschritt brachte die PDV 211, **Ausgabe 1992**. In dieser Vorschrift lagen somit die Schwerpunkte in der **Handhabungs- und Treffsicherheit**, der **Lagebeurteilung** und ihre **Bewältigung in taktischer und rechtlicher Hinsicht**, also in der Entscheidungsfindung (Handlungssicherheit). **Hierauf hat sich nunmehr die gesamte Waffen- und Schießausbildung in der Polizei auszurichten.**

Die aktuelle Schießvorschrift sagt hierzu aus:

Der **Polizeibeamte** kann in die Lage versetzt werden
- bei der Anwendung unmittelbaren Zwangs,
- in Notwehr- oder Notstandsfällen,
- zum Töten von verletzten oder kranken Tieren

von der Schusswaffe Gebrauch machen zu müssen.

Deshalb ist es **notwendig, dass er die Schusswaffen sicher und schnell handhaben kann**, sowie eine **Schießfertigkeit** erreicht wird, die eine sichere Anwendung der Schusswaffen und Treffsicherheit auch in schwierigen Einsatzlagen gewährleistet.

Darüber hinaus muss der **Polizeibeamte** befähigt sein, **seine Schusswaffe situationsangepasst und nur als äußerstes Einsatzmittel zu gebrauchen.**

Hieraus ergeben sich bereits die wesentlichen Änderungen gegenüber der früheren Schießausbildungsvorschrift:
- **neue polizei-(einsatz-)bezogene Schießscheiben**,
- **Schießen unter einsatzmäßigen Bedingungen**,
- **Ausbildung im Töten kranker, verletzter oder gefährlicher Tiere**.

Die ursprünglich fast nur für sportliche Zwecke zu verwendenden Scheiben wurden durch **neue polizeitypische Scheiben** mit entsprechenden Zieldarstellungen ersetzt.

Beim **schulmäßigen Schießen** sollen vorgegebene **Halteflächen** mit unterschiedlichen Formen getroffen werden. Es ist dabei unerheblich, in welchem Bereich des jeweiligen Symbols der Treffer liegt.

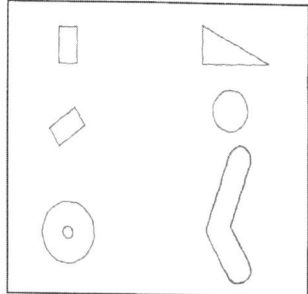
Scheibe 2.1 aus 1992

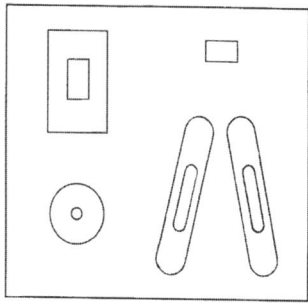
Scheibe 2.2 aus 1992

Beim **schulmäßigen Schießen** wird grundsätzlich auf die differenzierte Leistungsbewertung nach Ringen, wie es im sportlichen oder militärischen Bereich üblich ist, verzichtet.

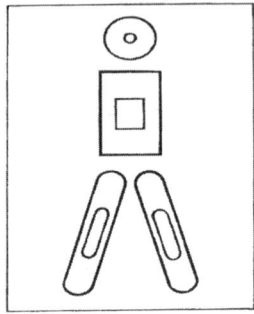

Scheibe 3.1 aus 1992

Die **Trefferflächen** werden durch geometrische Symbole dargestellt und entsprechen etwa den realen Größenverhältnissen beim späteren Schusswaffeneinsatz gegen Personen, Objekte oder Tiere. Als Wertung zählt nur „Treffer" oder „kein Treffer". Durch die unterschiedliche Anordnung der verschiedenen Symboldarstellungen gibt es keine Zentrumsorientierung und somit kein automatisiertes Verhalten des Schützen, wie es beispielsweise beim sportlichen Schießen auf „10er Ringscheiben" der Fall ist.

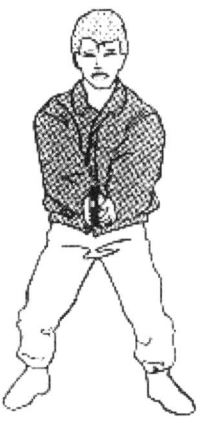

Scheibe F 1   Scheibe F 2

Zunächst sollen nur wenige Schießtechniken ohne jegliche Belastung erlernt und die bereits angeeignete Schießfertigkeit vertiefend trainiert werden. Mit der Symbolschießtechnik soll ein zweckmäßiger und methodischer Weg zur systematischen Vorbereitung auf das Üben und Schießen unter einsatzmäßigen Bedingungen eröffnet werden. Die unterschiedlichen Formen und Anordnungen der Symbole dienen der Schulung von Konzentrationsfähigkeit und Aufmerksamkeit.

4.2 Töten kranker, verletzter oder gefährlicher Tiere

Das Töten kranker, verletzter oder gefährlicher Tiere ist z. Z. der häufigste Fall polizeilichen Schusswaffengebrauchs.

Im Jahre 2000 wurden bundesweit durch Polizeibeamte insgesamt 3.382 Mal auf verletzte, kranke und gefährliche Tiere geschossen. Dieses entspricht 94,1 % aller polizeilichen Schusswaffeneinsätze.

Für die Aus-/Fortbildung wurden daher neue Scheiben und Leitsätze entwickelt.

4.3 Üben/Schießen unter einsatzmäßigen Bedingungen

Die wichtigste Neuerung der aktuellen Schießvorschrift ist jedoch das Üben/Schießen unter einsatzmäßigen Bedingungen.

Der übende Polizeibeamte wird hier vor polizeiliche Standardsituationen gestellt und muss nach einer Lagebeurteilung entsprechend agieren. Es soll nicht mehr nur geschossen, sondern vor allem ein Verhalten erlernt werden, das im Ernstfall zur Vermeidung des Schusswaffengebrauchs führt („Nichtschießen"). Der Polizeibeamte soll erkennen, dass die Beachtung der Grundsätze der Eigensicherung und die sichere Beherrschung seiner Einsatzmittel (nicht nur der Schusswaffe) ihm im täglichen Dienst das Leben retten können, oder noch besser, eine Gefährdungssituation nicht erst entstehen lassen. Grundlage für das Schießen unter einsatzmäßigen Bedingungen ist auch weiterhin die sichere Handhabung der Dienstwaffe und eine gute Treffsicherheit.

Anhand von Situationstrainings soll der Polizeibeamte das rechtlich und taktisch richtige Verhalten in Konfliktsituationen vermittelt bekommen und so die **Handlungssicherheit (-kompetenz)** erwerben. Die Übungen werden einzeln und später (je nach Ausbildungsstand) auch im Team durchgeführt.

Dabei gelten folgende Grundsätze:
- **unbeteiligte Dritte** dürfen nicht gefährdet werden,
- **Distanzveränderung** kann Risiko verringern bzw. Schussfeld schaffen,
- **Deckung** geht vor Schusswaffengebrauch,
- die Schusswaffe ist das „**letzte**" Einsatzmittel.

Entwicklung der Schießaus- und -fortbildung

Weiterhin sollen folgende drei Punkte beachtet werden:
- **Eigensicherung** mit der Waffe,
- **mündliche Androhung** des Schusswaffengebrauchs,
- Abgabe von **Warnschüssen**.

Bei der Eigensicherung kann heute eine der folgenden Waffenhaltungen geeignet sein (siehe auch Eigensicherung/Sicherungs- und Schießhaltungen):

4.3.1 Aufmerksame Sicherungshaltung

Waffe im (ggf. geöffneten) Holster, Hand erfasst Waffengriffstück fest

4.3.2 Entschlossene Sicherungshaltung

Zeigefinger noch oberhalb des Abzugs

Waffe einsatzbereit in der entschlossenen Sicherungshaltung

38

4.3.3 Entschlossene Schießhaltung

Zeigefinger noch oberhalb des Abzugs

Schusswaffe im Anschlag (Waffe auf Arme oder Beine des Gegenübers gerichtet, um mit einem Treffer den Angriff zu beenden oder die Flucht zu verhindern).

Bei den Übungen wird vom Schießlehrer jeweils eine Einsatzlage bekannt gegeben und der Übungsablauf z. B. durch Scheiben und mündliche Lageschilderungen gestaltet. Um den Ablauf möglichst flüssig und realistisch zu gestalten, eignen sich Diaprojektionen, interaktive Filme oder mittels Videoübertragung live auf die Projektionsleinwand eingespielte Szenen. In einer Schießanlage ohne technische Hilfsmittel kann eine einsatzmäßige Situation durch verbale Hinweise des Ausbilders über das Verhalten des Täters (entsprechend ausgewählte Scheiben) dargestellt werden. Die Übungslagen lassen breiten Raum für Eigeninitiative und können, je nach Ausbildungsstand, den zur Verfügung stehenden Räumlichkeiten und den technischen Ausstattungen angepasst werden.

Entscheidend ist, dass Übungslagen in mehreren Versionen angeboten werden, sodass die Überlegung Nichtschießen oder Schießen jedes Mal neu anzustellen ist. Es ist somit immer wieder zu prüfen, ob der Schusswaffengebrauch gerechtfertigt ist oder ob nicht durch eine Distanzveränderung, das Ausnutzen von Deckungen, der vorübergehende Rückzug oder der Einsatz anderer Einsatzmittel eine taktische Handlungsalternative darstellen und der Schusswaffengebrauch somit vermieden werden kann.

4.3.4 Einsatzmäßige Übungen

Der Schießlehrer hat beim Auszubildenden insbesondere zu achten auf
- sichere Handhabung der Schusswaffe,
- richtigen taktischen Ablauf der Übung einschl. Maßnahmen der Eigensicherung,
- korrekte rechtliche Beurteilung,
- Treffsicherheit.

Hieraus wird deutlich, dass das Ziel einer zeitgemäßen Schießaus- und -fortbildung nur sein kann, ein **interaktives Schießen** durchzuführen, das alle Alltagskomponenten enthält bzw. berücksichtigt (Interaktion = aufeinander bezogenes Handeln).

Mit diesen Erläuterungen soll verdeutlicht werden, wie die erweiterte Schießaus- und -fortbildung in die Praxis umgesetzt werden kann. Selbstverständlich ist allein mit diesen Übungen im Einzelnen noch nicht gedient. Es muss jedem Polizeibeamten die Möglichkeit zu ausreichendem Schießtraining gegeben werden. Aus zeitlichen Gründen wird eine möglichst frühe Kombination von schulmäßigen und einsatzmäßigen Übungen empfohlen.

Einsatzmäßige Übungen dürfen nur mit zugelassenen und eingeführten Blindeinsätzen (Übungsgeräten) oder mit auffällig gekennzeichneten Attrappen („Rotwaffen") – auch außerhalb einer Schießanlage – im Rahmen der Aus- und Fortbildung durchgeführt werden. Diese ermöglichen **realitätsnahe Übungen** mit Kommunikation und entsprechender Interaktion. Dadurch wird ein praxisbezogenes und effektives Training aller Elemente gewährleistet.

Schulmäßige Übungen (Trockentraining) mit einsatzmäßig vorbereiteten Waffen haben in jedem Fall zu unterbleiben!

Die aktualisierte Schießvorschrift stellt an die Schießlehrer höchste Anforderungen. Entsprechend qualifizierte Schießlehrer sind daher unerlässlich. Flexibilität, die Fähigkeit zu improvisieren, die Kunst Erfahrungen umzusetzen, breites Fachwissen – auch im Bereich rechtlicher und einsatztaktischer Grundsatzfragen – und insbesondere eine hohe Motivation sind notwendig, um die Ziele der PDV 211 zu erreichen und den Anforderungen an einen rechtlich und sachlich begründeten Schusswaffengebrauch gerecht zu werden.

Diese Schießvorschrift berücksichtigt nunmehr, dass polizeiliche Schusswaffeneinsätze in der Regel unter Zeitdruck ablaufen. Es ist auch davon auszugehen, dass diese Auseinandersetzungen auf nahe bis kürzeste Entfernungen stattfinden, wobei die Ziele relativ groß sind und sich dazu noch bewegen. Hinzu kommen häufig Einsatzstress, ungünstige Lichtverhältnisse, Schießen aus der eigenen Bewegung bzw. während körperlicher Drehungen. Hierauf hat sich die Ausbildung einzustellen.

Anmerkungen:
Für die Polizei ist die Schusswaffe ohne Zweifel eines der wesentlichsten Einsatzmittel. Die Waffe kann helfen, Leben zu retten und Maßnahmen des un-

mittelbaren Zwanges durchzusetzen. Die Faustfeuerwaffe gehört zur persönlichen Grundausstattung eines jeden Polizeibeamten. Deshalb werden sich die Ausführungen dieses Buches schwerpunktmäßig mit der Aus- und Fortbildung an Faustfeuerwaffen befassen. Auf Langwaffen, wie z. B. die Maschinenpistole oder das Gewehr, wird hier nicht eingegangen.

5. Merkmale einer modernen (zeitgemäßen) Schießaus- und -fortbildung

5.1 Schulmäßiges Schießen als Grundvoraussetzung

Das schulmäßige Schießen dient zum Erlernen von Grundtechniken in der Handhabungssicherheit, zum Erreichen von Treffsicherheit sowie deren ständiger Überprüfung und Festigung.

Das schulmäßige Schießen soll den Auszubildenden an das Schießen mit scharfem Schuss gewöhnen, dient somit der Vorbereitung auf das Schießen unter einsatzmäßigen Bedingungen. Gleichzeitig gibt das schulmäßige Schießen Auskunft darüber, ob der Schütze die in der theoretischen Schießausbildung und in der Schießvorschule erlernten Kenntnisse richtig verinnerlicht hat, sie in der Praxis umsetzen und entsprechend anwenden kann. Die im Rahmen des schulmäßigen Schießens zu schießenden Übungen sind der Vorschrift für die Schießausbildung zu entnehmen.

Hinweise:
Es kann u. U. zweckmäßig sein, einzelne Übungen mit „leichten" Waffen, wie z. B. Luftdruck-, CO_2- oder auch Kleinkaliber-Waffen, vorzuschießen, wenn ein Schießanfänger in einzelnen Fällen aus Angst, Nervosität oder anderen Gründen diese Übungen nicht erfüllt; der Schießlehrer hat immer nach dem Grundsatz zu handeln und auszubilden, dass der Schütze systematisch, ruhig und unter ständiger Aufrechthaltung von Neugierde und Schießfreude angeleitet und ausgebildet wird. Nur so tritt letztlich der gewünschte und auch der notwendige Erfolg ein.

Nichterfüllte Übungen, d. h. solche, bei denen die geforderten Mindestleistungen nicht erbracht worden sind, müssen in einem vertretbaren Maß so lange wiederholt werden, bis das geforderte Ergebnis erbracht worden ist. U.U. kann das Bilden von Leistungsgruppen zweckmäßig sein.

Erzielte Leistungen in der Schießausbildung sollten nicht nur in einer Schießleistungskarte/in einem Schießbuch festgehalten werden, sondern sie sollten durch entsprechende Bewertungen/Zensuren ihren Niederschlag in der Beurteilung des Beamten finden bzw. auch bei der Entscheidung über die Berechtigung zum Führen von Schusswaffen herangezogen werden.

5.2 Handhabungs- und Treffsicherheit

Unverzichtbare Grundvoraussetzung für die Zuweisung und Aushändigung von Faustfeuerwaffen ist, dass der Berechtigte die ihm anvertrauten bzw. zugewiesenen Schusswaffen **handhabungs- und treffsicher** einsetzen kann. Dies erfordert, dass sichere/ungefährliche Bewegungsabläufe drillmäßig verinnerlicht werden. Denn in einer Einsatzlage ist der Schütze maßgeblich auf die Bewertung der jeweiligen Situation konzentriert. Für Überlegungen zur Handhabung seiner Schusswaffe (z. B. wie er sie aus dem Holster bekommt, welche Bedienelemente an der Waffe zu welchem Zweck vorhanden sind, wie möglicherweise eine einfache Funktionsstörung beseitigt wird) bleibt keine Zeit. Die Handhabung der Schusswaffen muss als automatisierter Prozess intuitiv (unbewusst) richtig ablaufen.

Die **Aufsicht beim Schützen** greift nur in Ausnahmefällen ein.

5.3 Situationstraining/situatives Handlungstraining

Zu einer polizeilichen Lagebewältigung gehören:
- die Prüfung taktischer Maßnahmen, rechtlicher Voraussetzungen und psychologischer Aspekte,
- die Eigensicherung und letztlich
- die persönliche (eigene) tatsächliche Entscheidung über den Schusswaffengebrauch.

Die Lernziele der Aus- und Fortbildung im Schießen dürfen sich nicht mehr „nur" auf die **Schießfertigkeit** beschränken. Gefordert ist die Bewältigung einer komplexen polizeilichen Lage durch aktives Handeln, die Zusammenführung der theoretischen und praktischen Lernanteile in ganzheitlich zu beurteilenden Lebenssachverhalten, also an Praxis- und Einsatznähe orientierte Übungsabläufe in Form von **Situationstrainings/situativen Handlungstrainings**, die der Verflochtenheit von lebensnahen Einsatzlagen Rechnung tragen.

In diesen Situationstrainings wird der Schütze vor polizeiliche Standardeinsatzsituationen gestellt, in denen die Schusswaffe – statistisch gesehen – am häufigsten eingesetzt wird. Er muss dann entsprechend reagieren, d. h. sich in Konfliktsituationen rechtlich und taktisch richtig verhalten und die Entscheidung Schießen oder Nichtschießen eigenverantwortlich treffen.

Von den pädagogischen Fähigkeiten des Schießlehrers, von der Qualität seines Fachwissens, von seinem Geschick im Vermitteln des Lehrstoffes, von seinen Fähigkeiten im Erkennen und Abstellen von Fehlern, sei es im Unterrichtsraum (Waffen- und Schießlehre), auf dem Ausbildungsplatz (Ausbildung mit und an der Waffe und Schießvorschule) und auf der Schießanlage (Durchführung von Schießübungen), hängt es ab, ob seine Ausbildungsarbeit von Erfolg gekrönt sein wird. Und sie kann nur dann erfolgreich sein, wenn der Schießlehrer imstande ist, die Schießausbildung unter Einhaltung aller **notwendigen** und **erforderlichen Formalismen und Sicherheitsbestimmungen** interessant und lehrreich zu gestalten.

Merkmale einer modernen (zeitgemäßen) Schießaus- und -fortbildung

Anmerkung:
Es wurde bereits mehrfach das „Nichtschießen/Schießen" erwähnt. Die Frage, ob ein Schütze nicht schießen darf oder nicht schießen soll, ist in erster Linie eine rechtliche bzw. einsatztaktische Frage, die in diesem Zusammenhang nicht abschließend erörtert werden kann.

Diese „Basisausbildung" mit der Schusswaffe muss aber auch dem weiteren Anforderungsspektrum – Schießen unter einsatzmäßigen Bedingungen – gerecht werden, das jedem Polizeibeamten im Rahmen von Situationstrainings abverlangt wird, denn ein schulmäßiges Schießen im Einsatz gibt es nicht!

Zunächst soll die **Schießtechnik** ohne jegliche Belastung erlernt und die bereits angeeignete Schießfertigkeit trainiert werden. Mit der Symboltechnik wird ein zweckmäßiger und methodischer Weg zur systematischen Vorbereitung auf das Üben und Schießen unter einsatzmäßigen Bedingungen eröffnet.

Die unterschiedlichen Formen und Anordnungen der Symbole dienen der Schulung der Aufmerksamkeit des Schützen und damit der Konzentrationsfähigkeit.

Im Weiteren, also das auf eine solide **schulmäßige Schießausbildung** aufbauendes **einsatzmäßige Schießen**, muss in erster Linie an zeitaufwendiges Üben gedacht werden. Hier wird nach Auffassung der Autoren „am falschen Ende gespart". Übungsabläufe und Handlungen sind zu automatisieren – oft mehr als tausend Wiederholungen. Darüber hinaus muss das Übungsschießen einsatzbezogen, d. h. in Lagen eines Alltagsgeschehens eingebunden werden – es muss eine interaktive Schießfortbildung geplant und durchgeführt werden, die ständig zu modifizieren und zu verbessern ist.

Die intensive Auswertung von nationalen oder internationalen polizeilichen Einsätzen unter Anwendung von Schusswaffen bietet eine Vielzahl von lebensnahen Beispielen, die für jeden ernsthaften Schießlehrer Anhalte für realitätsbezogene Einsatzlagen für die Schießfortbildung bieten.

Dass die Schaffung einer notwendigen Infrastruktur zur Umsetzung dieser Lagen in die Schießfortbildung unabdingbar ist, bedarf keiner weiteren Begründung.

6. Grundsätze zur Durchführung der Schießaus- und -fortbildung

6.1 Sicherheit

Das Erreichen der **Aus-/Fortbildungsziele** hängt wesentlich von der eigenen Schulung und dem Einfallsreichtum des Schießlehrers ab, Fehler zu erkennen, sie abzustellen sowie die Aus-/Fortbildung informativ und bei Einhaltung aller vorgegebenen und unverzichtbaren Sicherheitsbestimmungen abwechslungsreich und interessant zu gestalten.

Die sichere und fehlerfreie Handhabung der Schusswaffen sind Voraussetzung für ihre Anwendung.

Die Aus-/Fortbildung muss einheitlich betrieben, beim Schießen die Grundsätze für den Umgang mit Schusswaffen, die entsprechenden Dienstvorschriften, insbesondere die Schießvorschrift, sonstige Ausbildungsvorschriften sowie die jeweilige Benutzungsordnung der Schießanlage beachtet werden.

Alle Maßnahmen sind am sicheren Umgang mit den dienstlich zugewiesenen Schusswaffen auszurichten, wobei die notwendige Sensibilität für dieses Einsatzmittel wesentliche Bedingung der **Professionalität** darstellt.

Schlaghebel gespannt, Daumen sichert nicht den Schlaghebel

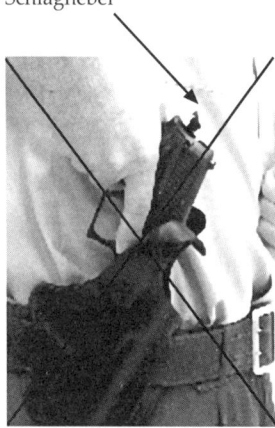

Daumen liegt ordnungsgemäß auf dem entspannten Schlaghebel

> **Sicherheit ist das oberste Gebot!**
>
> *Holstern der Schusswaffe!*
>
> *Achte stets auf eine vorher entspannte Schusswaffe
> (soweit technisch möglich)!*
>
> *Daumen liegt auf dem entspannten Schlaghebel!*
>
> *Als unfallträchtig zeigt sich oft, dass in Stresssituationen
> die Waffe gespannt bleibt!*
>
> **Denke stets an**
>
> *ein sicheres, ruhiges und überdachtes Holstern
> der Handfeuerwaffe im entspannten Zustand*
>
> **und**
>
> *den oberhalb der Abzugseinheit (über dem Abzugshebel)
> gestreckten, am Griffstückrahmen entlang
> angelegten Abzugsfinger!*

6.2 Ruhe – kein Zeitdruck

Der Schießlehrer muss in jeder Situation **Ruhe ausstrahlen**! In diesem sehr sicherheitsrelevanten Bereich darf **keine Hektik** aufkommen; die Ausbildung muss ruhig verlaufen. Dieses schließt nicht aus, dass in der realitätsbezogenen Fortbildung Übungsabläufe unter Zeitdruck erfolgen.

6.3 Erklären, zeigen, begründen

Tätigkeiten, von denen die **Handhabungs- und Treffsicherheit** abhängt, müssen im Detail erklärt werden. Einzelhandlungen und Gesamtablauf sind vorzuführen und zu begründen.

Der Auszubildende muss den Sinn eines Ausbildungsganges, einer Maßnahme verstehen, um mit innerer Überzeugung intensiv und konzentriert üben zu können.

Dass Schießlehrer selbst den zu vermittelnden Stoff einwandfrei beherrschen und die Aus-/Fortbildung in allen Einzelheiten vorbereitet haben, bedarf eigentlich keiner Erwähnung – die Realität sieht leider häufig anders aus.

6.4 Systematischer Aufbau

Es ist mit **einfachen Übungen** (Einzelhandlungen – aufbauend auf die jeweils vorhandenen Kenntnisse der allgemeinen Grundausbildung) zu beginnen und der Schwierigkeitsgrad erst zu steigern, wenn diese beherrscht werden (Koordinierung des Gesamtvorgangs).

Bei fortschreitendem Aus-/Fortbildungsstand sind die Bedingungen stets an den Leistungsstand des Schützen anzupassen. Schützen mit unzureichenden Leistungen müssen besonders geschult werden.

Die Zusammenfassung in kleine Gruppen und besonders intensive (Einzel-) Ausbildung (ggf. außerhalb der regulären Dienststunden) sichert in der Regel den Aus- und Fortbildungserfolg.

Vorbereitende Übungen, Sonderübungen, Wiederholungen usw. können zum Erreichen des Ausbildungszieles beitragen.

6.5 Ständige Kontrolle

Die Auszubildenden müssen während der aktiven Ausbildung ständig kontrolliert werden. Es gilt, **grundlegende Fehler sofort abzustellen**, damit sie nicht zur Gewohnheit werden, individuelle Eigenarten sind, soweit sie sich auf die Sicherheit bzw. das Trefferergebnis beziehen, auszugleichen.

Bei unzureichenden Schießleistungen ist zunächst weniger auf das Ergebnis als auf die **exakte Ausführung** der Bewegungsabläufe wert zu legen. Jeder **Fehler muss angesprochen**, die Auswirkung erklärt und die korrekte Ausführung vorgezeigt und richtig nachgemacht werden. Treten mehrere Fehler auf, sind sie systematisch nacheinander abzustellen.

6.6 Motivation

Durch die Auswertung der polizeilichen Kriminalstatistik, der Statistik über Schusswaffengebrauch durch Polizeibeamte, der Erarbeitung aktueller Fälle usw. müssen die Polizeibeamten immer wieder davon überzeugt werden, dass Schießaus- und -fortbildung der Vorbereitung auf die Praxis des Polizeidienstes dienen. **Gute Leistungen** müssen hervorgehoben werden.

Lob und Anerkennung erhöhen das Selbstvertrauen und fördern allgemein den Leistungswillen.

Die Verbindung von Theorie und Praxis zeigt nicht nur die **Integration der verschiedenen Lehrfächer** auf, sondern trägt i. d. R. ebenfalls zur Motivation bei (Realitätsnähe).

6.7 Besprechung/Nachbereitung

Die Ergebnisse/Entscheidungen im Schießen müssen mit den Schützen besprochen und ausgewertet werden, da sich an ihnen sehr deutlich Fehler und ihre Auswirkungen demonstrieren lassen. Dadurch kann ein nicht zu unterschätzender Beitrag für die Festigung des Wissens geleistet werden.

Der Besprechung (Nachbereitung) kommt eine große Bedeutung, auch in Bezug auf Überzeugungsarbeit, zu. Im Vordergrund müssen Tragweite und eventuelle Folgen nicht richtiger Anwendung der Schusswaffe stehen. Die Schützen müssen erkennen, dass ihnen durch die Vorbereitung auf ihre spätere Tätigkeit eine wesentliche Hilfestellung mit dem Ziel gegeben wird, Fehler zu vermeiden, die u. U. harte persönliche Konsequenzen nach sich ziehen können.

6.8 Training und Verinnerlichung der Handhabungssicherheit

Im Umgang mit den dienstlich zugewiesenen Schusswaffen werden hohe Anforderungen an Polizeibeamte gestellt, da dieses Einsatzmittel den einschneidendsten Eingriff in die Rechte Anderer darstellt. Daher ist es notwendig, dass jeder Schütze vorab die sogenannte Schießfertigkeit erlangt, d. h. die ihm anvertrauten bzw. zugewiesenen Schusswaffen sicher einsetzen kann **(Handhabungssicherheit)** und treffsicher ist **(Treffsicherheit)**.

Dazu ist erforderlich, dass Bewegungsabläufe drillmäßig verinnerlicht werden. Denn in einer Einsatzlage ist der Polizeibeamte maßgeblich auf die Bewertung der jeweiligen Situation (Beurteilung der taktischen und Rechtslage, Bewältigung der eigenen Stresssituation usw.) konzentriert. Für die bereits an anderer Stelle erwähnten Überlegungen zur Handhabung seiner Waffe (z. B. wie er sie aus dem Holster heraus oder in das Holster zurück bekommt, welche und wo befindliche Bedienelemente die Waffe hat, wie möglicherweise eine einfache Funktionsstörung beseitigt wird) bleibt ihm dabei keine Zeit. Diese Handhabungen müssen als automatisierte Prozesse intuitiv (unbewusst) ablaufen. Auch hier gilt: Die Aufsicht beim Schützen greift nur in Ausnahmefällen ein.

Kein routinemäßiges „Leerschießen" der Magazine.

In der Vergangenheit wurden Übungen grundsätzlich mit einer bestimmten Anzahl von Patronen absolviert. Die Pistolenmagazine wurden übungsspezifisch gefüllt und stets leergeschossen. Hier besteht die Gefahr einer Konditionierung des Auszubildenden, also Hinführung zu einer Automatisierung des Handelns. Stattdessen soll die Faustfeuerwaffe „dienstfertig" (auch der Begriff „streifenfertig" wird in diesem Zusammenhang benutzt) eingesetzt werden, d. h. die Magazine werden stets voll geladen, so wie es auch im täglichen Dienst der Fall ist und die jeweiligen speziellen Vorschriften es vorgeben. Durch die Gestaltung von Übungen mit unterschiedlicher Schusszahl wird dem grundsätzlichen „Leerschießen" des Magazins bewusst entgegengewirkt. (Die Aussagen gelten für den Revolver sinngemäß.)

6.9 Eigenverantwortlichkeit im Umgang mit der Schusswaffe auch im Training

Polizeibeamte tragen für die Rechtmäßigkeit ihrer dienstlichen Handlungen persönliche Verantwortung. Der Eigenverantwortlichkeit beim Einsatz der Schusswaffe kommt daher bereits während der Schießaus-/-fortbildung eine besondere Bedeutung zu.

Es hat sich, in Übereinstimmung mit der Schießvorschrift, als sinnvoll erwiesen, dass zur Gewährleistung einer erforderlichen Sicherheit auf Schießanlagen Magazine nur auf Anordnung eingeführt werden. Wurde die Anordnung „Waffe laden" erteilt, beobachtet die **Aufsicht** den Polizeibeamten bei der Vorbereitung und Durchführung der Übung. Dabei werden alle notwendigen Handhabungen und die korrekte Ausführung beobachtet, ohne jeden einzelnen Schritt zu kommentieren wie z. B.

- Magazine/Trommel füllen
- Waffe in Grundhaltung
- Magazin einführen
- Waffe laden
- Waffe entspannen
- Waffe holstern
- Waffe in Grundhaltung
- in den Anschlag gehen
- Waffe vorspannen
- Übung frei
- Waffe wieder in Grundhaltung
- Magazin entnehmen
- Waffe entladen etc.

Anmerkung:
Tätigkeiten nur, soweit waffentechnisch erforderlich/möglich. Bei Waffen ohne entsprechende Bedienelemente unterbleiben diese Tätigkeiten.

Nur bei sofort erkannten Fehlern greift die Aufsicht unverzüglich, kompromisslos, aber ruhig und bestimmt ein.

Somit wird schon vor der ersten Schussabgabe eigenverantwortliches Verhalten gefordert. Das frühere Kommando „**Feuer frei**" wird durch „**Übung frei**" ersetzt, denn einen „Feuerbefehl" kann die Aufsicht nach heutigem Verständnis nicht erteilen. Die durch das alte Kommando möglicherweise provozierte sofortige Schussabgabe wird jetzt vom Polizeibeamten durch **Eigenverantwortung, d. h. durch seine Lagebeurteilung** und durch **seinen Entschluss (zum Schießen oder Nichtschießen)** ersetzt.

Für die Anordnung „Sicherheit herstellen" bzw. „Waffe entladen" gelten die gleichen Grundsätze. Nicht nur beim Schießen unter einsatzmäßigen Bedingungen, sondern bereits beim schulmäßigen Schießen ist darauf zu achten, dass nach Erreichen des geforderten oder gesetzten Ziels das Schießen selbstständig eingestellt wird, sofern die Schießvorschrift oder die Anordnung des Leiters des Schießens bei einzelnen Übungen nichts anderes vorgibt.

49

7. Sicherheit im Umgang mit Faustfeuerwaffen

7.1 Sicherheitsbestimmungen

Oberstes Gebot für jeden Umgang mit Schusswaffen ist die Beachtung und Einhaltung aller Sicherheitsbestimmungen.

> **Schießunfall durch Leichtfertigkeit**
>
> Ein Schusswaffeninhaber reinigt in der Küche seine legal erworbene Waffe und setzt sie danach wieder zusammen.
> Er geht mit der Waffe in seiner Rechten zu seiner jung verheirateten Frau, umarmt sie und setzt die Waffe auf ihre linke Brust.
> Er fragt: „Soll ich mal?" und drückt ab.
> Der Schuss ging durch das Herz und war tödlich. **Unfall? Mord?** Auf Grund der Gesamtsituation kamen der Staatsanwalt und das Gericht zur Auffassung, dass ein Unfall vorlag.

Jede Waffe ist als gefährliches „Werkzeug" anzusehen!
Der stete Umgang mit einer Waffe stumpft auch den Vorsichtigen gegen die Gefährlichkeit ab, und so passiert es, dass es auch bei Erfahrenen zu tödlichen Unfällen mit Waffen kommt.
Deshalb: Richte eine Waffe nur dann auf einen Menschen, wenn Du auch auf ihn schießen willst/würdest!
Grundsätzlich gilt:
- eine Schusswaffe ist **immer als geladen** zu betrachten, **solange sich der Waffenträger nicht selbst unmittelbar vorher vom Gegenteil überzeugt hat,**
- auch eine **ungeladene** Waffe darf ohne zwingende Gründe niemals auf einen Menschen gerichtet werden.

Außer diesen beiden allgemeinen Geboten müssen die jeweils gültigen Dienstvorschriften, Schießstandordnungen, Dienstanweisungen und die sonstigen Bestimmungen beachtet werden. Darüber hinaus gelten für die Schießausbildung die zusätzlichen

Sicherheitsbestimmungen während einer praktischen Schießausbildung

Sicherheit ist das oberste Gebot!
Der Abzugsfinger
bleibt bis unmittelbar vor der Schussabgabe
außerhalb des Abzugsbügels
gestreckt oberhalb des Abzugsbügels!

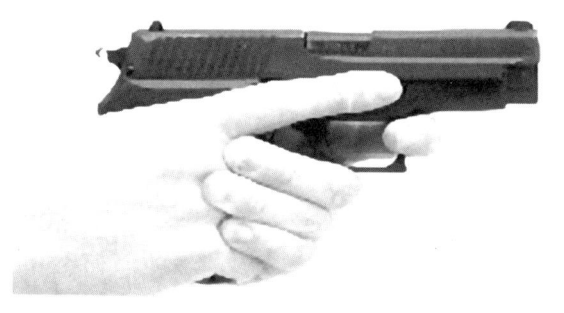

1. Jede Schusswaffe ist in jeder Position so zu halten und zu behandeln, als ob sie geladen sei.
2. Das Laden der Schusswaffe mit einem vorab gefüllten Magazin wird vom Schützen nur auf Anordnung des Lehrpersonals bzw. der Aufsicht beim Schützen an der Feuerlinie bzw. Ausgangslinie für den Übungsbeginn durchgeführt.

Dieser Lade-/Entladevorgang
ist abzulehnen!

Sicherheit im Umgang mit Faustfeuerwaffen

3. Während des Ladevorganges zeigt die Waffenmündung bei der **Pistole/ dem Revolver** nach schräg vorwärts unten – in Richtung Geschossfang (ca. 1 m vor dem Schützen und verbleibt in einem Mündungsradius von ca. m).

Faustfeuerwaffe in der Grundhaltung

4. Jede schulmäßige Schießübung beginnt auf Weisung an der Feuerlinie. Jedes Üben/Schießen unter einsatzmäßigen Bedingungen kann von unterschiedlichen Entfernungen beginnen.
5. Vor, während und nach Beendigung einer Übung/Schießübung ist es grundsätzlich untersagt, mit der Waffenmündung über den 90-Grad-Bereich der Feuerlinie zu schwenken.
6. Nach Beendigung einer jeden praktischen Ausbildungseinheit wird vom Schützen eine **bewusste Sicherheitsüberprüfung** (wissentlich und optischer Art) durchgeführt. Nach der Überprüfung erfolgt durch den Schützen die akustisch deutlich wahrnehmbare mündliche Meldung „Sicherheit".
7. Noch vorhandene Munition wird vom Schützen nach jeder Schießübung in die dafür vorhandenen Behältnisse zurückgegeben.
8. Außerhalb der Feuerlinie sind eigenständige Zieh- oder Anschlagsübungen untersagt.
9. Waffen dürfen im geladenen Zustand nicht weitergereicht werden. **Ausnahme:** an die **Aufsicht beim Schützen.**

10. **Sicherheit geht vor jeden Ausbildungszweck.**
Stets ist zu bedenken, dass auch mit offensichtlich wirkungsschwachen Schusswaffen und Geschossen schwere, u. U. tödliche Verletzungen verursacht werden können.
Um beim Umgang mit Schusswaffen nach Möglichkeit Unfälle von vornherein auszuschließen, muss der Schütze, bevor er überhaupt schießen darf, die Waffe **sicher** und **fehlerfrei** handhaben können. Dieses setzt eine **intensive Waffenausbildung** voraus.

7.2 Unbeabsichtigte Schussabgabe

Der einleitend zitierte Presseartikel belegt, dass ein Waffenträger in eine Situation kommen kann, in der sich ungewollt ein Schuss aus seiner Waffe löst. Ursachen sind dabei nicht nur Fehlverhalten. Insbesondere in einer Einsatzsituation, in der Bewegung mit der schussbereiten Waffe in der Hand, sind Situationen denkbar, in denen Muskelbewegungen aus anderen Körperregionen sich auf die Schießhand so auswirken, dass es bei Nichtwissen um diesen Umstand und auf Grund mangelnder Übung durchaus zu einer unbeabsichtigten Schussauslösung kommen kann.

Jeder Schütze sollte sich bei unterschiedlichen Alltagshandlungen selber beobachten, um festzustellen, welche Muskeln im Körper insgesamt aktiv werden, um einzelne – eigentlich nur regional begrenzte – Bewegungsabläufe auszuführen. Schnell ist festzustellen, dass es zu reflektorischen Wechselbeziehungen zwischen einzelnen Gliedern kommt, die eigentlich gar nicht bewusst ausgeübt werden. Als Beispiel sei hier das Gehen bzw. Laufen erwähnt. Ohne es bewusst wahrzunehmen, werden bei dieser Tätigkeit der gesamte Rumpf, die Schultern und die Arme in Anspruch genommen. Verstärkt werden diese Reaktionen, wenn es zu einer ungewollten, plötzlichen Bewegung im Körper kommt, z. B. beim Stolpern, Erschrecken, in einer Stresssituation aber auch bei Erschöpfung. Natürliche Reaktionen erfolgen in solchen Situationen häufig intuitiv, also ohne bewusste Einschaltung des Gehirns. Muskelbewegungen können in solchen Situationen bis in die Fingerspitzen übertragen werden, was insbesondere beim Führen einer gespannten Faustfeuerwaffe (hier befindet sich die Hand ohnehin bereits in einer erheblichen Anspannung) zu einer Schussauslösung führen kann. Hier wird deutlich, warum der Schießfinger bis unmittelbar vor der bewussten Schussabgabe ausgestreckt oberhalb des Abzugsbügels liegen soll. So, wie alle Bewegungsabläufe im Zusammenhang mit der Handhabung von Schusswaffen automatisiert werden müssen, gehört die **Schießfingerdisziplin** ganz besonders dazu. Gleichzeitig ist in der Ausbildung das Abschalten nicht notwendiger Muskelreaktionen, bei bestimmten Bewegungsabläufen sogar das bewusste Ruhigstellen von Körperteilen bei konträren Bewegungen zu üben. Ein erfahrener Sportlehrer kann hier gute Hilfestellungen geben.

8. Schießen auf Schießanlagen

8.1 Allgemeines

Die Schießaus- und -fortbildung mit dem „scharfen Schuss" findet auf Schießanlagen/Schießstätten statt.

Aussagen über die Frage, was eine Schießstätte ist, welche Regeln auf einer Schießstätte einzuhalten sind, machen das Waffengesetz sowie die dazu erlassenen Verwaltungsvorschriften bzw. Verordnungen in der jeweils geltenden Fassung. Nachfolgend werden einige wesentliche Aussagen zu diesem Thema gemacht, die z.T. auch als Begründung für bereits weiter vorn gemachte Aussagen gelten.

Schießstätten sind nach dem Waffengesetz:

„Ortsfeste oder ortsveränderliche Anlagen, die ausschließlich oder neben anderen Zwecken dem Schießsport oder sonstigen Schießübungen mit Schusswaffen, der Erprobung von Schusswaffen oder dem Schießen mit Schusswaffen zur Belustigung dienen."

Die das **Waffengesetz** ergänzenden **Verordnungen** und **Verwaltungsvorschriften** geben weitere Erläuterungen:

Schießstände:

Schießstände im Sinne dieser Richtlinien sind

- **Schießstätten** nach den geltenden Bestimmungen des **Waffengesetzes**,
- Anlagen für **sportliches Schießen**, die nicht den Bestimmungen des **Waffengesetzes** unterliegen (z. B. **Schießstände** für **Hocharmbrust** und **Bogenschießen**).

Eine Anlage im waffengesetzlichen Sinne ist nur gegeben, wenn der Ort, an dem geschossen werden soll, für diesen Zweck besonders hergerichtet ist, oder wenn die ortsveränderliche Anlage, die für das Schießen aufgestellt werden kann, nicht nur ein aufstellbares Ziel umfasst, sondern auch den Stand des Schützen durch besondere Einrichtungen festlegt.

Schießstände können zu folgenden Zwecken betrieben werden:

- zum sportlichen und jagdlichen Übungs- und Wettkampfschießen,
- zu speziellen Schießvorhaben durch Behörden oder andere Institutionen,
- zu wissenschaftlichen oder technischen Zwecken,
- zur Belustigung (Schießbuden).

Bei letzteren wird auf die landesrechtlichen Bestimmungen für die sog. „fliegenden Bauten" und die Ausführungen gemäß der Verwaltungsvorschrift zum WaffG (WaffVwV) über „Schießbuden" hingewiesen.

Zur **Waffenschulung** sagen die einschlägigen allgemeinen und bereichsspezifischen Vorschriften:
1. Personen, die mit Schusswaffen umgehen, müssen mit den Vorschriften über den Umgang mit Schusswaffen vertraut sein und die notwendige Übung im Umgang mit Schusswaffen im allgemeinen und mit den ihnen überlassenen Schusswaffen im besonderen besitzen.
2. Die notwendigen Kenntnisse und Übungen nach Absatz 1 werden durch eine entsprechende Ausbildung vermittelt. Diese umfasst
   1. den theoretischen Unterricht,
   2. praktische Übungen (Handhabung der Waffe, Anschlag, Zielen),
   3. Ausbildungsschießen.
3. Der zum Umgang mit Waffen und Munition Berechtigte ist in angemessenen Abständen über die Vorschriften über den Waffengebrauch zu belehren. Die Belehrung ist in der Schießkarte zu vermerken.

In einer weiteren (Bundes-)Vorschrift wird gefordert:
1. Wer eine Schusswaffe erhalten hat, muss mindestens viermal jährlich an Ausbildungsschießen teilnehmen. Dabei ist die Erfüllung der vorgeschriebenen Bedingungen anzustreben. Für Bedienstete des Bundeskriminalamtes und des Bundesamtes für Verfassungsschutz können besondere Übungen vorgesehen werden.
2. Schießübungen dürfen nur auf bundeseigenen oder anderen behördlich zugelassenen Schießständen nach Vereinbarung mit dem Eigentümer oder Nutzungsberechtigten abgehalten werden. Dabei ist die Schießordnung (siehe 8.2) zu beachten.

Hieraus ergibt sich, dass der sichere Umgang mit Schusswaffen nur mit permanenter Übung zu erreichen ist, dass also eine regelmäßige Fortbildung im Schießen mit entsprechender Schusszahl die wesentliche Voraussetzung für eine sichere Waffenhaltung und Schießtechnik ist (Kontinuität der Trainingsleistung).

8.2 Schießordnung

1. An Schießübungen dürfen nur Personen teilnehmen, die aus beruflichen Gründen mit Schusswaffen ausgerüstet sind oder ausgerüstet werden können.
2. Die Teilnehmer müssen mit der Handhabung der Waffe vertraut sein.
3. Die bei der Schießübung benutzten Waffen müssen sich in einwandfreiem Zustand befinden.
4. Die für den benutzten Schießstand geltenden Sicherheitsvorschriften sind allen Teilnehmern vor Beginn der Übung bekannt zu geben.
5. Schießübungen dürfen nur unter verantwortlicher Aufsicht eines Schießleiters durchgeführt werden. Der Name des Schießleiters ist den Teilnehmern vor Beginn der Übung bekannt zu geben.
6. Der Schießleiter ist für die ordnungsgemäße Durchführung der Schießübung, insbesondere für die Einhaltung der Sicherheitsvorschriften, verantwortlich.

7. Bei jeder Schießübung ist Verbandszeug und ein Kraftfahrzeug zum sofortigen Abtransport eines Verletzten bereitzuhalten. Während der Übung halten sich alle Teilnehmer mit Ausnahme des Schießleiters und der Aufsicht beim Schützen hinter einer vom Schießleiter sichtbar zu markierenden Linie (Sicherheitslinie) auf.
8. Erst nach Aufruf durch den Schießleiter tritt der Schütze an den Tisch des Waffenausgebenden und erhält die ungeladene und gesicherte Schusswaffe mit der erforderlichen Munition. Er füllt das Magazin und begibt sich zur Feuerlinie, von der aus geschossen werden soll.
9. Erst auf die Anordnung der Aufsicht beim Schützen lädt der Schütze. Dabei bleibt die Waffe gesichert und ist in Richtung der Scheibe schräg gegen den Boden zu richten.
10. Nach Beendigung des Ladevorgangs ruft der Schütze „fertig". Die Aufsicht beim Schützen erteilt durch den Ruf „Feuer frei" die Schießerlaubnis.
11. Während der Ausführung der Schießübung darf der Schütze sich nicht umdrehen. Die Schusswaffe muss immer auf die Scheibe gerichtet sein.
12. Bei Versagern oder Ladehemmungen muss der Schütze die Waffe sofort sichern und sie der Aufsicht beim Schützen übergeben.
13. Nach der Schießübung sichert der Schütze die Waffe, entfernt das Magazin und überzeugt sich durch einen Blick in die Öffnung des Verschlussstücks, dass keine Patrone im Lauf ist.
14. Das Ergebnis darf erst festgestellt werden, wenn der Schütze die Waffe wieder abgegeben und der Schießleiter die Feststellung angeordnet hat.

Anmerkung:
Diese vom Bundesminister des Innern im Jahre 1977 mit geringen Änderungen herausgegebene Schießordnung hat noch heute Gültigkeit und kann in dieser Form auch auf anderen Schießständen Anwendung finden. Andere Bestimmungen sind zu beachten, wenn andere Übungssysteme, wie z. B. Farbmarkierungsmunition, Filzmunition, Laser-Waffen benutzt werden.

8.3 Aufgabenverteilung auf Schießanlagen

Zur Durchführung des Schießens können nach Bedarf eingeteilt werden
- Leiter des Schießens.
- Aufsicht auf dem Stand.
- Aufsicht beim Schützen.
- Schreiber.
- Patronenausgeber.
- Personal für die Anzeige.
- Sanitätspersonal.
- Vorführer von Projektionen.

Eine der wichtigsten Funktionen und damit auch Person ist die **Aufsicht beim Schützen!** Sie sollte zumindest über die Qualifikation eines Schießausbilders verfügen.

Aufgabenverteilung auf Schießanlagen

Die Aufsicht beim Schützen befindet sich
unmittelbar beim Schützen.

Das Waffengesetz sagt in den einschlägigen Vorschriften hierzu:
1. Der Inhaber der Erlaubnis für die Schießstätte (Erlaubnisinhaber) hat eine oder mehrere volljährige verantwortliche Aufsichtspersonen für das Schießen zu bestellen, soweit er nicht selbst die Aufsicht wahrnimmt

oder eine schießsportliche oder jagdliche Vereinigung durch eigene verantwortliche Aufsichtspersonen die Aufsicht übernimmt.
2. Der Erlaubnisinhaber hat der zuständigen Behörde die Personalien der verantwortlichen Aufsichtspersonen zwei Wochen vor der Übernahme der Aufsicht schriftlich anzuzeigen; beauftragt eine schießsportliche oder jagdliche Vereinigung die verantwortliche Aufsichtsperson, so obliegt diese Anzeige der Aufsichtsperson selbst. Der Anzeige sind Nachweise beizufügen, aus denen hervorgeht, dass die Aufsichtsperson die erforderliche Sachkunde besitzt. Der Erlaubnisinhaber hat das Ausscheiden der angezeigten Aufsichtsperson und die Bestellung einer neuen Aufsichtsperson der zuständigen Behörde unverzüglich anzuzeigen.
3. Rechtfertigen Tatsachen die Annahme, dass die verantwortliche Aufsichtsperson die erforderliche Zuverlässigkeit oder Sachkunde nicht besitzt, so kann die zuständige Behörde verlangen, dass die Aufsichtsperson die Aufsicht nicht oder nicht mehr wahrnimmt. Der Erlaubnisinhaber hat auf Verlangen der zuständigen Behörde den Schießbetrieb einzustellen, solange keine verantwortliche Aufsichtsperson die Aufsicht übernommen hat oder dem Verlangen der Behörde nach Satz 1 nicht entsprochen worden ist.

Ein geregelter Schießbetrieb mit der Einhaltung aller waffenrechtlichen Bestimmungen lässt sich nur sicherstellen durch **ständige Überwachung des Schießbetriebes** durch eine jeweils bestellte **verantwortliche Aufsichtsperson**. Der Inhaber der Erlaubnis für eine Schießstätte bzw. der Betreiber einer solchen Schießstätte hat deshalb je nach Umfang des Schießbetriebes und der Schießanlage eine oder mehrere volljährige verantwortliche Aufsichtspersonen zu bestellen, sofern die Aufsicht nicht von ihm selbst oder durch eine schießsportliche oder jagdliche Vereinigung durch deren eigene verantwortliche Aufsichtspersonen übernommen wird. Entscheidend ist, dass **ständig eine Person** für jede Schießbahn bei Schießübungen die verantwortliche Aufsicht ausübt. In Fällen, in denen sich der Aufsichtsführer allein auf dem Schießstand befindet und allein dort schießt, übt er die Aufsicht praktisch selbst aus, so dass es dann der Bestellung einer weiteren Person nicht bedarf.

Die Zahl der zu bestellenden Personen beurteilt sich nach der Größe des Schießstandes und dem Betrieb auf der Schießstätte, je nach den Erfordernissen der Sicherheit des Schießbetriebes. Die **Bestellungspflicht** für den Erlaubnisinhaber **ruht**, solange eine schießsportliche oder jagdliche Vereinigung mit Hilfe eigener verantwortlicher Personen den Schießbetrieb übernimmt und gleichzeitig überwacht.

Die verantwortlichen Aufsichtspersonen haben das Schießen in der Schießstätte ständig zu beaufsichtigen, insbesondere dafür zu sorgen, dass die in der Schießstätte Anwesenden durch ihr Verhalten keine vermeidbaren Gefahren verursachen und bestehende Auflagen befolgt werden. Sie haben, wenn dies zur Verhütung von Gefahren erforderlich ist, das Schießen oder den Aufenthalt in der Schießstätte zu untersagen.

Die Benutzer der Schießstätten haben die Anordnungen der verantwortlichen Aufsichtsperson zu befolgen.

Die Regelungen der Verordnungen zum WaffG verlieren ihre Bedeutung, wenn nicht sichergestellt ist, dass die bestellten verantwortlichen Aufsichtspersonen das Schießen auf der Schießstätte **ständig beaufsichtigen** und **Ordnung** auf der Schießstätte **halten**, insbesondere bei größerem Andrang, um in jedem Falle zu verhindern, dass **vermeidbare Gefahren** durch das Verhalten von auf der Schießstätte Anwesenden **verursacht werden**. Das gilt auch für die Einhaltung von Verpflichtungen bezüglich Minderjähriger. Sofern sie mit einfachen Anweisungen nicht ausreichend durchdringen, um vermeidbare Gefahren für die öffentliche Sicherheit und Ordnung zu unterbinden, haben sie dem Störer der Ordnung unter den Anwesenden den **Aufenthalt** auf der Schießstätte **zu untersagen** und notfalls sogar das **Schießen zu unterbrechen**.

Pflichten behördlich zugelassener und eingeteilter Aufsichtspersonen:

a) Ständige Beaufsichtigung des Schießbetriebes (auf den Schießbahnen – auch beim Übungsschießbetrieb).
b) Dafür zu sorgen, dass nur mit „zugelassenen Waffen" **(Gültige Beschusszeichen an den vorhandenen Waffen)** und zugelassener Munition geschossen wird **(Munition gem. VO zum WaffG)**.
c) Dafür zu sorgen, dass die gesetzlichen Altersbegrenzungen der Teilnehmer eingehalten werden **(Alterserfordernisse)**.
d) Insbesondere dafür zu sorgen, dass die beim Schießen Anwesenden durch ihr Verhalten keine vermeidbaren Gefahren für Mitbenutzer oder Dritte verursachen.
e) Dafür zu sorgen, dass das absolute Rauchverbot auf allen Schießbahnen bzw. Schützenstandbereichen eingehalten wird.
f) Dafür zu sorgen, dass die Vorschriften über die Aufbewahrung der Schusswaffen und Munition eingehalten werden.

8.4 Rechte der zugelassenen Aufsichtspersonen auf behördlich zugelassenen Schießständen

Den Anordnungen und Weisungen der ermächtigten Aufsichtspersonen ist Folge zu leisten. Die Aufsichtspersonen können das Schießen oder den Aufenthalt von Personen auf den Schießbahnen verbieten. Die ermächtigten Aufsichtspersonen sollen während der Ausübung ihrer Aufsicht am praktischen Schießbetrieb nicht teilnehmen. Im Allgemeinen gilt die „Schießstandordnung", **die auf jedem behördlich zugelassenen Schießstand deutlich und sichtbar aushängt.**

8.5 Aufgaben der Aufsicht beim Schützen

Die **Aufsicht beim Schützen** soll durch einen Schießausbilder wahrgenommen werden. Sie
– erläutert dem Schützen erforderlichenfalls die jeweilige Übung,

- überwacht die Durchführung der Übung,
- gibt während der Übung insbesondere Hinweise zur Verbesserung der Schießleistung,
- berät den Schützen in taktischer und rechtlicher Hinsicht,
- nimmt die Zeit bei Übungen mit Zeitbegrenzung,
- überprüft den Zustand der Schusswaffe nach dem letzten Schuss,
- wertet die Übung mit dem Schützen aus,
- übermittelt erforderlichenfalls dem Schreiber das Schießergebnis,
- empfiehlt die Wiederholung von Übungen.

8.6 Mögliche Sanktionen bei Pflichtverstößen

An dieser Stelle wird zur Unterstreichung der Bedeutung der o. a. Aussagen und Pflichten der dort genannten Personen darauf hingewiesen, dass diejenige Aufsichtsperson, die gegen die o. a. Verpflichtungen verstößt, zur Zeit mit einer Geldbuße bis zu fünftausend Euro belegt werden kann. Und derjenige, der gegen die Anordnung einer Aufsichtsperson verstößt, muss ebenfalls mit einem Bußgeld bis zu fünftausend Euro rechnen.

9. Sicherung gegen Abhandenkommen

Sowohl in der Polizei als auch in privaten Bewachungsunternehmen kann es sein, dass Schusswaffen im häuslichen Bereich aufbewahrt werden. Auch hier sind die Bestimmungen des WaffG und WaffVwV zu beachten:

1. Schusswaffen und Munition müssen sicher verwahrt werden. Es muss gewährleistet werden, dass sie nicht abhanden kommen oder von Dritten unbefugt an sich genommen werden können.
2. Für die Aufbewahrung von **Kurzwaffen** gilt: Kurzwaffen müssen noch zusätzlich eingeschlossen werden, d. h. auch in einer verschlossenen Wohnung, z. B. in einem verschlossenen Waffenschrank.

   Bei der Aufbewahrung **unterwegs** gilt: Waffen und Munition dürfen nur dann im abgestellten und verschlossenem Auto verwahrt werden, wenn dieses unter ständiger Aufsicht ist.
3. Beim **Abhandenkommen** von erlaubnispflichtigen Schusswaffen usw. hat der Berechtigte dieses binnen einer Woche, nachdem er davon Kenntnis erlangt hat, der zuständigen Behörde anzuzeigen. Wenn Anhaltspunkte für eine unbefugte Wegnahme vorliegen, gilt dieses auch für erlaubnispflichtige Munition u. a.

Ein Verstoß gegen diese Bestimmung stellt eine **Ordnungswidrigkeit** dar und kann mit einer **Geldbuße** bis zu fünftausend Euro geahndet werden.

Dienstliche Weisungen können die aufgeführten Bestimmungen ergänzen und bleiben hiervon unberührt.

> *Anmerkung:*
> Zukünftig wird für die Aufbewahrung von Schusswaffen ein Behältnis nach europäischer Norm DIN/EN-1143-1 im Widerstandsgrad 0 (dem niedrigsten Widerstandsgrad dieser Norm) oder ein gleichwertiges Behältnis vorgeschrieben. Derzeit gilt noch für die Aufbewahrung von Kurzwaffen die DIN 24992 in der Stufe B. Diese Norm wird jedoch zum 31.12.2002 zugunsten der europäischen Norm aufgehoben.
> Ein Behältnis der Stufe B entspricht dann auch den Forderungen der o. a. europäischen Norm.
> Allerdings: Der laxe Umgang mit dem Schrankschlüssel und die Aufbewahrung von Faustfeuerwaffen im häuslichen Nachttischschränkchen sind bedenklicher als ein möglicherweise unzureichender Widerstandswert eines Waffenaufbewahrungsschrankes.

10. Theoretische Schießausbildung

10.1 Begriffsbestimmungen für die Schießaus- und -fortbildung

Die nachfolgenden Ausführungen dienen der Information und dem Vermitteln von Hintergrundwissen, somit dem besseren Verständnis der Vorgänge, die beim Schießen sowohl innerhalb als auch außerhalb der Schusswaffe ablaufen.

An dieser Stelle sollen auch auf den folgenden Abbildungen die im Text gebräuchlichen Begriffe der Faustfeuerwaffen dargestellt werden, soweit sie für die Durchführung der Schießaus- und -fortbildung von Bedeutung sind.

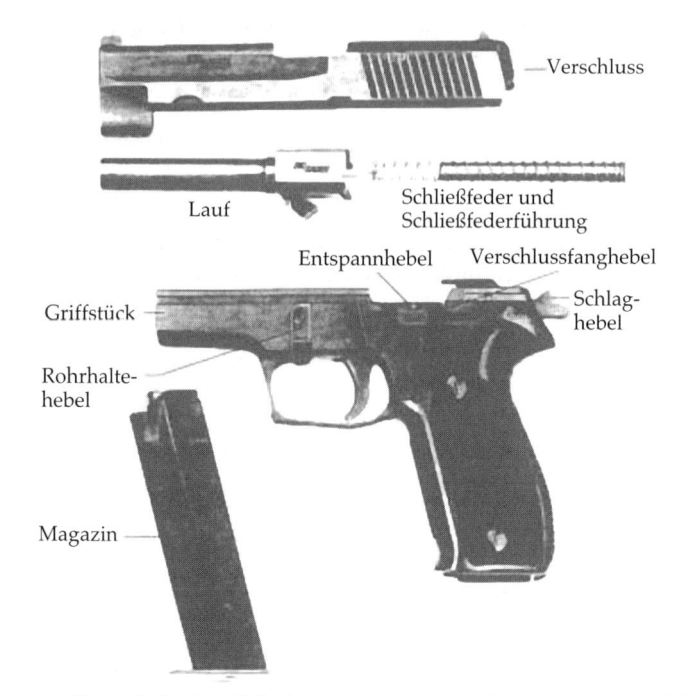

Die wesentlichen Teile einer Selbstladepistole am Beispiel der P 226 SIG SAUER*).

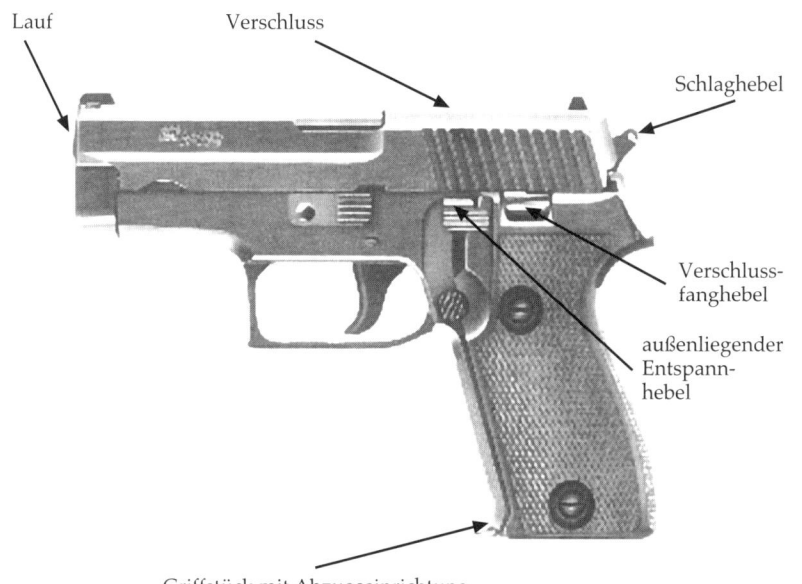

Begriffsbestimmungen für die Schießaus- und -fortbildung

Lauf
Verschluss
Schlaghebel
Verschlussfanghebel
außenliegender Entspannhebel
Griffstück mit Abzugseinrichtung
Die Pistole P 6 mit außen liegendem Schlaghebel*).

ohne Schlaghebel
Spanngriff
Die Pistole P 7 ohne Schlaghebel*).

63

Theoretische Schießausbildung

Schlaghebel   Trommel   Lauf

Griffstück mit Abzugseinrichtung

Die wesentlichen Teile des Revolvers*).

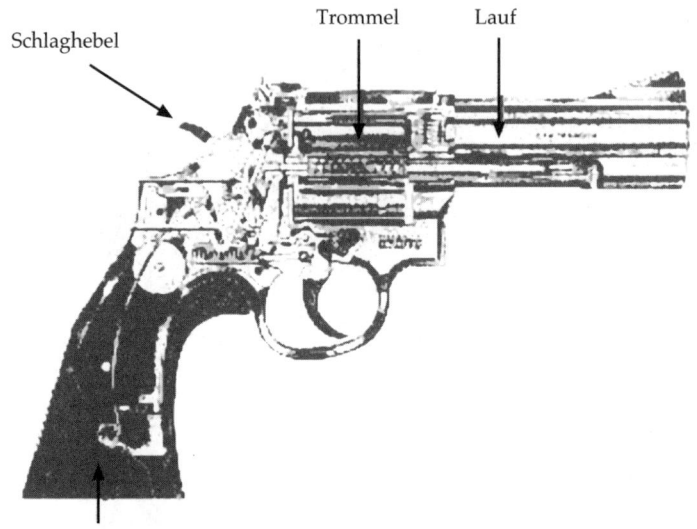

*) *Anmerkung:*
Die waffentechnischen wesentlichen Teile können sich von den rechtlichen unterscheiden. Wesentliche Teile nach dem Waffenrecht sind dort aufgeführt. Einzelne wesentliche Teile nach dem Waffenrecht unterliegen den gleichen Bestimmungen wie die vollständige Waffe. Wesentliche Teile werden hier im Sinne der Schießaus- und -fortbildung verstanden (zum besseren Verständnis der Aussagen in diesem Buch).

Schlaghebel

Lauf

Griffstück mit Abzugseinrichtung

10.2 Schießlehre

Dieser Abschnitt enthält eine Abhandlung der „klassischen" Inhalte der Schießlehre, soweit sie für die Unterrichtung der Auszubildenden und als Zusatzwissen für den Schießlehrer zu den Grundkenntnissen der Schießvorschrift erforderlich und zweckmäßig sind. Grundkenntnisse in der **Schießlehre** sind Voraussetzung für das Erlernen der **Schießtechnik**.

Die **Schießlehre** erläutert den Schussvorgang in der Waffe, die Bewegung des Geschosses innerhalb und außerhalb der Waffe und die für das Schießen wichtigen Begriffe. In der **Schießlehre** werden somit erläutert:
- Bewegung des Geschosses in der Waffe (Innenballistik),
- Bewegung des Geschosses außerhalb der Waffe (Mündungsballistik und Außenballistik),
- Geschosswirkung im Ziel (Zielballistik),
- wichtige Begriffe für das Schießen und die Schießausbildung,
- Schießtechnik.

10.2.1 Innenbalistik

Die **Innenballistik** (Ballistik – aus dem Griechischen ballein = Lehre von der Bewegung geworfener oder geschossener Körper) befasst sich mit den Ursachen der Geschossbewegung, Verbrennung und Kraftäußerung des Pulvers, Geschossbewegung und -führung im Rohr, also mit den Vorgängen, die sich vom Moment des Zündens der Patrone bis zu dem Augenblick abspielen, in dem das Geschoss die Mündung verlässt.

Der Schlag des vorschnellenden Schlagbolzens auf das Anzündhütchen der Patrone bringt den im Zündhütchen enthaltenen Anzündsatz, dieser das Treibladungspulver zur Entzündung und damit zur Umsetzung in Gase. Die chemisch gebundene Wärmeenergie wird frei und in mechanisch nutzbare Energie umgewandelt.

Dabei wird ein ganz erheblicher Druck (z. B. bei der Pistole ca. 2200/2600 bar) entwickelt, der unter Überwindung des Geschossausziehwiderstandes, des Einpresswiderstandes des Geschosses in den gezogenen Teil des Rohres, des Reibungswiderstandes zwischen Geschoss und Rohr, des Trägheitsmomentes des Geschosses bei Vermittlung des Dralls und des Luftwiderstandes der vor dem Geschoss befindlichen Luftsäule das Geschoss aus der Patronenhülse herausdrückt und mit zunehmender Geschwindigkeit durch den Lauf treibt.

Der **Lauf** übernimmt eine Reihe von Aufgaben, die an dieser Stelle erwähnt werden sollen:
- das in der Regel bei Pistolen als Bestandteil des Laufes anzusehende Patronenlager nimmt die Patrone auf,
- Patronenlager und Lauf nehmen in Verbindung mit der Patronenhülse den sich nach allen Seiten ausdehnenden Gasdruck zu den Seiten und nach hinten bei der Umsetzung des Treibladungspulvers auf,

- der Lauf leitet die durch die Entzündung und Verbrennung des Treibladungspulvers und die durch die Reibung zwischen Geschoss und Lauf entstehende Reibungshitze ab,
- der Lauf gibt dem Geschoss die erwünschte und notwendige Führung und Richtung.

10.2.1.1 Drall

Ein aus einem glatten Rohr abgefeuertes Langgeschoss würde sich nach Verlassen der Mündung durch die Einwirkung des Luftwiderstandes überschlagen, da es mit seinem hinten liegenden Schwerpunkt zu sinken beginnt und der Luftwiderstand das Geschoss von unten angreift, die Schussweite würde verkürzt, die Trefferwahrscheinlichkeit und die Geschosswirkung im Ziel würden verringert.

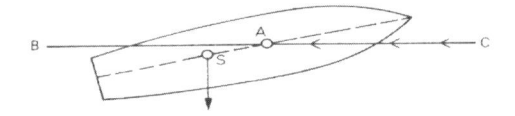

Lage eines rotierenden Geschosses zur Luftangriffsrichtung
A = Luftangriffspunkt; B = Angriffsrichtung des Luftwiderstandes; S = Schwerpunkt des Geschosses.

Deshalb müssen aus glatten Rohren abgeschossene Geschosse besonders stabilisiert werden. Beim Schießen aus gezogenen Rohren wird das Geschoss in eine Rotation um seine Längsachse versetzt.

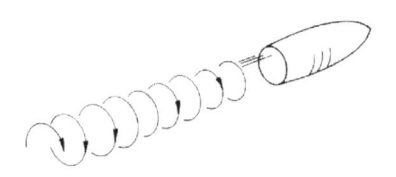

Drall eines Geschosses

Unterschiede in der Dralllänge ändern nicht nur die Umdrehungsgeschwindigkeit des Geschosses, sondern sie sind auch von Bedeutung für den Reibungswiderstand im Rohr.

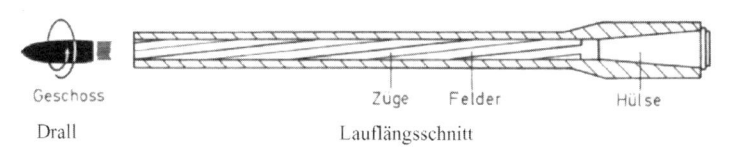

Geschoss   Zuge   Felder   Hülse
Drall   Lauflängsschnitt

Gezogener Lauf verursacht Drall des Geschosses

Je nach Drehrichtung des Dralls erfolgt eine leichte seitliche Abweichung der Flugbahn des Geschosses nach der Seite, nach der die Drehung erfolgt:

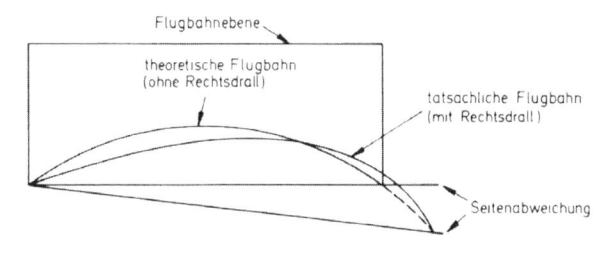

Seitenabweichung des Geschosses auf seiner Flugbahn

Diese seitliche Abweichung muss vom Schützen beim Visieren nicht berücksichtigt werden.
Es wird zwischen einem gleichbleibenden und einem zunehmenden Rechts- oder Linksdrall unterschieden.

10.2.1.2 Geschossbewegung im Lauf

Die **Geschossbewegung im Lauf** wird beeinflusst von
- der Treibladung,
- dem Geschoss,
- der Beschaffenheit des Rohres.

Diese Kriterien bewirken die Anfangsgeschwindigkeit (V_0), die Drehung des Geschosses um die eigene Längsachse (Drall), und sie beeinflussen die Geschossflugbahn. Das Rohr gibt dem Geschoss die Abgangsrichtung.
Der von der Treibladung erzeugte **Gasdruck** wirkt sich auch nach hinten aus. Beim Schuss drückt er die Waffe in Richtung des Schützen zurück.
Diese rückwärts wirkende Kraft verursacht den **Rückstoß**.
Der fühlbare Rückstoß muss vom Schützen aufgefangen werden; bei Waffen mit Kolben oder Schulterstütze mit der Schulter und bei Faustfeuerwaffen (Pistole und Revolver) über die Schießhand sowie Unter- und Oberarm und Schulter. Bei den meisten vollautomatischen Waffen wird die Rückstoßwirkung durch eine Pufferung im Kolben (z. B. Maschinengewehr) vermindert.

Dieser bei einer Schussabgabe dem Verschluss vermittelte Impuls wird in der Regel zur Durchführung des Repetierzyklusses ausgenutzt.

Geschossform und **Oberflächenmaterial** des Geschosses sind in Verbindung mit der Beschaffenheit der Rohrinnenwandung maßgebend für den Reibungswiderstand.

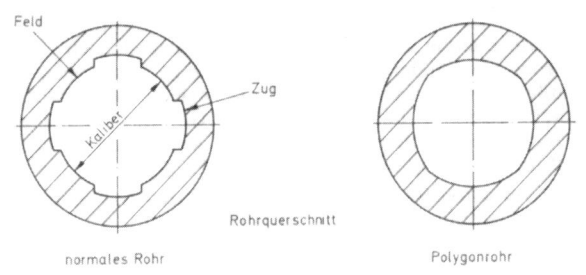

gezogene Lauf mit Zug-/Feldprofil   Lauf mit Polygonprofil

Bei den Läufen ist zwischen einem Lauf mit einen Zug-/Feldprofil und einem Polygonalprofil zu unterscheiden. Der Polygonlauf (Polygon = Vieleck) verfügt im Gegensatz zum gezogenen Lauf über keine scharfkantigen Felder (erhabenen Teile im Lauf im Gegensatz zu den tieferliegenden Zügen). Der Polygonlauf dichtet besser ab, nutzt dadurch den zur Verfügung stehenden Gasdruck besser aus. Weiterhin lagern sich weniger Geschossrückstände ab, wodurch eine längere Lebensdauer zu erreichen ist.

Die **Beschaffenheit der Laufinnenwandung**, insbesondere im Bereich der Rohrmündung, beeinflusst somit in einem ganz erheblichen Maße die Abgangsrichtung und die Flugstabilität des Geschosses.

Als Unregelmäßigkeiten sind beispielsweise zu nennen: Laufaufbauchungen, ausgebrochene Felder, Rostnarben, ausgebrannte Laufmündung.

10.2.2 Außenballistik

Die **Außenballistik** befasst sich mit dem Weg, den das Geschoss nach Verlassen des Rohres bis zum Auftreffen auf/Eindringen in das Ziel zurücklegt, mit den auf diesem Wege auf das Geschoss einwirkenden Faktoren und mit der Treffwahrscheinlichkeit.

Der vom Geschoss nach Verlassen des Rohres bis zum Auftreffpunkt zurückgelegte Weg wird als **Flugbahn** oder **Geschossbahn** bezeichnet. Die Kenntnis um die Flugbahn eines Geschosses bildet die Grundlage für das Verständnis der gesamten Schießlehre.

Nur durch die Vorstellung von der Gestalt der Flugbahn werden auch mögliche Einflüsse auf die Treffgenauigkeit, die Lehre vom Zielen/Visieren, die Verfahren zur Schussverbesserung (Verlegen des Haltepunktes) verständlich.

Jeder Körper ist infolge seiner Masseträgheit bestrebt, die ihm einmal vermittelte Energie in Form von Geschwindigkeit nach Richtung und Größe unverändert beizubehalten, solange keine andere Kraft von außen auf ihn einwirkt. Der Körper flöge auf einer gradlinigen Flugbahn unendlich mit unverminderter Geschwindigkeit weiter. Jede von außen auf diesen Körper einwirkende Kraft ändert jedoch Geschwindigkeit und Richtung und damit auch die Flugbahn.

Auf das Verhalten des Geschosses außerhalb des Rohres und damit auf die Gestaltung der Flugbahn wirken ein:
- Anfangsgeschwindigkeit,
- Abgangsrichtung,
- Schwerkraft,
- Geschossform,
- Luftwiderstand,
- Drall und
- Witterungseinflüsse.

10.2.2.1 Anfangsgeschwindigkeit

Die Anfangsgeschwindigkeit (V = velocitas/Vo = Anfangsgeschwindigkeit an der Rohrmündung) wird in m/sec gemessen (häufig wird auch aus messtechnischen Gründen die Anfangsgeschwindigkeit eines Geschosses mit V_1 = Geschwindigkeit einen Meter vor der Rohrmündung angegeben). Sie ist die Geschwindigkeit, mit der das Geschoss die Rohrmündung verlässt. Je größer diese Anfangsgeschwindigkeit ist, umso weiter würde ein Geschoss unter sonst gleichen Bedingungen (Form, Gewicht usw.) fliegen, umso gestreckter, rasanter wäre die Flugbahn.

10.2.2.2 Abgangsrichtung

Die Abgangsrichtung ist die Flugrichtung des Geschosses beim Verlassen des Rohres. Wirkte nur die Kraft der Pulvergase auf das Geschoss, würde es gradlinig mit unverminderter Geschwindigkeit in der Abgangsrichtung, in Richtung der verlängerten Seelenachse, weiterfliegen. Der günstigste **Abgangswinkel** zur Erreichung einer maximalen Flugweite liegt bei 30 bis 35 Grad.

10.2.2.3 Schwerkraft

Die Schwerkraft (Anziehungskraft der Erde) zieht das Geschoss zum Erdmittelpunkt. Sie bewirkt also, dass das Geschoss während des Fluges fällt. Im luftleeren Raum würde die nur von Anfangsgeschwindigkeit, Abgangsrichtung und Schwerkraft abhängige Flugbahn eine **Parabel** ergeben: der höchste Punkt der Flugbahn (Gipfelpunkt) würde genau in der Mitte der Flugbahn liegen, Endgeschwindigkeit wäre gleich Anfangsgeschwindigkeit.

10.2.2.4 Geschossprofil

Das Geschossprofil, insbesondere die Geschossspitze, wirkt sich bei unterschiedlichen Witterungsverhältnissen auf die Flugbahn aus (z. B. Wadcutter – Spitzgeschoss).

10.2.2.5 Luftwiderstand

Auf Grund des Luftwiderstandes und die bei der Überwindung dieses Widerstandes auftretende Reibung verliert das Geschoss ständig an Geschwindigkeit. Die Krümmung der Flugbahn nimmt zum Ende ständig zu. Dadurch wird die Schussweite kleiner und die Endgeschwindigkeit geringer als die Anfangsgeschwindigkeit.

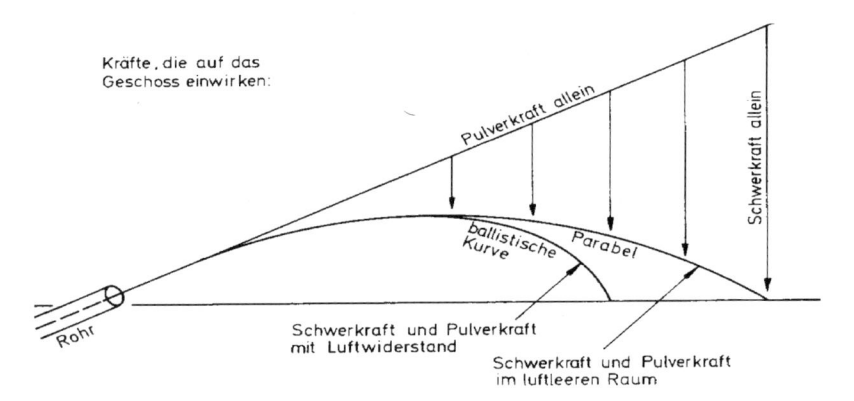

Die Form der Flugbahn ist jetzt eine **ballistische Kurve,** deren Gipfelpunkt dem Ende näher liegt als ihrem Anfang.

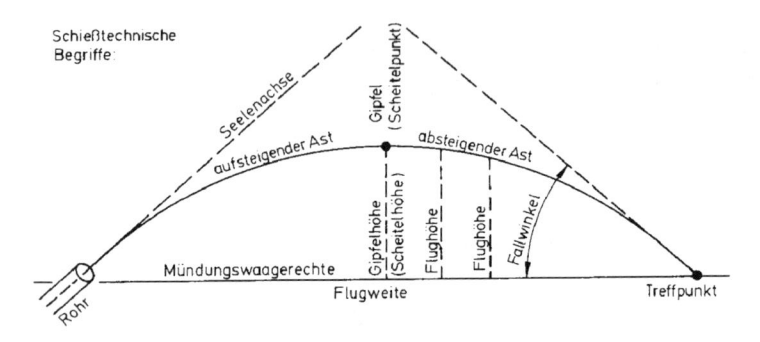

10.2.2.6 Witterungseinflüsse

Sie können die Flugbahn ganz erheblich beeinflussen. Solche Einflüsse können sein
- Luftdruck,
- Luftfeuchtigkeit (Regen, Schnee, Hagel),
- Temperatur,
- Wind.

Hierbei sind jedoch nur der Wind in Verbindung mit Regen, Schnee, Hagel von solcher Bedeutung, dass sie insbesondere beim Schießen auf größere Entfernungen beachtet werden müssen.

Wind von vorn mit einer Geschwindigkeit von 3–5 m/sec verkürzt die Flugbahn des Geschosses insbesondere bei Schussentfernungen über 200 m bereits spürbar, wogegen Wind in Schussrichtung die Schussweite vergrößert. Seitlich wehender Wind treibt das Geschoss mehr oder weniger – abhängig von Schussweite, Windstärke und Drallgeschwindigkeit sowie Drallrichtung – zur Seite.

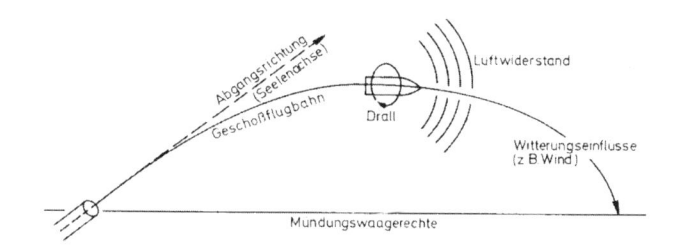

10.2.2.7 Erscheinungen an der Laufmündung

Beim Schießen mit Waffen, deren Vo größer ist als die Schallgeschwindigkeit, treten zwei verschiedene Knallerscheinungen auf: Der dumpfere **Mündungsknall**, der hervorgerufen wird durch die hinter dem Geschoss hereilenden hochgespannten Pulvergase, wenn diese auf die Luft vor der Rohrmündung treffen, und den teilweise noch nicht beendeten Verbrennungsprozess außerhalb der Rohrmündung beenden, und der hellere **Geschossknall**, der erzeugt wird durch die Luftverdichtung, die sogenannte „Kopfwelle", die sich vor dem fliegenden Geschoss bildet, solange die Geschwindigkeit des Geschosses größer ist als die Schallgeschwindigkeit.

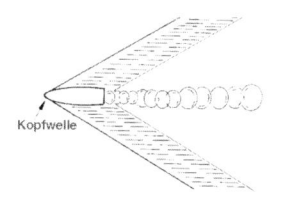

Beim Beschuss von vorn wird zuerst der meist hellere Geschossknall und danach der meist dumpfere Mündungsknall gehört. Hinter einer Waffe und seitlich rückwärts nimmt der Schütze stets nur einen Knall wahr, da hier Mündungs- und Geschossknall zusammenfallen.
Die Richtung, aus der geschossen worden ist, kann nur aus dem Mündungsknall beurteilt werden.
In diesem Zusammenhang soll kurz das **Mündungsfeuer** angesprochen werden. Dieses ist eine, in der Größe abhängig von der Waffenart, helle Feuererscheinung. Es entsteht durch noch verbrennende Pulverteile und durch eine Nachverbrennung (Nachexplosion) von Pulvergasen.

10.3 Schussleistung

Die Leistung einer Waffe und ihrer Munition sind abhängig von der **Flugbahn**, der **Streuung** und der **Geschosswirkung**. Je gestreckter (rasanter) die Flugbahn ist (große Geschossgeschwindigkeit), umso geringer ist die Auswirkung aller beeinflussenden Faktoren und die Abhängigkeit von Visier- und Entfernungsschätzfehlern, und desto größer sind **Geschosswirkung** und **bestrichener Raum**.

10.3.1 Geschosswirkung

Sie bezeichnet die vom Geschoss im Ziel verrichtete „Arbeit". Diese ist abhängig von:
– Endgeschwindigkeit des Geschosses,
– Masse des Geschosses,
– Geschossquerschnitt,
– Geschossform (insbesondere der Spitze),
– Geschossmantel,
– Auftreffwinkel,
– Widerstandsfähigkeit des Zieles.

10.3.2 Durchschlagsleistung

Von der „Polizeimunition" wird sowohl eine gute **Durchschlagsleistung** als auch eine gute **Mannstoppwirkung** erwartet. Beides wird durch entsprechende Formgebung der Geschossspitze und Auswahl des Materials erreicht. Da eine gute Mannstoppwirkung und eine gute Durchschlagsleistung einander widersprechende Forderungen sind, stellt diese Munition einen Kompromiss zwischen diesen Forderungen dar.
Bei einer typischen Polizeimunition wird sich die Waage **Durchschlagsleistung – Mannstoppwirkung** zugunsten der Mannstoppwirkung neigen. D. h. die Durchschlagsleistung wird geringer, dafür wird die gesamte Energie im Zielmedium abgegeben. Hierdurch soll u. a. erreicht werden, dass das Geschoss nicht aus einem getroffenen Zielmedium (z. B. menschlichen Körper) heraustritt und eine dahinter stehende weitere Person verletzt oder sogar tötet.

Ein Geschoss erzielt nur dann die erwünschte Wirkung, wenn aufgrund des Wundschmerzes und der Beeinträchtigung körperlicher Funktionen eine Angriffs- oder Fluchtunfähigkeit des Gegenübers erreicht wird. Dieses kann nur dann erreicht werden, wenn möglichst viel der dem Geschoss innewohnenden Energie an das Ziel abgegeben wird. Um dieses zu erreichen, wurden die sog. Deformationsgeschosse für die Polizei entwickelt. Diese Deformationsgeschosse unterscheiden sich von den herkömmlichen Vollmantelgeschossen durch ihre Masse, die Geschwindigkeit, die Bauart des Geschosses und vor allem durch die Gestaltung und Größe der Stirnfläche. Hierdurch insbesondere wird in Abhängigkeit vom Zielmedium ein Aufpilzen des Geschosses erreicht, wodurch die Energieabgabe gesteuert wird. Es kann somit gesagt werden, dass je größer die Energieabgabe im Zielmedium, desto geringer ist die Eindringtiefe und desto geringer ist die Gefahr eines Geschossaustrittes und damit die Gefahr der Gefährdung anderer.

10.4 Streuung

Werden aus einer Waffe unter gleichbleibenden Bedingungen mehrere Schüsse nacheinander abgefeuert, treffen die Geschosse nicht auf einen Punkt, sondern verteilen sich über eine Fläche. Diese Trefferverteilung wird als **Waffenstreuung** bezeichnet.

Die Ursachen für deren Entstehung sind:
- Schwingungen des Rohres
- Erwärmung des Rohres
- Unterschiede in der Munition (Zündsatz, Treibladungspulver, Sitzfestigkeit der Patrone in der Hülse = Ausziehwiderstand).

Eine weitere Streuung kann durch Schwankungen der Witterungseinflüsse entstehen.

Visierfehler und Fehler in der Schießtechnik des Schützen werden als **Schützenstreuung** bezeichnet.

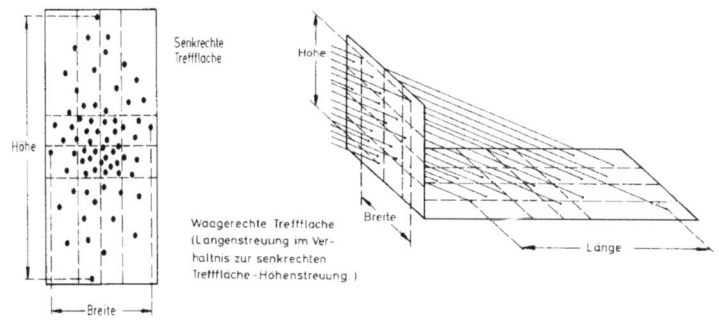

Streuung in der Höhe und in der Tiefe

Theoretische Schießausbildung

10.4.1 Visieren/Visiereinrichtung

Um ein beabsichtigtes Ziel zu treffen, muss mit der Waffe (insbesondere auf größere Entfernungen) **visiert** werden.

Das Geschoss fällt mit Verlassen des Rohres unter dem Einfluss von Erdanziehung und Luftwiderstand, hierdurch nehmen die Anfangsgeschwindigkeit ständig ab und die Fallgeschwindigkeit zu.

Hieraus ergibt sich, dass je nach Entfernung zum Ziel (Flugdauer des Geschosses) die Geschossflugbahn eine immer stärker nach unten gekrümmte Kurve (ballistische Kurve) beschreibt. Würde das Rohr nur mit Hilfe der **Seelenachse** gerichtet, so schlüge das Geschoss unterhalb des Punktes ein, auf den die Seelenachse zeigt. Wie weit unterhalb, ist abhängig von der vom Geschoss zurückgelegten Flugbahn und der Rasanz der Flugbahn.

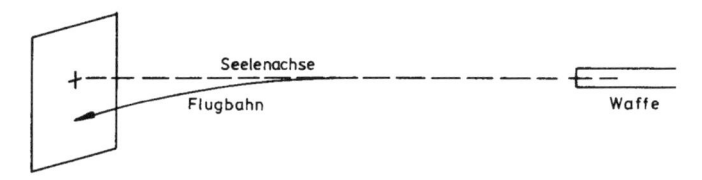

Beim Visieren über Kimme und Korn spielen die sogenannten Lichthöfe und die Visieroberkantenangleichung eine entscheidende Rolle. Diese sind die Lichtspalten, die sich zwischen der Visierausschnittsinnenseite und den Kornaußenkanten zeigen. Das Verhältnis von Visierausschnitt/Kimme und dem Korn, aber auch die Form und die Größe des Lichthofes zu beiden Seiten sind von ausschlaggebender Bedeutung für das Trefferergebnis. Um das Ziel treffen zu können, muss der Schütze deshalb die Laufmündung vor dem Schuss über das Ziel **anheben**, eben um so viel, als das Geschoss auf seinem Wege zum Ziel wieder abfällt. Diesem Heben der Rohrmündung dient die auf der Waffe angebrachte **Visiereinrichtung**: Kimme und Korn.

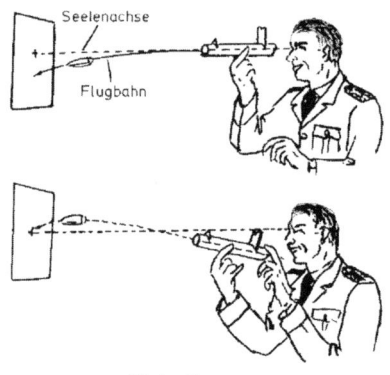

Visierübungen

10.4.1.1 Begriffsbestimmungen beim Zielen/Visieren

Beim „Zielen" ist zwischen **visiertem** Schuss über **Kimme und Korn** und **schnell gezieltem Schuss**, bei dem ausschließlich das **Korn** auf/in das Ziel gestellt wird, zu unterscheiden.

Zielen heißt also, die Waffe nach Höhe und Seite so einrichten, dass die Visierlinie auf den Haltepunkt zeigt.

Um schnell und mühelos ein gutes Visierbild zu bekommen, sollte die Visiereinrichtung breit sein. Dazu gehören beiderseits des Kornes Lichtspalten und die optisch gut erfassbare Oberkantenangleichung.

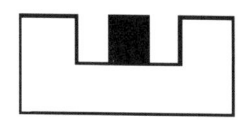

Offene Visierung

Da sich die Flugbahn mit zunehmender Entfernung immer stärker krümmt, muss die Schräglage des Rohres bei zunehmender Schussentfernung größer werden. Die Visiereinrichtung hat hierfür – zumindest bei Langwaffen, die auf größere Entfernung eingesetzt werden – eine verstellbare Entfernungseinteilung (Kimme).

Indem eine vom Auge des Schützen über die Mitte der Kimme (durch die Mitte der Lochkimme) und über die Spitze des senkrecht stehenden Kornes verlaufende gedachte Linie **(Visierlinie)** auf das Ziel verlängert (verlängerte Visierlinie) wird, visiert der Schütze.

Der Punkt, auf den die Visierlinie gerichtet sein soll, um das Ziel zu treffen, heißt **Haltepunkt**. Auf den Unterschied zwischen **Haltepunkt** und **Haltefläche** wird später eingegangen.

Der Punkt, auf den das Geschoss tatsächlich auftrifft, heißt **Treffpunkt**.

Beim Visieren über Kimme und Korn (offene Visierung z. B. bei den meisten serienmäßig hergestellten Faustfeuerwaffen) muss zunächst die Kimmenoberkante waagerecht gestellt werden.

Danach wird die Kornoberkante je nach Formgebung des Kornes, wie z. B.
- Dach- oder Balkenkorn,
- Rechteck- oder Balkenkorn,
- Perlkorn

absolut höhengleich an die Kimmenoberkante angeglichen. Abschließend wird das optisch scharf erfasste Korn auf den Mittelstand im Kimmenausschnitt durch Überprüfung beider seitlichen Lichthöfe/-spalten geprüft und ggf. justiert.

Man spricht dann von **gestrichen Korn**.

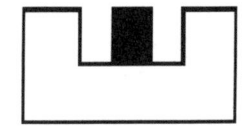

Theoretische Schießausbildung

Gestrichen Korn

Gebrauchswaffen sind so angeschossen, dass der Haltepunkt in einer bestimmten Entfernung (Anschussentfernung) in der Mitte des Zieles liegt. Daher ist beim Visieren grundsätzlich die Zielmitte (Haltepunkt) als Haltefläche zu wählen (Ins Ziel gehen), wenn die ungefähre Schussentfernung der Anschussentfernung entspricht bzw. die Entfernung über eine verstellbare Visiereinrichtung auf die jeweilige Schussentfernung eingestellt werden kann.

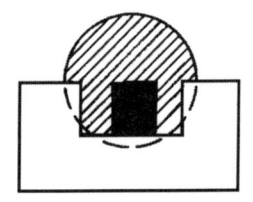

Ins Ziel gehen

Ist die Entfernung zum Ziel **weiter** als es die feststehende oder eingestellte Visiereinrichtung angibt, ist eine entsprechend höher liegende Haltefläche zu wählen (Ziel verschwinden lassen).

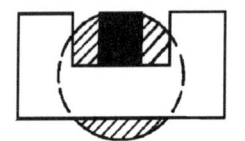

Ziel verschwinden lassen

Ist die Entfernung zum Ziel **kürzer** als die feststehende oder eingestellte Visiereinrichtung angibt, ist eine entsprechend niedriger liegende Haltefläche zu wählen (Ziel aufsitzen lassen).

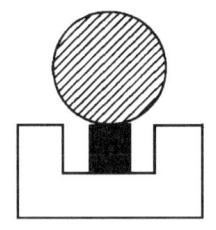

Ziel aufsitzen lassen

Bewegt sich ein Ziel zur Seite, ist mit der Waffe zu folgen, zu überholen und im Ziel durchzukrümmen. Bei größerer Entfernung ist die Haltefläche entsprechend vorzuverlegen (vorzuhalten).

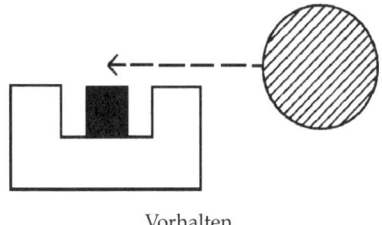

Vorhalten

Das Vorhaltemaß richtet sich nach der Geschwindigkeit des Zieles, dessen Bewegungsrichtung und der Entfernung zum Ziel.
Querbewegung = größeres Vorhaltemaß
Schrägbewegung = kleineres Vorhaltemaß.
Jede Form der Aus- und Fortbildung hat das Ziel, auf den Einsatzfall vorzubereiten. Die im Einsatz unweigerlich vorhandenen Stressfaktoren wirken sich negativ auf die Handlungssicherheit aus, somit auch auf die Handhabung der Schusswaffe und damit auch auf das Visieren. Alle Tätigkeiten im Umgang mit Schusswaffen müssen so weit verinnerlicht werden, dass sie automatisiert ausgeführt werden können. Dieses ist zeitaufwendig und anstrengend – aber für einen polizeilichen Erfolg unumgänglich.

10.4.1.2 Visierfehler

Zielfehler verschlechtern das Trefferergebnis.
Die häufigsten Fehler sind:
a) **Vollkorn**
   Der obere Rand des Korns ragt im Augenblick der Schussabgabe über den Kimmenoberkante hinaus.

Theoretische Schießausbildung

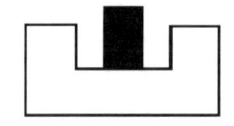

Vollkorn

Die Folge ist ein Hoch- oder Weitschuss.
Ursache: Bei Eile, trüber Witterung, Dämmerung, dunklem Hintergrund ist das Korn nicht so deutlich zu sehen, sodass der Schütze häufig dazu neigt, das Korn zu hoch in die Kimme zu nehmen.

b) **Feinkorn**
Der obere Rand des Korns steht im Augenblick der Schussabgabe unter dem Kimmenrand – die Kornoberkante ist also nicht mit der oberen Kante des Visieres (der Kimme) bündig.

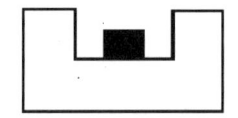

Feinkorn

Die Folge ist ein Tief- oder Kurzschuss.
Ursache: Dieser Fehler kann dann auftreten, wenn das Korn von oben hell beleuchtet wird. Durch diese optische Täuschung erscheint das Korn dem Schützen dann größer als sonst. Der Schütze wird daher dazu neigen, das Korn nicht so hoch in die Kimme zu führen wie erforderlich.

c) **Klemmkorn**
Das Korn ist seitlich nach rechts oder links verschoben, d. h. „geklemmt" (Klemmkorn rechts oder Klemmkorn links – die seitlichen Lichthöfe sind unterschiedlich ausgeprägt).

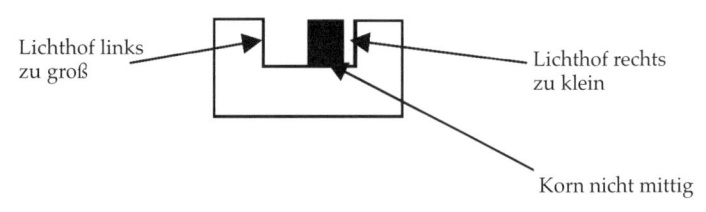

Lichthof links zu groß — Lichthof rechts zu klein — Korn nicht mittig

Klemmkorn rechts

Klemmkorn rechts führt zu einem Rechtsschuss, Klemmkorn links zu einem Linksschuss.

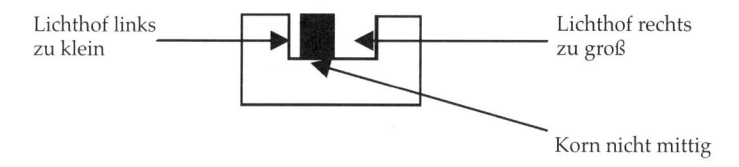

Lichthof links zu klein

Lichthof rechts zu groß

Korn nicht mittig

Klemmkorn links

Ursache: Dieser Fehler entsteht dadurch, dass eine Seite des Korns stärker als die andere beleuchtet wird. Die hell beleuchtete Seite erscheint größer als die dunklere; der Schütze neigt in diesem Falle dazu, nicht die Kornoberkante, sondern den hell beleuchteten Teil des Korns (die Größe des dunklen Teils „überschätzt" er) in die Mitte der Kimme zu nehmen. Dieser Zielfehler bewirkt somit ein Abweichen der Schussrichtung nach der dunklen Seite des Korns.

d) **Verkanten**
Die Waffe ist nach rechts oder links um ihre Längsachse verdreht. Dadurch stehen der Kamm der Kimme nicht waagerecht und das Korn nicht senkrecht.

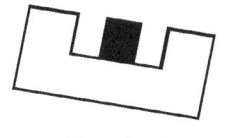

rechts verkantet

Verkanten nach rechts führt zu einem Rechts-Tief-Schuss,

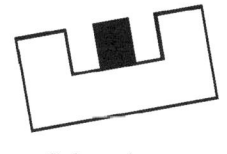

links verkantet

Verkanten nach links zu einem Links-Tief-Schuss.
Ursachen: Dieser Fehler entsteht in erster Linie durch falsche Handhabung der Waffe durch den Schützen.

Dieser wesentliche Zielfehler wirkt sich insbesondere bei größeren Schussentfernungen in mehrfacher Hinsicht auf das Schießergebnis aus. **Auf kurzen Schussentfernungen (die Regel mit Faustfeuerwaffen) kann dieser Fehler jedoch vernachlässigt werden,** da keine gravierenden Trefferlageveränderungen entstehen.

Entscheidend für die Auswirkungen einer verkanteten Schusswaffe sind somit
- Halten der Waffe
- Abzugsbetätigung
- die Schusswaffenart (Kurz- oder Langwaffe)
- die Höhe/der Abstand von Visierlinie zur Seelenachse
- die Schussentfernung.

Häufig werden von einem Schützen gleichzeitig **mehrere Fehler** gemacht.

10.4.1.3 Ursachen für schlechte Schießergebnisse

Es scheint an dieser Stelle sinnvoll zu sein, die Ursachen für das Entstehen unbefriedigender Schießergebnisse und Möglichkeiten zur Abhilfe zu untersuchen, da sie für den Schießlehrer wertvolle Hilfen für sein Tätigwerden geben. Hierzu dient eine sorgfältige Auswertung von Trefferbildern.

a) **Menschliche Schwächen**
- **mangelnde Reife**
  durch niedriges Einstellungsalter bedingtes schülerhaftes, verspieltes Verhalten

  Lösungswege:
  Einsicht vermitteln in berufliche Notwendigkeiten und Gesamtzusammenhänge von Ausbildungsgängen und Teilen davon, häufigere Kontrollen, intensive Grundlagenvermittlung, Drill von Grundsätzen

- **mangelndes Verantwortungsbewusstsein**
  bedingt durch niedriges Lebensalter und jeweiligen Stand der Persönlichkeitsentwicklung

  Lösungswege:
  Erziehung zum verantwortungsbewussten Umgang mit Waffen, regelmäßig Gefahren verdeutlichen, Darstellung der Wirkung von Schusswaffen und Munition durch
  - optische Medien
  - Materialbeschuss
  - Leistung und Grenzen verschiedener Munitionsarten usw.

- **mangelnde Einstellung zu den Sicherheitsbestimmungen**

  Lösungswege:
  Inhalte verdeutlichen, durch Übungen ständige Konfrontation mit den Sicherheitsbestimmungen, Verdeutlichung von Gefahren und Folgen bei Nichtbeachtung der Sorgfaltspflichten (Zeitungsartikel, Gerichtsurteile, einschlägige Fachliteratur usw.)

- fehlende Beziehung zur Schusswaffe
  Lösungswege:
  Regelmäßige Handhabungsübungen, tägliches Training mit der Waffe, häufigere Arbeit des Lehrpersonals mit der Gruppe (kleine Übungen, Wettbewerbe) auch außerhalb der zugeteilten Ausbildungszeiten
- mangelndes Konzentrationsvermögen
  Lösungswege:
  Konzentrationsübungen
- Angst/Unsicherheit
  Lösungswege:
  häufige, abwechslungsreiche Übungen, ständiges Sicherheitstraining/Drill, Neugierde wecken und erhalten, systematische Steigerung der „Schwere" des Kalibers der in der Ausbildung verwendeten Munition (Ausbildungspatronen, Platzpatronen, Plastik-Trainings-Munition, Kleinkaliber, normales Kaliber), Bildung kleinerer (Teil-)Gruppen zur Ermöglichung einer individuelleren Arbeit mit einzelnen „schwachen" Gruppenangehörigen

b) **Mängel in der Durchführung der Waffen- und Schießausbildung**
- **Monotonie in der Waffen- und Schießausbildung**
  Lösungswege:
  auf Formalien so weit wie möglich verzichten. Nach der Grundlagenvermittlung kleine Übungen einspielen, schulmäßiges Schießen zeitlich vorverlegen, Bildung von Leistungsgruppen und Durchführung von Förderkursen, Schießpreise aussetzen, Leistungen in den eigenen Bereichen bekannt machen (schriftlich, mündlich)
- **mangelnde Eigenverantwortlichkeit**
  Lösungswege:
  Der einzelne Schütze muss zum Mitwirken und zum Übernehmen von Eigenverantwortung geführt werden, Fehlererkennen und -abstellen durch intensive Besprechung mit den einzelnen Schützen, i. V. m. Einsatz von Video-Geräten u. ä.
- **mangelnde Dienstaufsicht/Fachaufsicht**
  Lösungswege:
  ständige Aktivierung, auch älterer Beamter zur Wahrnehmung ihrer Pflichten im Rahmen der Dienstaufsicht/Fachaufsicht

c) **Dienstliche und Dienstplan-Mängel**
- **Reduzierung von Ausbildungszeiten im Ausbildungsplan**
  Lösungswege:
  Die zurzeit in den Ausbildungsplänen veranschlagte Ausbildungszeit wird für diesen Ausbildungsbereich in der Regel als nicht ausreichend anzusehen sein. Einschränkungen können nur zu Lasten des Ausbildungserfolges gehen

Theoretische Schießausbildung

- **Mängel in der Koordination von Anweisungen, Vorschriften usw.**
  Lösungswege:
  Grundsätzlich dürften Widersprüche in Dienstvorschriften, Erlassen und Richtlinien nicht vorkommen. Sind sie vorhanden, müssen sie den zuständigen Stellen aufgezeigt und ihre Abstimmung erwirkt werden.
- **Schlechter Zeitansatz**
  Lösungswege:
  Blockausbildung auch in der Waffen- und Schießausbildung, Einzelstunden auch mit fächerübergreifender Waffen- und Schießausbildung unter Einspielen kleiner Lagen/Beispiele, Durchführung von regelmäßigen Schießlehrgängen
- **Aufwertung der Waffen- und Schießausbildung**
  Lösungswege:
  Waffen- und Schießausbildung, Schießleistungen usw. haben bereits im Rahmen der Grundausbildung einen höheren Wert erhalten, einen „schlechtschießenden" Waffenträger darf es nicht geben, offizielle Einführung von persönlichen Schießleistungsnachweisen, Prüfung der Berechtigung zum Führen von Schusswaffen bei permanentem Nichterbringen geforderter Mindestleistungen

d) **Negativ-Vorbild „Einsatzeinheit/-team":**
   Lösungswege:
   nach Einsätzen, Berufspraktika usw. ist besonders auf Nachlässigkeiten insbesondere in der
   - **Handhabungssicherheit**
   - **Treffsicherheit**
   - **Handlungssicherheit**
   zu achten, um einer negativen Routine in der Handhabung entgegenzuwirken

Mängel **sofort** ansprechen und **abstellen lassen**.

11. Praktische Schießausbildung

11.1 Schießvorschule

11.1.1 Allgemeines

Die Schießausbildung vermittelt dem Schützen o. a. die **Schießtechnik**, die für den erfolgreichen Einsatz von Waffen Vorbedingung ist.

Gute Schießleistungen sind ein Maßstab für den Ausbildungsstand eines Schützen und eine Vorbedingung für den (Schusswaffen-)Erfolg eines Polizeibeamten im Einsatz. Sie geben dem Schützen Vertrauen zu seiner Waffe. Die hieraus resultierende Selbstsicherheit wird ihn, in Verbindung mit der erforderlichen Handlungssicherheit, befähigen, seine Waffe nur dann und nur soweit zum Einsatz zu bringen, als es die Erreichung der polizeilichen Aufgabenerfüllung erfordert. **Ziel** der Schießausbildung ist es daher, die vom Berechtigten im Einsatz zu führende Waffe sicher und schnell handhaben und mit dieser treffsicher schießen zu können.

Die **Schießausbildung** gliedert sich in **Schießvorschule, schulmäßiges Schießen, Schießen unter einsatzmäßigen Bedingungen** und soweit erforderlich und zeitlich möglich – in jeder Phase der Ausbildung – **Schießen von Sonderübungen**.

Durch eine intensive Schießausbildung an allen in der Ausbildung vorgesehenen Waffen wird der Schütze mit den „Eigenarten" seiner Waffen vertraut und lernt z. B. Leistung und Grenzen, Streuung und Treffpunktlage von Waffe und Munition dabei kennen. Ruhe und Selbstsicherheit des Schützen, das Vertrauen in sein „Handwerkszeug" sind in gleicher Weise Grundlagen des treffsicheren Schusses wie die erforderliche Schießfertigkeit.

11.1.2 Schießvorschule – Vorbemerkungen

Die **Schießvorschule** dient in erster Linie dazu, den Schützen an den Umgang und die Handhabung mit den ihm zugewiesenen Waffen zu gewöhnen. Sie gliedert sich in **Schießtechnik** und **Schießtaktik**.

Zunächst müssen einige theoretische und praktische Voraussetzungen erfüllt werden. Theorie und Praxis müssen zeitlich aufeinander abgestimmt sein – aufeinander aufbauen. Das Wissen ist als einheitlicher, logisch aufgebauter Komplex zu vermitteln, um der ganzheitlichen Methode des Lehrens und Lernens zu entsprechen. Die Vermittlung nach der ganzheitlichen Methode ist ständige Aufgabe des Schießlehrers. Es ist notwendig, dass die Auszubildenden durch systematisches Lernen und ständiges Üben so an den Umgang mit der Schusswaffe gewöhnt werden, dass diese Tätigkeiten unbewusst richtig ausgeführt werden. Durch konzentrierte Aus- und Fortbildung muss die gleiche Perfektion erreicht werden, wie sie z. B. ein guter und erfahrener Autofahrer in einer Gefahrensituation zeigt.

Im Vordergrund aller Überlegungen zu Inhalten, methodischem, didaktischem Aufbau und technischer Umsetzung der Schulung steht die Tatsache, dass der Polizeibeamte vor Ort maßgeblich auf die Bewertung der jeweiligen Einsatzlage konzentriert ist.

Für Überlegungen zur **Handhabung** der Schusswaffe bleibt dabei keine Zeit; diese muss als **automatisierter und intuitiver Prozess** ablaufen und ist somit Ziel der Schießaus-/-fortbildung.

Die Aus- und Fortbildung darf im Hinblick auf die zu erwartenden Folgen nicht verkürzt, sondern muss bis zur Beherrschung der o. a. Einzelhandlungen geübt werden. Es genügt nicht, alle Einzelphasen richtig auszuführen; sie müssen vielmehr übergangslos und in der richtigen Reihenfolge ablaufen, also in einen harmonischen Gesamtablauf gebracht werden. Erst danach kann zur Koordination der Einzelhandlungen in Form von situativem Handlungstraining übergegangen werden.

In der **Schießvorschule** wird der Auszubildende an die verschiedenen Schießtechniken, Anschlagarten, Bewegungsabläufe usw. in Einzel- und Ganzheitsphasen herangeführt. Hier erhält er eine solide Basis an Grundkenntnissen, die für eine sichere und fehlerfreie Durchführung seiner Schießübungen erforderlich ist.

Die **Schießvorschule** kann je nach Ausbildungsphase z. B. im Hörsaal, auf dem Ausbildungsplatz, auf dem Schießstand, in der Raumschießanlage durchgeführt werden.

Alle beim Schießen erforderlichen und in Vorschriften vorgeschriebenen Handhabungen an den Waffen, der Ablauf aller Schießübungen müssen in der Schießvorschule eingehend geübt und vom Beamten sicher beherrscht werden, bevor er zum Schießen auf dem Schießstand zugelassen wird.

Zur Erhöhung der Sicherheit im Umgang mit Schusswaffen und insbesondere, um den jungen Schützen nicht zu verunsichern, muss der Bewegungsablauf in der Handhabung der Waffen in der Schießvorschule identisch sein mit der später auf dem Schießstand (und im Einsatz) erwarteten Handhabung.

Der Auszubildende ist in allen Ausbildungsabschnitten systematisch aufzubauen, wobei in jeder Ausbildungsphase zunächst die einfacheren Übungen beherrscht werden müssen, ehe der Schwierigkeitsgrad gesteigert wird. Gerade beim Schieß-„Anfänger", ist ein planmäßiger Aufbau und ein psychologisch richtiges Hinführen an den Umgang und die Handhabung mit Waffen außerordentlich wichtig für seine spätere Einstellung zur Waffe und zur Schießausbildung.

So kann der Anfänger die Handhabung seiner Waffe zunächst mit Ausbildungspatronen erlernen. Über Übungen mit Platzpatronen und Plastiktrainingspatronen ist er an das Schießen mit „scharfer" Munition in Form von einfachen und leichten (Sonder-)Übungen heranzuführen. Die Ausbildung in der Schießvorschule kann durch Übungen an Druckluft- und Kleinkaliberwaffen sinnvoll aufgelockert bzw. ggf. ergänzt werden. Alle Phasen sind in Form von „Trockenübungen" als Einzel- und Ganzheitsphasen (auch wettbewerbsmäßig nach Zeit) zu üben. Trockenübungen sind für das Erlernen der Schießtechniken von größter Wichtigkeit, da hier der Auszubildende auf die Schießtechnik seine volle Konzentration richten kann und nicht durch die Schussabgabe abgelenkt wird.

Vor Beginn einer jeden Ausbildungsstunde sind dem Auszubildenden die einzelnen Übungsphasen eingehend zu erläutern. Er muss den Sinn der Übungsphase verstanden haben – er muss von ihrer Notwendigkeit und ihrem Sinn überzeugt sein, nur dann wird er sie auch intensiv und konzentriert üben, er wird von sich aus mitarbeiten (Selbstständigkeit – Eigenverantwortlichkeit).

Die Schießvorschule umfasst
– Erfassen und Halten der Waffe
– Atemtechnik
– Visiertechnik
– Abziehtechnik
– Rückstoßkontrolle
– Anschlagarten

Die Schießvorschule setzt im Rahmen der Ausbildung dann ein, wenn die für das Verständnis der Schießvorschule erforderliche **Waffenausbildung** (Beherrschung der technischen Handgriffe) vorausgegangen ist.

11.1.3 Erfassen und Halten der Faustfeuerwaffe

Gleichzeitig mit dem Aufnehmen der Schusswaffe wird das **Umfassen des Griffstücks** geübt. Das richtige Erfassen der Waffe ist eine der wichtigsten Voraussetzungen für das Erzielen guter Schießleistungen. Schusswaffe, Schießhand sowie Unterarm müssen eine Einheit bilden.

Das Griffstück der Schusswaffe wird mit der Schießhand so erfasst, dass es fest, kompakt und so hoch wie möglich umfasst wird. Die Hand, das Handgelenk und der Unterarm dürfen dabei nicht verkrampfen.

11.1.3.1 Beidhändig

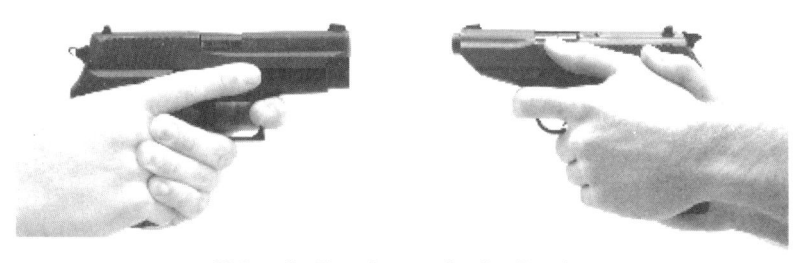

Halten der Faustfeuerwaffe – beidhändig

Der linke Daumen der unterstützenden Hand liegt bewusst an der linksseitigen Verschlussseite in Höhe der Auswurföffnung an, um einen Gegendruck zu erzeugen und so als Widerlager für den von der Schießhand (auf den Abbildungen die rechte Hand) unbewusst ausgeübten Druck zur Gegenseite (nach links) aufzunehmen. Hiermit wird ein Hinausdrücken der Laufmündung nach links verhindert. Die Gefahr der Verletzung des Daumens besteht hierbei nicht.

Beim Revolver verlagert sich die Anlagefläche des Daumens an die linke Schlossplatte zwischen der Entriegelungsvorrichtung der Trommel und der Abdeckfläche zur linksseitigen Trommelfläche.

Achtung:
Halte niemals den unterstützenden Zeigefinger bei Abgabe des Schusses vor den Trommelspalt. Bleiabscherungen und Bleiabschmelzungen dringen nachweislich in die Poren und folgend in den Blutkreislauf.

Der **beidhändige Anschlag** hat sich als **Grundschießtechnik** durchgesetzt. Es bedarf im Grunde keiner weiteren Erläuterung, dass der beidhändige Anschlag „stabiler" ist als der einhändige und somit, wann immer möglich, angewendet werden sollte.

Bei der Frage, wie beide Hände an die Schusswaffe zu bringen sind, spielen die Anschlagarten, z. B. die später behandelte **Weaver-Haltung** (Stance) oder der **Isosceles-Haltung** (Stance) keine Rolle. Es kommt darauf an, dass die Nichtschießhand die Schießhand am Griffstück fest umschließt und unterstützt (hier am Beispiel des Rechtshänders – beim Linkshänder umgekehrt). Zur Stabilisierung des Anschlages übt die Nichtschießhand einen leichten Zug zum Körper des Schützen aus.

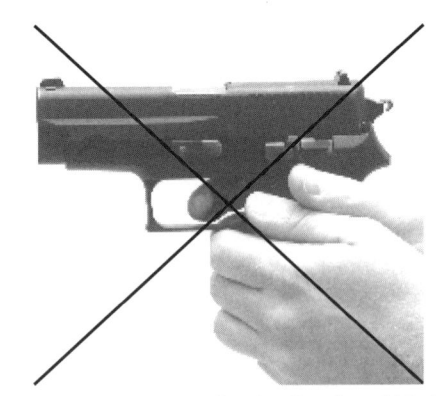

Halten der Faustfeuerwaffe – beidhändig – fehlerhaft

Hierdurch wird erreicht, dass
- der Rückstoß der Waffe gut aufgefangen wird,
- die Auslenkung der Waffe durch den Rückstoß minimiert wird,
- die Waffe wieder schnell ins Ziel gebracht werden kann.

Dieses lässt sich daraus erklären, dass der beidhändige Anschlag die beim einhändigen Anschlag ungünstigere Hebelwirkung der Faustfeuerwaffe beim Schuss weitestgehend ausgleichen kann.

Mittel-, Ring- und kleiner Finger der unterstützenden Hand liegen in muschelförmiger Haltung über den gleichen Fingern der Schießhand und unterstützen diese. Das erste Zeigefingerglied der Nichtschießhand liegt im vorderen Waffenteil voll an, um ein „Einnicken" der Waffenmündung und damit die Gefahr von Tiefschüssen zu vermeiden.

Der Mittelfinger der Nichtschießhand liegt unterhalb des Abzugbügels an (vor dem Mittelfinger der Schießhand), um durch die Vergrößerung der Auflagefläche die Waffenstabilisierung zu verbessern. Der Ringfinger der Nichtschießhand liegt „auf Lücke" zwischen Mittel- und Ringfinger der Schießhand und presst dadurch den Mittelfinger der Schießhand verstärkt in die Rundung unterhalb des Abzugsbügels.

Um die Waffe sicher im Anschlag zu halten, sollen unterschiedliche **Haltekräfte** von der **Schießhand** und der **Nichtschießhand** aufgebracht werden. Zur Erreichung der erforderlichen Stabilität bedarf es einer gewissen Körperspannung, ohne dass diese zu einer verkrampften Körperhaltung führt.

Noch einmal:
Kraftverteilung erfolgt mit:
- ca. 40 % auf die Schießhand
- ca. 60 % auf die Nichtschießhand

Diese **Kraftverteilung** ist dadurch begründet, dass sich eine zu große Kraftaufwendung der Schießhand zum Halten der Faustfeuerwaffe negativ auf die Kraftentwicklung des Schießfingers auswirkt. Somit liegt die **Haupthaltekraft** in der unterstützenden Hand. Hierdurch werden Bewegungsabläufe des Schießfingers besser gesteuert.

Vorrangig bleibt, wie bei jeder „gebrauchsmäßigen" Schießart mit Pistole und Revolver,
- auf eine feste, gleichbleibende Waffenverbindung zwischen der Handfläche und dem Griffstück (auf dem Griffschalenbereich) zu achten,
- einen ständig gleichbleibenden Handdruck (Kraftaufwand) von Schießhand und Nichtschießhand bereits vom ersten Schuss ggf. über Spannabzug (DA) und bis zum letzten Schuss über den vorgespannten Abzug (SA) beizubehalten,
- eine Druck- oder Kraftveränderung der Schießhand in keiner laufenden Schießphase zu verändern (keine Veränderung der Druckfestigkeit der Schießhand/-hände während der Schießphase).
- Unterschiedliche Kraftverteilungen und -ansätze verändern immer die Waffenlage in der Schießhand und als Folge die Trefferlage.

Praktische Schießausbildung

– Eine Kurzwaffe mit ausschließlicher Spannabzugsvorrichtung (DAO = Double Action Only) erbringt für jeden Nutzer gleichbleibende Trefferbilder, sofern keine anderen Fehler gemacht werden.

Begründung: Vom ersten bis zum letzten Schuss besteht ein immer **gleichbleibender Abzugswiderstand**, bedingt durch DAO-Technik mit gleichbleibendem Widerstand (Widerlager) in der Handgabel der Schießhand. Der zum Halten der Waffe und zur Schussauslösung erforderliche Kraftaufbau der Muskulatur bleibt von der ersten bis zur letzten Schussauslösung unverändert und gleichmäßig am Griffstück. **Gleichbleibende Abzugswege** (von ca. 12 mm bis ca. 14 mm) i.V. mit gleichbleibendem Abzugswiderstand (zwischen ca. 3,2 bis 3,5 kp) bringen bei gleichbleibenden Voraussetzungen gute Trefferbilder auch für den weniger Geübten.

Schnelle und auch unkontrollierte Schussfolgen sind technisch so nicht möglich, wie bei den herkömmlichen (DA/SA-)Systemen. Also eine überlegte „Bremse". Unbeabsichtigte Schussabgaben werden technisch bedingt verringert. DAO-Kurzwaffen in polizeilichen und zivilen Bewachungsbereichen helfen, unkontrollierte Schussabgaben zu verhindern, Gefahren zu verringern, da diese bewusster eingesetzt werden. Übermäßige Schussabgaben, mit oft vorgeschalteten Argumenten des zu schweren DA-Abzuges müssen ausgeschaltet werden.

11.1.3.2 Einhändig

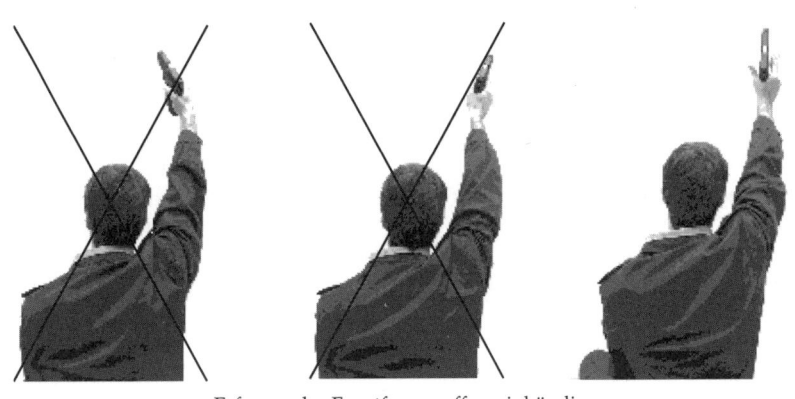

Erfassen der Faustfeuerwaffe – einhändig

Die Faustfeuerwaffe wird von der rückwärtigen Fläche des Griffstücks so erfasst, dass das Griffstück direkt in der Mitte der gespreizten Handgabel anliegt (zwischen Daumen und Zeigefinger).

Schießvorschule

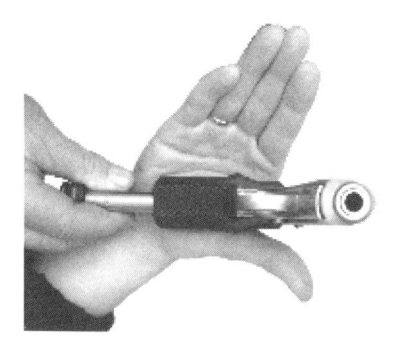

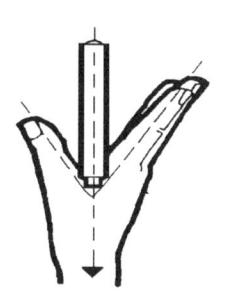

Halten der Faustfeuerwaffe – beidhändig – fehlerhaft

Mittel-, Ring- und Kleiner Finger umfassen von der rechten Griffstückseite in Halbschalenform fest anliegend das Griffstück (beim Rechtsschützen – Linksschütze umgekehrt). Das dabei nach oben gerichtete dritte Fingerglied des Mittelfingers stützt die Waffe an der Unterseite des Abzugsbügels nach oben ab und trägt die Waffe im oberen Teil.

Im hinteren, oberen Teil liegt hoch in der Auskehlung des Griffrückens die Daumenbeuge und stützt die Waffe ebenfalls nach oben und nach rückwärts ab.

Der kleine Finger bringt im statischen Halteprozess verhältnismäßig mehr Kraft auf den unteren vorderen Teil des Griffstücks als der Ringfinger. Das durch die Rückstoßkräfte nach oben erfolgende Mündungswippen bei der Schussabgabe wird durch eine erhöhte Druckausübung des kleinen Fingers gemindert.

Der Daumen der Schießhand liegt an der linksseitigen Griffschale in seiner vollen Länge an. Durch den dabei entstehenden Andruckprozess wird die Waffe stabilisiert und dabei fest in der rechten Handschale gehalten.

Anders als die übrigen Finger, hat der Zeigefinger dynamische Arbeit zu leisten. Dieser muss im Gegensatz zur Hand locker, beweglich und gelöst sein. Er darf während des Abkrümmens nicht mit dem zweiten oder dritten Fingerglied an der Griffschale anliegen, da ein Kontakt mit der Griffschale in der Schussauslösephase zur Seitenabweichung führt und das Trefferbild negativ beeinträchtigt.

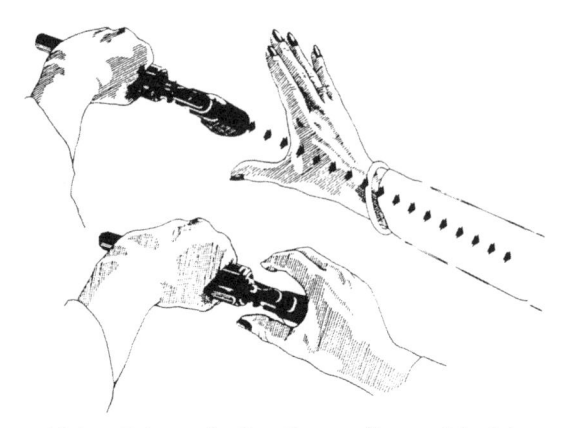

richtiges Erfassen der Faustfeuerwaffe von rückwärts

Die Schwierigkeit liegt darin, einerseits Kraft mit Mittel-, Ring-, Kleinem Finger sowie Daumen aufzubauen, während andererseits der Schießfinger vom Kraftaufbau wegen seiner dynamischen Funktion bei der Schussauslösung auszuschließen ist, also durch den Festhalteprozess der Schusswaffe in seiner Feinfühligkeit – zur ungestörten Abzugsbetätigung – nicht beeinflusst wird.

Das Handgelenk muss starr, die Hand- und Unterarmmuskulatur dürfen nicht verkrampft sein, der Zeigefinger der Schießhand liegt **gestreckt oberhalb** des Abzugsbügels.

Der Druck der Handmuskulatur auf die Waffe muss gleichmäßig sein und darf nicht ein- oder wechselseitig während der Schussabgabe oder von Schuss zu Schuss verändert werden.

Die Schießhand hat insgesamt folgende Aufgaben:
- **die Haltekraft aufzubauen**
- **die Waffe festzuhalten** (statische Arbeit)
- **den Abzugsvorgang auszuführen** (dynamische Arbeit)

Ein Nachgreifen und Verändern der Schießhand beim Erfassen des Griffstückes sowie während der Schussabgabe ist unter allen Umständen zu vermeiden (ein richtiges Erfassen vorausgesetzt), da sich dieses auf die Trefferlage auswirkt.

11.1.3.3 Atemtechnik

Mit dem Aufnehmen der Waffe und dem Einrichten auf das Ziel atmet der Schütze einige Male tief und gleichmäßig durch, um das Blut mit Sauerstoff anzureichern.

Bei gleichzeitigem Einatmen wird zunächst die Visierlinie erfasst und die verlängerte Visierlinie (vom Auge über Kimme und Korn zum Ziel – aufgebaut. Während der Schütze langsam zu etwa ²/₃ ausatmet, nimmt er Druckpunkt, hält nunmehr den Atem an und krümmt gleichmäßig über den Druckpunkt hinaus bis zum Brechen des Schusses weiter durch.

Vom Anhalten des Atems bis zum Brechen des Schusses darf also **keine Atembewegung** mehr erfolgen, andererseits darf auch das Anhalten des Atems nicht zu lange dauern, da der Schütze sonst, ohne es beeinflussen zu können, in Atemnot gerät und der Körper unruhig wird und zu schwanken beginnt. In diesem Falle muss der Vorgang des Visierens abgebrochen, die Waffe **abgesetzt** und neu begonnen werden.

Die Breite der Haltefläche entspricht auf der unteren Abb. den Visierbewegungen zwischen Punkt 3–5.

Spezielles Atemtraining, das in erster Linie Herz, Lunge und Kreislauf ansprechen muss, ist geeignet, die Ruhigstellung des Körpers bei angehaltenem Atem zu unterstützen. Solche Übungen lassen sich auch in jede Sportstunde einbauen.

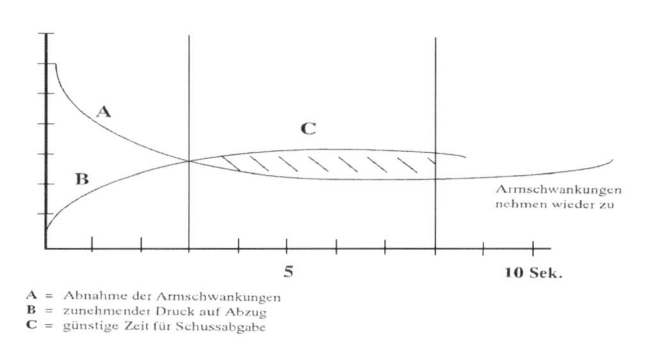

A = Abnahme der Armschwankungen
B = zunehmender Druck auf Abzug
C = günstige Zeit für Schussabgabe

Atemtechnik

Hinweise:
Der Atem sollte nicht länger als 5 bis 8 Sek. vor der Schussabgabe angehalten werden.

Atemtechnik (Präzisionsschuss)
Einatmen	von unten nach oben ins Ziel gehen,
Ausatmen	(ca. zwei Drittel) Druckpunkt nehmen (vorgespannte Pistole),
Atmung unterbrechen	verlängerte Visierlinie aufbauen, frontalen Druck auf die vordere Abzugsseite so lange langsam erhöhen und verstärken, bis der Schuss („überraschend") bricht.

Durch die Atempause wird die Ruhigstellung des Körpers erreicht.

Anmerkung:

Im Gegensatz zum Sportschützen, der seine Waffe von oben nach unten ins Ziel führt, wird im einsatzmäßigen Schießen die Waffe von unten (aus der Grundhaltung/aufmerksamen Sicherungshaltung) ins Ziel gebracht (siehe hierzu auch die Schießvorschrift der Polizei).

11.1.4 Visiertechnik

11.1.4.1 Einleitung

Welche Bedeutung haben Visieren und Visierfehler (Zielfehler) beim „gebrauchsmäßigen" Schießen mit Kurzwaffen (der Begriff wird im Gegensatz zum rein sportlichen Schießen verwendet)?

Die uns bekannten und modernen Visierungen auf Kurzwaffen ermöglichen eine relativ gute, deutliche und schnelle Zielaufnahme.

Das Visierblatt ist bei vielen eingeführten Gebrauchskurzwaffen breit und mattschwarz ausgeführt. Das Balkenkorn passt dabei mit einer ausreichenden Größe gut in den Kimmenausschnitt und ist optisch bei allen neuzeitlichen und modernen Gebrauchswaffen schnell und deutlich erfassbar. An der Gesamtkontur der Visiere sind bei allen z. Zt. gebräuchlichen Gebrauchswaffen, die für Einsatzzwecke konzipiert sind, keine grundsätzlichen Änderungen erforderlich. Die Lichthöfe (Lichtspalten im Visierausschnitt/Kimmenausschnitt) zeigen zwischenzeitlich bei allen gängigen Kurzwaffen einen beidseitigen deutlichen Mittelstand des Kornes. Auch die Oberkante des Kornes lässt sich schnell und einfach an die Oberkante des Visier- bzw. Kimmenausschnitts angleichen.

Ausgelegt werden moderne Visiereinrichtungen mit verschiedenartigen Farbmarkierungen, die den oft geforderten „schnell gezielten Schuss" leichter ermöglichen und auch die blitzartige Wiederaufnahme der verlängerten Visierlinie zum ggf. weiteren Schuss selbst bei schlechten Lichtverhältnissen erleichtern.

11.1.4.2 Feststellen des Führungsauges

Wesentlich für das richtige Visieren ist das Feststellen des „Führungsauges". Bei vielen Menschen weicht die Leistungsfähigkeit der beiden Augen voneinander ab. Das kann so weit gehen, dass ein scharfes Sehen nur mit einem Auge möglich ist (was häufig die Regel ist).

Fast jeder Mensch verfügt somit über ein dominantes (führendes) Auge, das, wenn auch unbewusst, intensiver benutzt wird. Zum Visieren wird das dominante Auge benutzt. Um dieses festzustellen, wird ein Arm ausgestreckt und über ein Bleistiftende oder den aufrecht gestellten Daumen = Korn ein Ziel in entsprechender Größe in Schussentfernung anvisiert. Beide Augen bleiben dabei geöffnet. Das Korn muss scharf gesehen werden. Abwechselnd wird nun das linke und rechte Auge geschlossen. Bleibt hierbei das Bleistiftende oder der Daumen im Ziel, so ist dies Auge das dominante Auge (= „Visierauge"). Das andere Auge, das **extrem** „springt", sollte beim Visieren geschlossen werden.

Einige Eigenschaften des Auges/der Augen.
- Ein mit beiden Augen betrachtetes Feld erscheint heller als ein mit nur einem Auge betrachtetes Ziel. Daher ist das Schießen mit beiden geöffneten Augen aus anatomischen, schießtechnischen und taktischen Gründen vorteilhafter.
- Für das Schießen in geschlossenen Räumen (z. B. RSA) sind die Lichtverhältnisse am günstigsten, wenn der Stand des Schützen in den Anfangsphasen der Schießausbildung und der Raum hinter dem Schützenstand ausreichend gleichmäßig ausgeleuchtet sind.

  Die Intensität soll dabei nicht weniger als 10 % der Lichtintensität auf den Scheiben ausmachen.
- Der Anpassungsprozess (Akkommodation) erfordert für die Augen eine Zeit von etwa 0,5 bis 1 Sekunde. Den Übergang vom Fixieren eines nahen Gegenstandes zu einem weiter entfernten Punkt, vollzieht das Auge rascher als umgekehrt.

  Von nah nach fern – Dauer: ca. 0,5 Sek.

  Von fern nach nah – Dauer: ca. 1,0 Sek.

  Ein Strahlenbündel wird unterschiedlich hell empfunden, je nachdem ob dieses durch die Mitte der Pupille oder durch den Randbereich einfällt. Ein durch die Mitte der Pupille einfallendes Strahlenbündel erscheint viel heller. Daher sollte der Schütze bestrebt sein, mit beiden geöffneten Augen zu schießen.
- Um ein präzises Einrichten der Kurzwaffe mit Hilfe der relativ kurzen Visiereinrichtung vorzunehmen, verlangt es vom Schützen mit einem guten Seh- bzw. Erkennungsvermögen seine Visierung in kürzester Distanz (Augenentfernung bis zu Visierung ca. 50–60 cm) klar und deutlich zu erkennen. Unabhängig von allen vorkommenden Lichtverhältnissen muss das Auge in der Lage sein oder dahingehend geschult werden, zunächst ohne Zeitdruck, dann verkürzend durch Übungs- und Schussphasen, auch unter Zeitdruck, oftmals in ca. 1,0 bis 1,2 Sek., blitzartig die in etwa 50–60 cm entfernt liegende Visiereinrichtung zu erfassen und optisch klar aufzunehmen. Ziel muss es sein, die schnell gefundene Deutlichkeit der Visiereinrichtung in eine möglichst gerade Linie zu bringen, sodass die verlängerte Visierlinie als Abschluss vom Auge – Visier – Korn – Ziel verläuft.

Praktische Schießausbildung

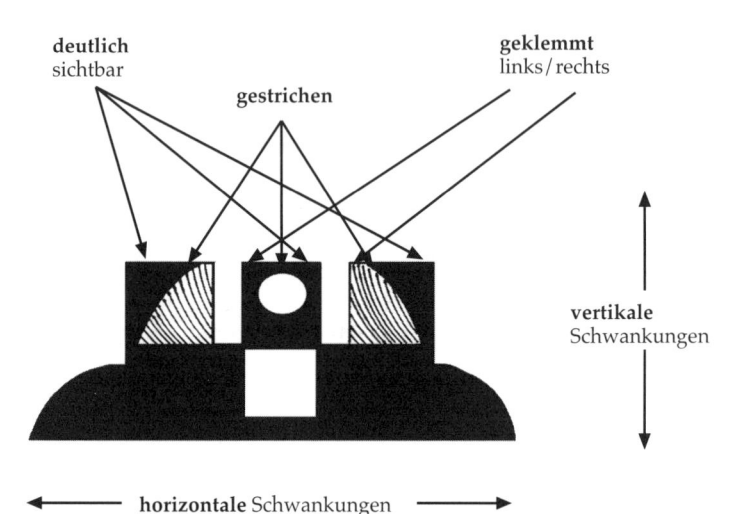

11.1.4.3 Visiergestaltung bei Faustfeuerwaffen

deutlich sichtbar

gestrichen

geklemmt links/rechts

vertikale Schwankungen

◄——— horizontale Schwankungen ———►

Die Visiergestaltung wird von Hersteller zu Hersteller unterschiedlich vorgenommen, oder aber nach den Bedürfnissen großer Auftraggeber gestaltet. An der Grundgestaltung der Visiergestaltung sollte festgehalten werden. Von der Vielzahl auswechselbarer Visiere oder tauschbarer Visierblätter und Visierkörner sowie unterschiedlicher Farbmarkierungsdarstellungen wird hier nicht die Rede sein.

Als wichtiger sollen ungewollte und oft auftretende Zielfehler mit der Kurzwaffe abgehandelt werden, die für den Schuss in Distanzen von 10 bis 20 m von Bedeutung sind.

Bekannte Visier- und Zielfehlerbegriffe sollen hier nochmals kurz und verständlich abgehandelt werden, ohne das Grundwissen zu wiederholen.

11.1.4.4 Begriffsbestimmungen

a) **Anvisieren** Unser Auge kann aus medizinischer Sicht nicht die gesamte Entfernung und die Verbindungspunkte (vom Auge über Kimme – Korn ins Ziel), gleichzeitig alle Konturen scharf erkennen. Sollte der Schütze dieses doch von sich behaupten und seine Befähigung dazu kundtun, so leistet sein Auge mehr als Schwerstarbeit. Denn dann wechselt der Schütze optisch, ständig wiederholend in diesen Bereichen (nah und fern) die Sehschärfe.

Das schärfer sehende Auge wird unbewusst intensiver genutzt. Dieses Auge wird als führendes oder dominierendes Auge bezeichnet.

Da beide Gehirnhälften ihre jeweiligen Informationen untereinander austauschen, wird durch das Verschließen eines Auges und damit das

Verdunkeln des geschlossenen Auges das geöffnete Auge stärker ermüden. Ursache ist der verbundene diagonale Muskelaufbau zwischen beiden Augen. Tränenfluss kann die Folge sein. Das Visieren mit beiden Augen ist anzustreben.

Die weißen Markierungen der Visierung (Punkt auf dem Korn, Strich unterhalb der Kimme) dienen der Erleichterung zur optischen Erfassung des Visiers bei Dämmerung („Dämmerungsmarken") oder schlechten Lichtverhältnissen.

In der Entfernung zwischen 0 und ca. 60 Metern benötigt das Auge einen Bruchteil von Sekunden, um die Scharfeinstellung auf dem lichtempfindlichen Organ der Netzhaut mit Hilfe des Muskels stärker zu krümmen (Ciliarmuskel).

Dieses geschieht durch die Verkleinerung des Durchmessers der Linse, dessen Aufhängebänder die Veränderung vollziehen, um im näheren Bereich Erkennungen durchzuführen. Diese Fokussierung dauert und strengt die Augenmuskulatur an. Je älter der Schütze, desto länger dauert der Entfernungs-Anpassungsprozess.

Dieses kann leicht überprüft werden!

Hierzu ist ein Objekt mit mehr als ca. 50–60 Meter Entfernung in Augenschein zu nehmen und deutlich und scharf erkennend anzusehen. Wird das Ziel optisch scharf erkannt, ist blitzschnell zu den Zeilen eines aufgeschlagenen Buches, das in unmittelbarer Entfernung vor einem liegt, zu wechseln.

Es ist festzustellen, dass bis zur absoluten optisch scharfen Erkennung der Zeilen Sekundenbruchteile benötigt werden und dem Auge somit zu diesem Entfernungsumschaltungsprozess Zeit zu geben ist. Dem Auge ist somit Zeit einzuräumen, um die im Nahbereich von ca. 50–60 cm befindliche Visierung scharf und unfehlbar aufzunehmen und Visierfehler auszuschalten. Dadurch bleibt die in der weiteren Entfernung befindliche Zieldarstellung ganz natürlich leicht verschwommen, da die gleichzeitige Scharfkennung von Kimme – Korn – Ziel unmöglich ist.

Es bleibt somit nichts anderes übrig, als die Visiereinrichtung scharf und deutlich mit beiden geöffneten Augen zu erfassen. Dieses ist immer wieder durch Trockentraining und Anschlagsübungen zu üben.

Durch einen ständigen Versuch, zwischen „fern" und „nah" zu sehen, ist ein „gleichzeitiges" Fern- und Nahsehen zu begründen. Aber dadurch kommt es zur raschen Augenermüdung, mangelnder Konzentration und folgend zu Tränenfluss und Verschwommenheit des Auges mit unterschiedlichen Fehlern beim Visieren.

Merke:
Das/die ruhende/en, gesunde/n Auge/en ist/sind stets auf „unendlich" eingestellt und kann/können von ca. 60 m bis unendlich ständig und blitzschnell scharfe Bilder aufnehmen.

Praktische Schießausbildung

b) **Korn** Bei der Bezeichnung **Korn** handelt es sich ebenfalls um ein Teil der Schusswaffe (der Visiereinrichtung), das als (Visier-)Zielhilfsmittel verwendet wird. Es befindet sich unmittelbar in der Nähe der Rohr-/Laufmündung, oft in der Höhe niedriger als das Visier. Hierdurch wird ein Anheben der Rohr-/Laufmündung erreicht, damit das Geschoss nach Verlassen der Rohr-/Laufmündung seine ballistische Flugbahn bei vorgegebener Schussentfernung durchführen kann und so sein vorher bestimmtes Ziel erreicht.

c) **Visier** Bei der Bezeichnung **Visier**, aus dem lateinischen „videre" = sehen, handelt es sich im schießtechnischen Sinn um das dem Zielauge am nächsten befindliche Hilfsmittel zum Zielen. Es ist unerlässlich für eine gute Trefferleistung und wird auch **Kimme**, im süddeutschen oftmals „Grinsel", genannt.

d) **Visierlinie** Es ist die gerade Linie zwischen dem Visierausschnitt (Kimme) am hinteren Teil der Waffe und der Kornoberkante am vorderen Teil der Waffe.

e) **Verlängerte Visierlinie** Hierbei handelt es sich um eine gedachte Linie, die vom Auge des Schützen (von **den Augen** des Schützen) über die Kimme und dem Korn (Visiereinrichtung) zum Ziel verläuft.

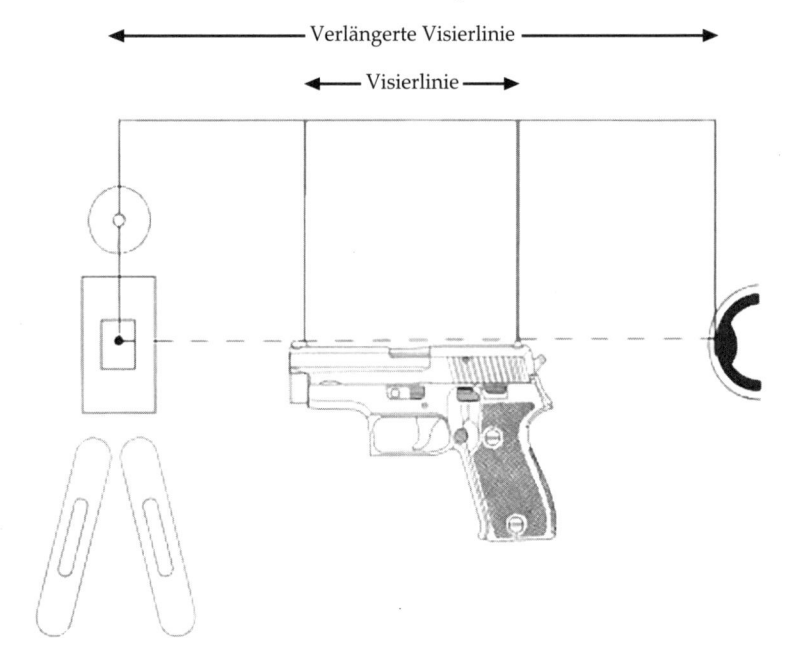

verlängerte Visierlinie

96

f) **Zielen** Die Waffe, die auf ein Ziel gerichtet ist, wird in dem Zielvorgang so justiert, dass Auge (Augen), Kimme, Korn und das Ziel in eine Linie gebracht werden.

Beim Schießen wird zwischen
- visiertem Schuss und
- schnell gezieltem Schuss

unterschieden.

Beim **schnell gezielten Schuss** (auch als grob visiertem Schuss bezeichnet) wird die Waffe, nur über das Korn gezielt, auf das Ziel gerichtet.

Der Blick des Schützen erfasst somit **nicht** die Visierlinie, sondern konzentriert sich ausschließlich vom **Auge** über das **Korn** auf das **Ziel**.

Nähere Erläuterungen hierzu erfolgen im Abschnitt Anschlagarten.

11.1.4.5 Visierter Schuss

11.1.4.5.1 Übungen zum Erlernen des visierten Schusses

Zu den seit langem bewährten und noch heute gebräuchlichen Verfahren zum Erlernen des Visierens gehören nach wie vor das Balkenkreuzzielen und das Dreieckzielen.

Anmerkung:
Aus alter Tradition werden die Begriffe des Balkenkreuz- und Dreieck-„zielens" benutzt, obwohl es sich hier um Visierübungen handelt.

Zum **visierten Schuss** wird die Faustfeuerwaffe in Augenhöhe gebracht und nach Höhe und Seite so eingerichtet, dass die gedachte gerade Linie, die das Auge, die Mitte des oberen Randes des Kimmenausschnittes und den oberen Rand des Korns (gestrichen Korn) verbindet, auf das Ziel gerichtet ist (verlängerte Visierlinie). Hierbei muss links- und rechtsseitig des Kornes ein absolut gleichmäßiger Lichthof vorhanden sein (siehe Darstellung auf der nächsten Seite).

11.1.4.5.2 Techniken zum Erlernen des Visierens

Nachfolgend einige **Techniken zum Erlernen des Visierens**, die dem Schießlehrer als Anregung und Anleitung an die Hand gegeben werden. Er möge in Anhängigkeit von dem zu schulenden Schützen die für diesen geeignete Methode auswählen und anwenden.

Häufig kann auch der Umweg über Visierübungen mit Langwaffen das Visieren mit Kurzwaffen erleichtern, da mit diesen Visierfehler besser erkannt und aufgezeigt werden können.

Ziel aller Bemühungen ist es, dass der Schütze seine verlängerte Visierlinie in den von ihm gewählten **Haltepunkt**/in sein **Ziel** bringt.

Hierbei ist **Treffpunkt** der Punkt, auf den das Geschoss nach Beendigung seiner zurückgelegten Flugbahn unter Berücksichtigung aller Elemente der Innenballistik, der Mündungs- und der Außenballistik mit seiner noch vorhandenen Endgeschwindigkeit aufschlägt. Hiernach beginnt die Phase der Zielballistik.

a) **Balkenkreuzzielen** Der Schütze richtet die auf einer Unterlage (z. B. Sandsack) liegende Waffe auf ein ca. 10–15 m entferntes Balkenkreuz ein. Ein verkleinertes Abbild des Balkenkreuzes steht neben dem Schützen. Der Ausbilder markiert hierauf eindeutig den anzurichtenden Haltepunkt.

Zunächst erfolgt das Einrichten der Waffe nach der **Höhe** – an die untere Kante des waagerechten Balkens. Dieses ist für einen Ungeübten leichter, da das Korn vor einer weißen Fläche besser zu erkennen ist.

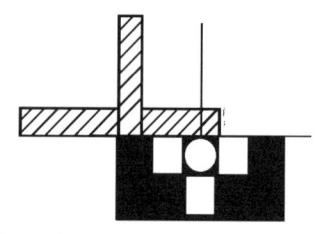

Unterkante des waagerechten Balkens wird anvisiert

Anschließend wird nach der **Seite** auf den Längsbalken und anschließend auf den **Schnittpunkt** der Balken eingerichtet.

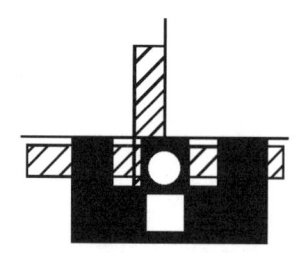

Außenkante des senkrechten Balkens wird anvisiert

Schnittpunkt Außenkanten waagerechter und senkrechter Balken wird anvisiert

Wird das Einrichten nach **Höhe und Seite** beherrscht, so sind als weitere Haltepunkte die **Endpunkte** der **Unterkante** des waagerechten und senkrechten Balkens, danach die **Endpunkte** der **Oberkanten**, später **beliebige Stellen** des Balkenkreuzes zu wählen.

Schießvorschule

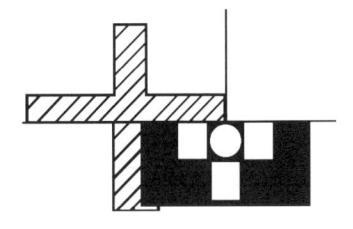

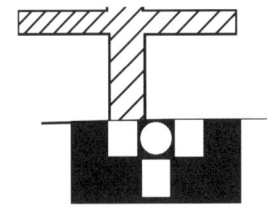

| rechte untere Ecke des waagerechten Balkens wird anvisiert | rechte untere Ecke des senkrechten Balkens wird anvisiert |

Es ist vorteilhaft, die ersten Richt- und Zielübungen so durchzuführen, dass der Schütze beim Einrichten der Waffe beide Ellenbogen aufgestützt hat.

Das Visiervermögen kann mit Hilfe des **Dreieckzielens** überprüft werden.

Mit den Richt- und Zielübungen sollten Beobachtungsübungen verbunden werden, wenn Scheiben oder natürliche Ziele auf verschiedene Entfernungen zunächst offen und deutlich sichtbar, später verdeckt und versteckt aufgestellt werden. Empfohlen wird, mit dieser Ausbildung das Entfernungsschätzen zu verbinden (wichtig beim Schießen mit der Maschinenpistole über größere Entfernungen).

Zu Beginn der Ausbildung gibt der Ausbilder den Haltepunkt an, später wählt der Schütze ihn selbst.

Um das „Visierauge" zu schonen, soll der Schütze den Punkt, auf dem er das Ziel vermutet, zunächst mit beiden Augen über seine Waffe hinweg beobachten. Sobald er das Ziel erfasst hat, schließt er das linke (bei Linksschützen das rechte) Auge und richtet mit dem visierenden Auge die Visierlinie seiner Waffe auf die Haltefläche.

Wichtig:
Der Schießlehrer soll von Beginn der Ausbildung an darauf hinarbeiten, dass jeder Schütze grundsätzlich beim Visieren und später beim Schießen beide Augen offen behält. Dieses ist u. a. eine Voraussetzung für die später zu schießenden Übungen, bei denen Schießhand und Anschlag geändert werden müssen. Das schnelle Erfassen des Zieles ist erst dann zu üben, wenn der Auszubildende die schulmäßigen Anschläge beherrscht und seinen Schießrhythmus gefunden hat.

Nach dem Einrichten der Waffe durch den Anfänger **überprüft der Schießlehrer die eingerichtete Waffe**.

Hat der Schießlehrer festgestellt, dass der Auszubildende einen oder mehrere Visierfehler gemacht hat, lässt der Schießlehrer von einer zweiten Person ein weißes Papierblatt so vor die Laufmündung halten, dass

das Ziel nicht mehr zu sehen ist. Dann lässt der Schießlehrer den Schützen wieder hinter die Waffe treten/sich legen.
Der Schütze sieht erneut über/durch die Visiereinrichtung, **ohne dabei die Waffe zu berühren**. Einen Visierfehler kann er hierbei nicht machen, weil er das Ziel nicht sieht. Andererseits sind die Umrisse der Visiereinrichtung besonders gut sichtbar.
Sobald der Schütze die Visierlinie erneut erfasst hat, gibt er ein Zeichen, wobei er die Stellung des Kopfes nicht mehr verändern darf. Der Ausbilder lässt nun das Papier ruckartig entfernen. Die Visierlinie verlängert sich auf das Ziel. Es erscheint nun der Punkt besonders deutlich, auf den die verlängerte Visierlinie **tatsächlich** gerichtet ist. So kann der Schütze seinen gemachten Visierfehler selbst erkennen.

Wichtig:
Bei der Überprüfung ist zu beachten, dass
– die Waffe während der Überprüfung nicht berührt wird,
– der Kopf ruhig gehalten und nicht mehr bewegt wird (ggf. abstützen), sobald das Korn in der Mitte der Kimme steht.

Erfahrungsgemäß wird gerade zu Beginn der Ausbildung der Visierpunkt nicht immer mit dem angeordneten Haltepunkt zusammenfallen, weil der Auszubildende einen oder mehrere Visierfehler gemacht hat.
Diese erkannten Fehler lässt sich der Ausbilder an Hand eines vergrößerten Übungsvisiers erläutern; findet der Auszubildende die von ihm gemachten Fehler nicht, so veranschaulicht sie ihm der Schießlehrer und erklärt, wie sie abzustellen sind.
Um sich zu überzeugen, ob der Auszubildende den vermittelten Ausbildungsstoff verstanden hat, richtet der Schießlehrer die Waffe selbst auf einen Haltepunkt ein, macht dabei aber absichtlich zunächst einen, später mehrere Visierfehler. Er lässt nun den Schützen den/die Fehler feststellen, den tatsächlichen Haltepunkt auf dem verkleinerten Abbild der Zielscheibe zeigen und vom Schützen den/die Visierfehler am Übungsvisier erklären.

Hinweis:
Es kann zweckmäßig und zeitsparend sein sowie den Lernerfolg steigern, wenn zwei Schützen gemeinsam mit einer Waffe arbeiten: der eine überprüft die vom anderen Schützen eingerichtete Waffe auf Visierfehler.
Das Ergebnis sollte in einen Schießleistung-/Ausbildungsnachweis eingetragen werden. Diese Unterlage gibt dem Schießlehrer einen klaren und genauen Überblick über die Visierleistungen eines jeden Schützen und über dessen Fortschritte in der Ausbildung.

b) **Dreieckzielen** Zur **Überprüfung** und **Förderung der Fertigkeit** im Zielen/Visieren dient das Dreieckzielen. Hierzu wird die auf einer Unterlage festliegende Waffe, die nicht verkantet sein darf, auf eine etwa 10–15 m entfernt stehende weiße Scheibe vom Schießlehrer eingerichtet. Der Schießlehrer sieht über die Visiereinrichtung auf die Scheibe und lässt die von einem Gehilfen geführte Zielkelle durch Zuruf so lange ver-

schieben, bis die verlängerte Visierlinie auf die Markierung der Zielkelle (Loch an der Spitze des schwarzen Segmentes) zeigt.
Der so ermittelte Punkt wird auf der Scheibe markiert und mit einem „K" = Kontrollpunkt gekennzeichnet.
Nun visiert der Auszubildende – ohne die Waffe zu berühren oder sie sonst in ihrer Lage zu verändern – nach dem gleichen Verfahren **dreimal**.

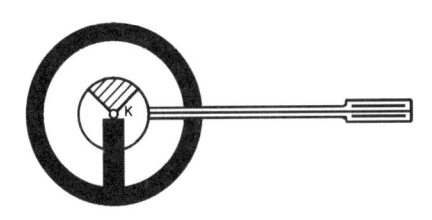

Die hierbei ermittelten drei Punkte werden ebenfalls markiert. Durch Verbinden dieser Punkte mit geraden Linien entsteht ein Dreieck.

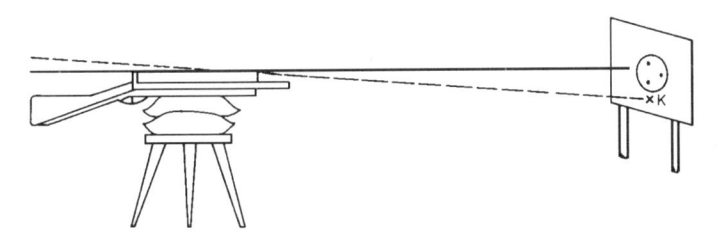

Visierübung am Beispiel einer Langwaffe erläutert

Ist dieses Fehlerdreieck klein (Seitenlänge bis 1 cm) und liegt es nahe am Kontrollpunkt (größte Entfernung 2 cm), ist das Ergebnis des Schützen gut. Ein größeres Fehlerdreieck weist auf ein nicht ausreichendes Visiervermögen hin.

Wichtig:
Beim Dreieckzielen wirken sich **Visierfehler entgegengesetzt** aus, da bei festliegender Waffe das Auge in die Visierlinie gebracht werden muss.

Hierdurch ergibt **Vollkorn einen Tiefschuss, Feinkorn einen Hochschuss**. Sinngemäß bei den anderen Visierfehlern. Es liegt bei dem Schießlehrer, dieses zu erkennen, dem Schützen den gemachten Fehler zu verdeutlichen und durch gezielte Richt- und (Visier-)Zielübungen den Fehler abstellen zu lassen.

Hinweis:
Alle Richt- und Zielübungen sowie das Dreieckzielen sind in allen Schießstellungen zu üben.

11.1.4.5.3 Visierübungen bei unterschiedlichen Lichtverhältnissen

Wenn das Visieren bei guten Lichtverhältnissen beherrscht wird, muss es auch bei ungünstigen Lichtverhältnissen oder Kunstlichteinstrahlung geübt werden.

Zum Visieren bei Restlicht bzw. Blendeffekten muss der Schütze, wenn er die Visiereinrichtung nur noch bedingt benutzen kann, folgende Punkte beachten:

- Augen an die veränderten Lichtverhältnisse gewöhnen,
- beide Augen offen halten,
- Ziel mit dem Blick beider Augen umkreisen,
- Mündung der Waffe von unten in die Linie Augen – Ziel bringen,

Um das Zielen/Visieren bei **künstlicher Beleuchtung** zu üben, ist wie folgt zu verfahren:

Bei Ausnutzung von Weißlicht sind Ziele verschiedener Größe in Entfernungen von ca. 10 bis 50 m aufzustellen und zunächst von vorne anzuleuchten. Für dieses Anleuchten können Kraftfahrzeugscheinwerfer, andere Beleuchtungsmittel usw. benutzt werden, wenn unterschiedliche Helligkeitswerte, wie sie für die Ausbildung benötigt werden, eingestellt werden können.

Der Schütze soll mit beiden Augen über die Rohrmündung zielen. Sobald der Schütze seine Waffe eingerichtet hat, teilt er dies dem Ausbilder mit. Dieser kontrolliert, ob er das Ziel erkannt hat und ob die Waffe richtig eingerichtet ist. Er bespricht eventuelle Fehler. Beherrscht der Schütze das Erfassen des Zieles und damit das Einrichten der Waffe ohne Zeitbeschränkung, ist der Vorgang unter Zeitbegrenzung zu üben. Zunächst ist mit einer Beleuchtungszeit von etwa 20 Sek. zu beginnen. Im Laufe der Ausbildung sind die Beleuchtungszeit und die Beleuchtungsintensität zu kürzen bzw. zu verringern.

Verfügt der Schütze über genügend Sicherheit beim Einrichten der Waffe bei Beleuchtung in Schussrichtung, so ist das Einrichten auf Ziele zu üben, die von der Seite angeleuchtet werden.

Da bei der Verwendung von Scheiben keine natürlichen Schlagschatten entstehen, sind hierfür als Zieldarstellung geeignete Zielobjekte zu verwenden. Es kommt darauf an, dass der Schütze lernt, das Ziel auch an seinem Schatten zu erkennen und richtig anzuhalten. Bei Beleuchtung von links: links vom Schatten, bei Beleuchtung von rechts: rechts vom Schatten!

11.1.4.5.4 Ausbildung am Anschusstisch

Die weitere Ausbildung im Visieren erfolgt mit dem scharfen Schuss sitzend am Anschusstisch. Hier kann der **Schießlehrer alle bisher erlernten Kenntnisse** des Schützen **überprüfen** und **Fehler**, die zu schlechten Schießergebnissen führen, in ihrer Entstehung **erkennen und rechtzeitig verbessern**.

Die hierbei der Waffe gewährte Unterstützung durch eine entsprechende Waffenauflage (z. B. Sandsack = Waffenauflage) ist vom Schützen für sich in Höhe und Seite passend herzurichten und einzustellen. Sie soll ihn vor Ermüdung schützen und der Waffe gleichzeitig eine sichere Auflage bieten. Der Schütze setzt sich nun so an den Anschusstisch, dass die Körperhaltung ungezwungen, locker und entspannt ist. Der Oberkörper wird hierbei bequem zurückgelegt, sodass der gesamte Körper – vom Kopf bis zu den Füßen – eine Gerade bildet.

Richtige, bequeme Körperhaltung   Unbequeme Körperhaltung –
                                     Augen zu nahe an der Visiereinrichtung –
                                     falsche Waffenauflage

Die Schießhand umfasst fest das Griffstück, hebt die Waffe an und legt sie in/auf die Waffenauflage/Anschussvorrichtung. Die andere Hand entsichert die Waffe (sofern eine manuell zu bedienende Sicherung vorhanden ist) und unterstützt die Schießhand. An dieser Stelle muss beim Visieren auf folgendes hingewiesen werden: Die volle Sehschärfe ist auf ein klares und scharfes Erfassen der Visiereinrichtung zu richten.

> *Wichtig:*
> Um den richtigen Abstand zwischen Auge und Kimme der Waffe zu bekommen, verschiebt der Schütze den Auflagepunkt der Waffe oder stellt die Ellenbogen enger oder weiter. Falsch ist es, die Waffe durch Anheben eines Ellenbogens oder beider einzurichten. Zwangsläufig wird das Ziel etwas verschwommen zu sehen sein, da es dem Auge nicht möglich ist, auf nächster Entfernung die Visiereinrichtung und auf weiterer Entfernung gleichzeitig das Ziel scharf zu erfassen. Sieht der Schütze die **Visiereinrichtung scharf**, kann er sofort **Zielfehler erkennen und abstellen**. Wird jedoch das **Ziel** scharf beobachtet, sieht der Schütze die Visiereinrichtung unscharf und kann gemachte Visierfehler nicht erkennen.
> Die Folge sind schlechte Trefferergebnisse, für deren Entstehung „es keine Erklärung gibt!(?)"

Ziel:	unscharf	scharf	scharf/unscharf	unscharf
Visier:	unscharf	unscharf	scharf/unscharf	unscharf
	Richtige Beobachtung der Visierung	Falsch! Auge ruht auf der Scheibe – keine Kontrolle der Visierstellung	Falsch! Auge wandert zwischen Visiereinrichtung und Scheibe hin und her	Falsch! Auge ruht im Niemandsland

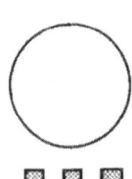

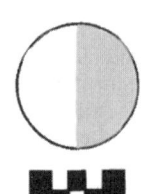

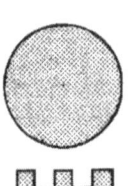

Auch sei an dieser Stelle nochmals darauf hingewiesen, dass es, um Verkrampfungen des Schützen zu vermeiden, grundsätzlich diesem überlassen bleibt, mit einem Auge oder mit beiden Augen zu visieren.

Da unsere Augen jedoch von der Natur als Paarorgane ausgebildet sind, sollte in der Ausbildung darauf hingearbeitet werden, dass beide Augen beim Visieren und beim Schießen offen bleiben.

Die Vorteile liegen auf der Hand:
- beide Augen nehmen gemeinsam und wie gewohnt und ein „Leben lang geübt" die ihnen obliegende Aufgabe des Sehens wahr,
- es unterbleibt weitestgehend das Schließen des „Visierauges" bei der Schussabgabe,
- der Schütze erkennt leichter sein Abkommen und (aus einsatztaktischen Gründen) die seitlichen Bereiche,
- es wird erreicht, dass der Schütze ohne besondere Umstellungsschwierigkeit das linksseitige/rechtsseitige Schießen aus einer Deckung (z. B. Häuserecke) heraus erlernt.

Während bei Langwaffen der Abstand des Auges zur Visiereinrichtung (Kimme) u. a. von der Schulterstütze vorgegeben wird, muss der Schütze bei Faustfeuerwaffen stets versuchen, einen möglichst großen und gleichbleibenden Abstand zur Kimme zu erreichen, die durch stets gleichbleibende Streckung beider Arme erzielt wird.

11.1.4.5.5 Erkennen des Abkommens

Beherrscht der Schütze die oben angesprochenen Übungen und kann er sie zu einem Bewegungsablauf kombinieren, ist beim Schießen dem **Ansagen des Abkommens ein hoher Wert beizumessen**. Wenngleich dieses nicht mehr in der Schießvorschrift enthalten ist, stehen die Autoren weiterhin auf dem Standpunkt, dass das Erkennen des Abkommens beim Schuss durch den Schützen eine gute Möglichkeit ist, sich selbst zu kontrollieren. Nur der Schütze, der sein Abkommen richtig erkennt, also den Punkt weiß, auf den seine Visierlinie im Augenblick der Schussabgabe tatsächlich gerichtet war, erkennt auch seine gemachten Fehler und schafft damit dem Schießausbilder die Voraussetzung zur Besprechung der Fehler und sich selbst die Möglichkeit für deren Abstellung beim nächsten Schuss.

> *Hinweis:*
> Das richtige Erkennen des Abkommens ist dem Schützen nur dann möglich, wenn er **im Augenblick der Schussabgabe** sein Ziel über die Visiereinrichtung sieht, d. h. wenn er „durchs Feuer sehen", dem „Schuss nachsehen" und das Nachvisieren/Nachhalten gelernt hat. Spätestens in dieser Ausbildungsphase soll der Schütze dazu gebracht werden, mit beiden geöffneten Augen zu visieren und zu schießen.

Das **Abkommen** ist also der Punkt, auf den die Visierung im Augenblick der Schussabgabe tatsächlich gerichtet war. Die Ursachen für ein solches Abkommen werden bei den einzelnen Zielfehlern erläutert.

Der Punkt, auf den **wissentlich visiert** wird und der vom Schützen getroffen werden soll, wird als **Haltepunkt** bezeichnet.

Für diese Übung ist vorzugsweise eine Präzisionsscheibe (z. B. 10er Ringscheibe) zu benutzen, da hiermit vorgegebener Halte-/Zielpunkt und Treffpunkt und auch das Abkommen präziser beschrieben werden können.

11.2 Abziehtechnik

11.2.1 Allgemeines

Bereits unter Erfassen und Halten der Faustfeuerwaffe wurde auf die Schwierigkeiten und Bedeutung hingewiesen, einerseits Kraft mit Mittel-, Ring-, kleinem Finger sowie Daumen der Schießhand aufzubauen, während andererseits der Schießfinger vom Kraftaufbau auszuschließen ist, damit dieser durch den Festhalteprozess in seiner Feinfühligkeit – zur ungestörten Abzugsbetätigung – nicht beeinflusst wird. Die Betätigung des Abzuges durch den Schießfinger stellt eine bedeutungsvolle Tätigkeit dar, denn hiervon wird das Schießergebnis wesentlich beeinflusst.

Selbst die beste Ausrichtung der Schusswaffe auf das Ziel kann durch die geringste falsche Bewegung des Schießfingers beim Zurückziehen des Abzugs diese wieder aus dem Ziel herausdrücken.

Um auszuschließen, dass der Schießfinger während der (SA-)Abzugsbetätigung die Schusswaffe aus dem Ziel drückt, darf der Schütze die seitliche Griffstückfläche mit dem zweiten und dritten Fingerglied nicht berühren, also nicht am Griff der Faustfeuerwaffe anliegen.

Zwischen dem zweiten und dritten Glied des Schießfingers und dem Griffstück der Faustfeuerwaffe muss daher ein Zwischenraum frei bleiben (Kontrolle kann z. B. durch ein zwischen Schießfinger und Oberfläche der

Schusswaffe gestecktes schmales Lineal oder einen eingeführten Pappstreifen erfolgen).

Die Nichtbeachtung dieses Hinweises ist oftmals die Ursache dafür, dass Rechtsschützen dann links- und Linksschützen rechtsseitig verlagerte Trefferbilder erzielen.

Der Abzugsdruck wird frontal, d. h. in Längsrichtung, auf den Abzug zur Kinnspitze langsam mit stetig ansteigendem, gleichmäßigem Druck erhöht. Dabei konzentriert sich der Schütze ausschließlich auf die klare Visiererkennung mit Schwerpunkt der Kornstellung und nicht auf das Brechen des Schusses oder auf die Bewegung des abziehenden Fingers.

Ziel dieses Ausbildungsschrittes muss es sein, vom Brechen des Schusses „überrascht" zu werden, somit die „unbewusste Schussabgabe" zu erreichen.

Dazu ist nach dem Motto zu verfahren: „Ich will und werde den Abzug sanft und gleichmäßig zurückziehen, und ich lasse schießen."

Ungleichmäßiges oder ruckartiges Zurückziehen des Abzuges wird als **Durchreißen** bezeichnet und führt zu Tiefschüssen.

Entgegen der häufigen Verfahrensweise im Sport- und Jagdbereich muss im polizeilichen Bereich automatisiert werden, dass der Schießfinger auch beim Präzisionsschießen erst dann an den Abzug **gelegt** wird, wenn die verlängerte Visierlinie der Faustfeuerwaffe im Ziel ist, beim Training des „schnell gezielten Schusses" zur Abwehr eines lebensbedrohenden Angriffs frühestens dann, wenn die Mündung der Pistole auf das Ziel weist.

Sollte eine Schussabgabe nicht erforderlich sein, ist der Schießfinger sofort aus dem Abzug zu nehmen und gestreckt oberhalb des Abzugsbügels anzulegen.

Ebenso ist der Schießfinger nach einer Schussabgabe im Nachhaltevorgang (und vor dem „Absetzen" der Schusswaffe in die Grundhaltung) sofort wieder oberhalb des Abzugsbügels anzulegen, sobald ein Wirkungstreffer erkannt wird. Der Automatisierung dieser „Schießfinger-Disziplin" kommt besondere Bedeutung zu, um ungewollte Schussabgaben auszuschließen.

Eine Verfolgung zu Fuß ist möglichst in der aufmerksamen Sicherungshaltung durchzuführen, um die Gefahr einer unbeabsichtigten Schussabgabe deutlich zu verringern. D. h. die Handfeuerwaffe befindet sich im (ggf. geöffneten) Holster.

Die Schusshand hat dabei den Waffengriff bewusst und fest umfasst. Dadurch wird einerseits gewährleistet, dass die Waffe in der Bewegung nicht aus dem Holster herausfällt, andererseits, dass sie schnell zum Einsatz gebracht werden kann.

Sowohl mit der Schusswaffe in der Hand während der Bewegung als auch in einer körperlichen Auseinandersetzung besteht immer die Gefahr einer unbeabsichtigten Schussabgabe.

Nachweisliche Beispiele aus der polizeilichen Praxis belegen dieses.

Das gleichmäßige Abkrümmen (Zurückziehen des Abzuges bis zur Schussabgabe) ist von wesentlicher Bedeutung für das Erreichen eines guten Trefferergebnisses. Der locker gestreckte, das Griffstück nicht berührende Schießfinger wird nur so weit in den Abzug hineingesteckt, dass der Abzug ausschließlich mit der Mitte des ersten Fingergliedes berührt und hiermit zurückgezogen werden kann, sodass die Abzugsbewegung axial in die Waffe hinein (Richtung Kinnspitze) verläuft.

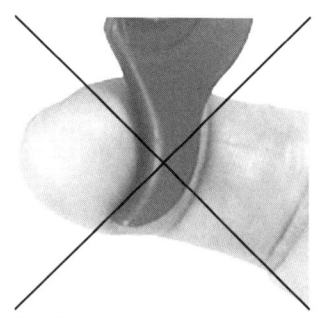

falsch
seitliche Druckausübung auf den Abzug

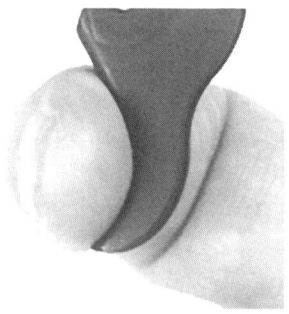

richtig
frontaler Druckaufbau

Verläuft die Abzugsbewegung nicht axial, sondern mit Druck nach einer Seite, wird der Schuss, insbesondere bei Schnellschüssen, stets seitlich hinausgedrückt.

Durch **unsauberes Abziehen** können alle sonstigen Bemühungen des Schützen zur Erreichung eines guten Schießergebnisses zunichte gemacht werden. Das Abziehen ist eine der schwierigsten Abläufe, die der Schütze erlernen und für eine saubere Schussabgabe beherrschen muss.

Wichtig:
Das Abziehen muss ständig geübt und verbessert werden – auch später beim Schießen auf der Schießanlage.

Der Abzug wird vom Zeigefinger mit leichtem Druck über den Leerweg bis zum beginnenden Abzugswiderstand (Druckpunkt) zurückgeführt (soweit waffentechnisch möglich). Ist dieser Punkt erreicht, wird der Druck des Zeigefingers so lange **gleichmäßig verstärkt**, bis der Schuss bricht.
Der Schuss muss für den Schützen völlig überraschend kommen = **unbewusste Schussabgabe**.

Praktische Schießausbildung

Hinweis:
An einem Beispiel sei auf die Bedeutung und Auswirkung des Verreißens hingewiesen:
Es lässt sich rechnerisch einfach ermitteln, wie weit ein Schuss aus einer Faustfeuerwaffe bei einer Schussentfernung von 25 m von seinem ursprünglich vom Schützen gewählten Haltepunkt abweicht, also wie groß das Abkommen ist, wenn die Waffe im Mündungsbereich nur um einen Millimeter bei der Schussabgabe verrissen wird.

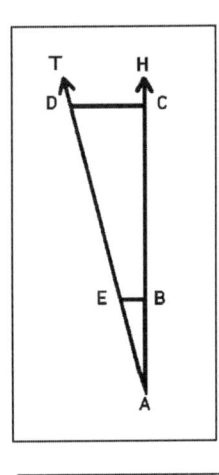

Beispiel: Walther P 99 (TA/I) AO/QA

AB = Abstand Kimme – Korn = 159 mm
AC = Schussentfernung = 25.000 mm
BE = nach links verrissenes Korn = 1 mm
CD = Abkommen
H = Haltepunkt
T = Treffpunkt
X = seitliche Schussabweichung

$$\frac{AB}{BE} = \frac{AC}{CD} : \frac{159}{1} = \frac{25\,000}{x} \quad :159; \quad x = \mathbf{157{,}2\ mm}$$

Der tatsächliche Treffpunkt liegt somit bereits fast 16 cm vom Haltepunkt entfernt.

11.2.2 Möglichkeiten der Schussauslösung

	Funktionsvorgang:	Erläuterungen:
Double Action DA	Über den Spannabzug durch direktes Zurückziehen des Abzuges	Spannen des Schlaghebels (der entspannten Pistole) mit dem Abzug = doppelte „Handlung" zur Schussauslösung = Double-Action (DA)
Single Action SA	Nach vorherigem Spannen des Schlaghebels und anschließender Betätigung des Abzuges	Einfache „Handlung" zur Schussauslösung = Single-Action (SA)

11.2.2.1 DA-Abziehtechnik

Der Abzug wird beim Schuss über Spannabzug mit der Beuge zwischen dem vorderen und mittleren Glied des Schießfingers betätigt.

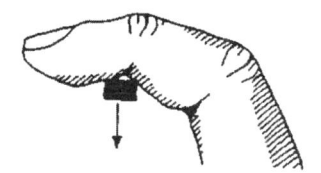

DA-Abzugstechnik

Die überwiegende Anzahl von Übungen wird über den vorhandenen Spannabzug in der sogenannten DA-Technik (= double-action-Technik) – nähere Erläuterungen siehe Abziehtechnik – geschossen.

Im Gegensatz zur „vorgespannten Pistole" (= SA-Technik) sind dabei das Abzugsgewicht erhöht und der Abzugsweg verlängert (ca. doppelte bis dreifache Werte).

Durch die DA-Technik wird mit technischem Aufwand die Sicherheit in entscheidendem Maße gefördert:
- die sofortige und schnelle Schussabgabe bleibt gewährleistet,
- eine zu schnelle Schussabgabe wird weitestgehend verhindert – nicht aber werden menschliche Gegebenheiten (z. B. Muskeltraktionen) gemindert oder ausgeschaltet.

11.2.2.2 SA-Abziehtechnik

Der Abzug wird beim Schuss mit vorgespanntem Schlaghebel mit der Mitte des vorderen Gliedes des Schießfingers betätigt.

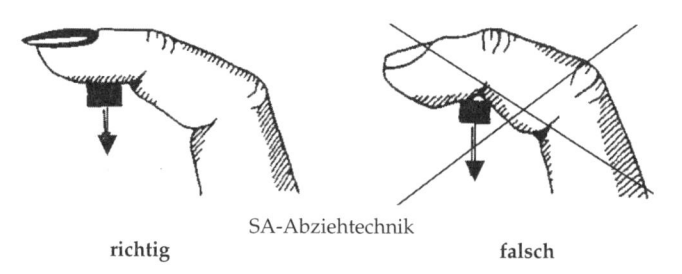

SA-Abziehtechnik
richtig   falsch

Anmerkung:
Es wird darauf hingewiesen, dass die hier gezeigte Fingerhaltung bei der Abziehtechnik formal richtig ist und zum Beginn der Ausbildung gelehrt werden sollte. Erfahrene Schützen werden ihre persönlichen Eigenheiten einbringen.

11.2.3 Visieren und Abkrümmen

Hat der Schütze **im Einrichten** der Waffe auf einen angeordneten oder selbst gewählten Haltepunkt – also **im Visieren** – und **im Abkrümmen** genügend Sicherheit erlangt, **werden beide Übungen miteinander verbunden** und zwar zunächst wieder sitzend am Anschusstisch.

Mit Aufnehmen der Waffe und Einrichten auf das Ziel wird die Visierlinie erfasst, die verlängerte Visierlinie aufgebaut, gleichzeitig wird der Leerweg des Abzuges bis zum Druckpunkt überwunden und unter Aufbau der verlängerten Visierlinie **(auf die Haltefläche)** zügig aber gleichmäßig abgekrümmt.

Als **Haltefläche** wird jene Fläche im Ziel bezeichnet, die während der Feinvisierung von der Visierlinie „bestrichen" wird. Von der Fähigkeit des Schützen, die Waffe ruhig zu halten, hängt auch die Größe dieser gewählten Haltefläche ab. Sie darf keinesfalls zu klein gewählt werden, um ein wiederholtes Überfahren zu vermeiden, was letztlich zur bewussten Schussabgabe führt und somit zum schnellen Abziehen, zum **Durchreißen**.

Trefferbild:

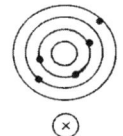

Haltefläche:

Eine zu klein gewählte Haltefläche verleitet zur bewussten Schussabgabe

Eine größere Haltefläche verkleinert das Trefferbild und erleichtert die unbewusste Schussabgabe (reißen)

Hinweis:
Es ist in jedem Falle leichter und letztlich auch sicherer, die natürlichen und kaum vermeidbaren Schwankungen des Körpers, die sich auf den Schießarm übertragen, hinzunehmen und sich auf das Halten der verlängerten Visierlinie in der Haltefläche zu konzentrieren als beim „Vorbeiwandern des Scheibenmittelpunktes" (des Zieles) den Abzug durchzureißen, in der Hoffnung, man werde schon treffen.

Bei erheblicher Abweichung der verlängerten Visierlinie sowie bei nicht ausreichender Kraft beim Halten der Waffe bzw. zur Abzugsbetätigung (DA) setzt der Schütze beim schulmäßigen Schießen die Waffe ab. **Das Absetzen darf nicht zur Gewohnheit werden und auch nicht zur Veränderung des Grundanschlages führen.** Der Schütze soll entschlossen und ohne Scheu, jedoch ohne Durchreißen, abkrümmen.

Nach Abgabe des Schusses verharrt der Schütze einige Sekunden unbeweglich in der Schießstellung, um ein frühzeitiges **geistiges Absetzen**, ein Abbrechen der Konzentration und **somit des Schussvorganges** zu vermeiden.

Der Schuss soll mitten im Visiervorgang fallen und **nie** als Schlusspunkt des gesamten Schussprozesses betrachtet werden. Dieser Vorgang wird als **Nachvisieren** oder **Nachhalten** bezeichnet (s. unten).

Nun erst wird der Zeigefinger gestreckt und die Waffe abgesetzt oder die nächste Schussabgabe vorbereitet.

11.2.4 Nachhalten

Bei allen Anschlagarten muss eine Zielbeobachtung durchgeführt werden. Die Waffenlage soll so lange nicht verändert werden, bis feststeht, ob der Schuss die beabsichtigte Wirkung erzielt hat (das anvisierte Ziel getroffen hat). Durch dieses Nachhalten wird ein gegebenenfalls notwendiger zweiter Schuss zeitlich und qualitativ begünstigt. Nachhalten ist dabei die Beobachtung des Ziels über die Visierung, um festzustellen, ob ein Wirkungstreffer erzielt wurde. Wird ein solcher Treffer erkannt, ist das Schießen selbstständig einzustellen (mit Ausnahme von besonderen Übungsvorgaben).

Ein unbewusstes (routinemäßiges) Senken der Mündung unmittelbar nach Auftreffen des Schlagbolzens auf das Zündhütchen, somit während des Brechens des Schusses, muss, zur Vermeidung von Tiefschüssen, ausgeschlossen werden.

Nach dem Nachhaltevorgang (vor dem Absetzen in die Grundhaltung!) wird der Schießfinger stets gestreckt oberhalb des Abzugsbügels angelegt.

11.2.5 Abzugstraining ohne scharfen Schuss

Waffe entladen und vom Schützen und vom Schießlehrer *wissentlich und optisch* auf Sicherheit überprüfen!

11.2.5.1 Allgemeines

Das saubere Auslösen eines Schusses ist am schnellsten durch trockene Abziehübungen zu erlernen. Dadurch kann der Schütze ohne Druck eines zu erzielenden Schießergebnisses und ohne störenden Rückstoß jede Bewegung der Mündung beobachten. Zur Schonung der Waffe sollte sich dabei eine Ausbildungspatrone im Patronenlager befinden.

> *Wichtig*
> ist die unbedingte Vertrautheit des Schützen mit dem Abzug seiner Waffe.

Folgende **Abzugsübungen** dienen dazu, die Abzugscharakteristik einer Schusswaffe kennen zu lernen:
- die Waffe wird wie gewohnt gehalten, dabei versucht der Schütze, bei stärker werdendem Druck des Abzugsfingers, sich förmlich in den Abzugsvorgang (Abzugscharakteristik, Schießfingerbewegung) hinein zu versetzen,
- der Schütze lauscht dabei und entwickelt das sprichwörtliche „Fingerspitzengefühl", das Abziehen (DA/SA) auch mit geschlossenen Augen zu üben,

- als Steigerung ist das trockene Abziehen unmittelbar vor einer hellen Wand (5–10 cm Entfernung) durchzuführen, dabei sind bei einer Fehlbedienung evtl. Ausschwenkungen des Kornes im Kimmenausschnitt gut zu erkennen.

11.2.5.2 Abzugsstäbchen

Ein ca. 6–7 cm langes, rundes Stäbchen mit Kaliberdurchmesser wird zwischen Abzugsfinger und Daumenbeuge einklemmt. Der Abzugsfinger wird **frontal zurückgezogen** (DA- und SA-Abzugstechnik). Bei richtiger Druckerhöhung auf beide Auflageflächen entstehen nach Entfernung des Stäbchens gleichmäßige, helle und kreisrunde Druckflächen an der Fingerkuppe und in der Daumenbeuge. Bei falscher, einseitiger Belastung sind kreisrunde Flächen nicht erkennbar.

Sinn dieser Übung ist das Erlernen der frontalen Abzugsbelastung mit anschließender Überprüfung.

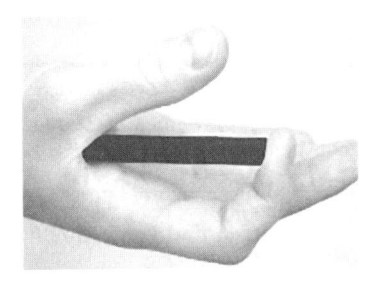

11.2.5.3 Spannabzug

Der Schütze erfühlt den Abzug und zieht diesen axial Richtung Kinnspitze bis kurz vor dem Auslösemoment zurück. Dieser Druck wird kurz gehalten. Dann führt er den Abzug wieder langsam in Ruhestellung zurück und wiederholt die Übung, ohne dass die Pistole abschlägt (der Abzug bis zum Ende durchgekrümmt wird).

11.2.5.4 Vorgespannter Schlaghebel

Der Abzug wird bei vorgespanntem Schlaghebel bis zum Erreichen des Druckpunktes zurückgezogen und kurz gehalten. Danach wird er wieder gelöst. Die Übung wird beliebig oft wiederholt, ohne dass der Schlaghebel auslöst wird.

11.2.5.5 Fingerhut

Auf die Schießfingerspitze wird ein Fingerhut mit einem daran befestigten Stab aufgesetzt. Auf diese Weise wird der Finger optisch verlängert, und die fein differenzierte Fingerbewegung am Abzug wird für Ausbilder und Schützen sichtbar.

Bei der Durchführung der Übung schaut der Ausbilder konzentriert auf den verlängerten Abzugsfinger, ob dieser sich **im rechten Winkel** zum Verschluss auf den Schützen zu bewegt. Der Schießlehrer kann die frontale Abzugsbelastungsfläche deutlich erkennen und seitliche Druckverlagerungen abstellen.

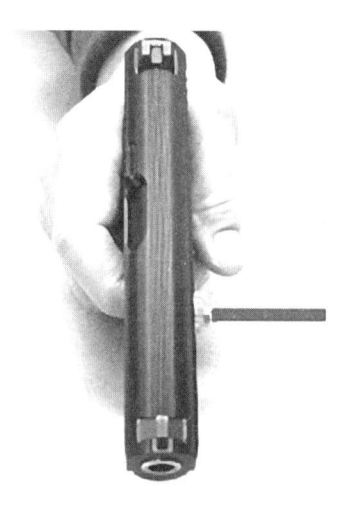

11.2.5.6 Ellenbogen

Zum Erlernen des unbewussten Abziehens, der Schulung des Kraft-/Zeitverlaufs beim Betätigen des Abzugs bzw. der Automatisierung des Abziehvorganges kann folgende Übung durchgeführt werden: Der Auszubildende hält die Pistole in der Schießhand und winkelt den Ellenbogen um 90° nach oben, so dass die Mündung der Waffe senkrecht nach oben weist. Die Nichtschießhand erfasst den Ellenbogen der Schießhand von unten und liegt am Körper an. Der Schießarm bewegt sich nun wie beim Armdrücken nach links/rechts in die Waagerechte. Dabei zählt der Auszubildende laut bis „fünf" und krümmt dabei gleichmäßig und stetig ab. Die Beendigung muss mit der parallel verlaufenden Senkung der Waffe in die waagerechte Haltung gleichmäßig verlaufen. So müssen die gleichmäßige Bewegung bis zum rechtwinkligen Stillstand der Armbewegung und der Zählvorgang eine Einheit darstellen. Mit dem Stillstand der Armbewegung erfolgt der trockene Abschlag über die Abzugsvorrichtung der Waffe. Das Zählen wird im Verlauf der Übung über 5, 4, 3, 2 Sekunden schließlich auf 1 Sekunde Dauer gekürzt. Am Ende soll der Auszubildende in der Lage sein, in einer Sekunde sauber abzuziehen und die Abzugscharakteristik seiner Waffe kennen und beherrschen.

Phase 1 (5. Sekunde)    Phase 3 (3. Sekunde)    Phase 5 (1. Sekunde)

11.2.5.7 Balkenkreuz

Schwarzes Balkenkreuz auf weißem Untergrund auf Augenhöhe an der Wand befestigen. Aus ein Entfernung von 2–5 m (= Kornbreite) werden die senkrechten und waagerechten Balken anvisiert und DA-Abziehübungen (Spannabzug) durchgeführt. Das Korn darf dabei nicht ausbrechen.

11.2.5.8 Patronenhülse

Auf den vorderen Bereich der Verschlussoberseite (unmittelbar hinter dem Korn) wird ein Gegenstand (z. B. Patronen*hülse*, Ausbildungspatrone, Geldstück, o. a.) gelegt/gestellt, anschließend werden die SA-/DA-Abzugsübungen durchgeführt. (Keine scharfe Patrone benutzen, sie kann beim Herunterfallen zur Entzündung kommen!)

Der Gegenstand soll nach dem Abschlagen nicht herunterfallen. Diese Übung dient der richtigen und optimalen Waffenerfassung, Waffenstabilisierung, der Abzugsbetätigung und dem einwandfreien Nachhalten.

Gegenstand darf beim Abziehen nicht herunterfallen

11.2.5.9 Verlängertes Korn

In die Mündung der Waffe wird ein ca. 30 cm langes, dem Kaliber angepasstes Holz-/Plastikstäbchen gesteckt, das am freien Ende ein „Korn" hat, welches geringfügig über das Korn der Pistole hinausragt. Dadurch wird eine Verlängerung der Visierlinie erzielt. Am günstigsten wird die Übung in kurzer Entfernung vor einem weißen Hintergrund durchgeführt. Nun wird über Kimme und verlängertes Korn visiert und der Abzug (Spannabzug) betätigt. Dabei ist auf „gestrichen Korn" zu achten. Durch die verlängerte Visierlinie werden Waffenschwankungen für den Schützen und den Ausbilder wesentlich deutlicher sichtbar. Der Auszubildende wird nach genügendem Training eine wesentlich ruhigere Waffenlage feststellen.

11.2.5.10 Abzieh-Trainingsgerät

In die Rohrmündung der Faustfeuerwaffe wird ein ca. 80 cm langer – den Innenlauf nicht beschädigender – Stab (z. B. Holz oder Kunststoff) gesteckt. Der Anschlag wird eingenommen und das vordere Ende des Stabes in die ausgewählte Lochscheibe gesteckt. Das Stabende soll während des Abzugsvorganges und nach dem Abschlagen möglichst mittig in der Lochscheibe verbleiben und keineswegs den Innenrand des Trainingsgerätes berühren.

Zum Trainieren der DA-Abziehtechnik werden die Lochscheiben vergrößert, zum Trainieren der SA-Abziehtechnik werden kleinere Durchmesser verwendet.

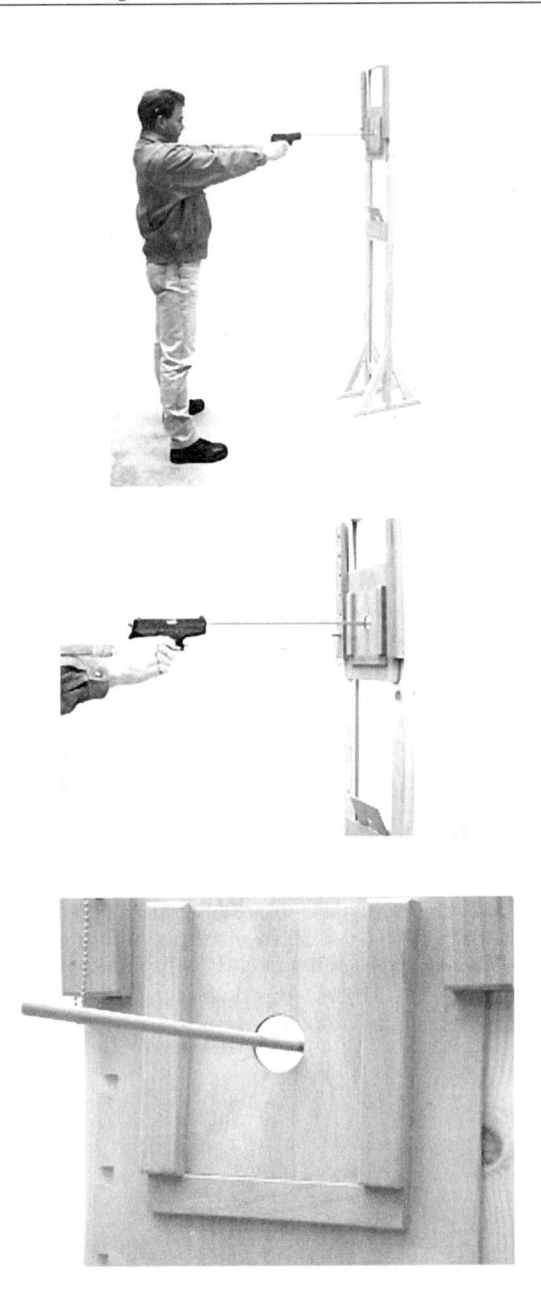

Praktische Schießausbildung

11.3 Handhabungsübungen mit Faustfeuerwaffen

Schulungsmöglichkeiten zur Ergänzung der praktischen Schießaus- und -fortbildung

Waffen auf Sicherheit prüfen!

Anschlagschulung

Einen ca. 50 x 50 cm großen Spiegel in kurzer Entfernung auf Augenhöhe aufhängen. Anschläge (schnell gezielt) einnehmen und abkrümmen **(Ausbildungspatrone)**. Durch Betrachten des Spiegelbildes sollen Fehler in Bezug auf den Anschlag und die Waffenhaltung erkannt werden.

Anschlag-Überprüfung

Der Ausbilder lässt aus einer Höhe von ca. 1,60 m eine leere Patronenschachtel oder einen ähnlichen Gegenstand fallen. Bevor diese(r) auf dem Boden auftrifft, soll der Auszubildende den Anschlag aus der aufmerksamen Sicherungshaltung eingenommen haben. Unmittelbar danach erfolgt die Überprüfung des Anschlags durch den Schützen selbst im Spiegelbild und die zusätzliche Kontrolle/Korrektur durch den Schießlehrer.

Achtung – scharfer Schuss!

Abzugs- oder Visierfehler-Überprüfung – keine Trockenübung, es folgt der scharfe Schuss!

Der Schütze bringt die ungeladene Faustfeuerwaffe mit einem gefüllten Magazin (Pistole) bzw. einer Trommelfüllung loser Patronen für den Revolver an den Anschusstisch. Er setzt sich bequem an den Anschusstisch und findet seine entspannte und bequeme Sitzposition. Auf Anordnung des Schießlehrers lädt der Schütze seine Waffe – Laufmündung in Schussrichtung. Dann richtet er die in der Waffenauflage aufgelegte Waffe auf das Ziel ein und visiert. Sein Abzugsfinger befindet sich gestreckt oberhalb des Abzuges. Der Schütze hat lediglich eine Aufgabe: die verlängerte Visierlinie aufzubauen und diese in die Haltefläche zu bringen und dort zu halten. Die parallel hierzu stattfindende Abzugsbetätigung wird wiederum vom Schießlehrer nach manueller Schlaghebelvorspannung vorgenommen. So übernimmt der Schießlehrer die Aufgabe der Abzugsbetätigung und entlastet den Schützen von seiner Doppelfunktion des Visierens und der Schussauslösung.

Bei geteilter Aufgabenfunktion ist diese Verfahrensweise für den Schießlehrer eine Möglichkeit zur Fehlerfindung bei fehlerhafter Abzugsbetätigung oder eines unzureichenden Visiervorganges.

11.4 Rückstoßkontrolle

Durch die Umsetzung des Treibladungspulvers bei der Schussauslösung kommt es zu einem Rückstoßimpuls, der vom Schützen aufgefangen werden muss. Die Faustfeuerwaffe muss somit nach Schussabgabe „kontrolliert" werden. Hierfür gibt es zwei Möglichkeiten:

11.4.1 Verriegelung

Die Faustfeuerwaffe wird gegen den Rückstoß und gegen das damit verbundene Mündungswippen (Hochschlagen) mittels Krafteinsatz festgehalten. Dazu müssen Hand-, Ellenbogen- und Schultergelenk „starr verriegelt" werden. Der während der Schussauslösung leicht in Schussrichtung geneigte Oberkörper leistet als Gegenlager optimale Rückstoßaufnahme und reduziert die Rückwärtsbewegung der Waffe auf ein Minimum. Dadurch wird erreicht, dass bei Abgabe mehrerer Schüsse schnell hintereinander die Schusswaffe im Ziel bleibt.

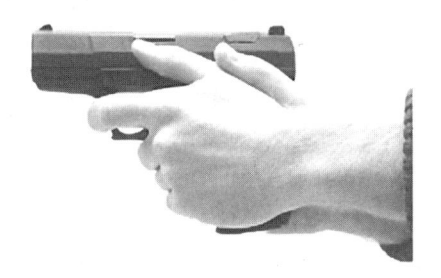

11.4.2 Duldung

Das Mündungswippen (Hochschlagen) der Faustfeuerwaffe, verursacht durch den Rückstoß, wird geduldet. Das Halten der Faustfeuerwaffe, die Grifffestigkeit, ist nicht stark ausgeprägt, wobei der kleine Finger der Schießhand unzureichende oder keine Kraft auf den unteren Bereich der Griffstückvorderseite überträgt. Hand- und Ellenbogengelenke sind dazu unverriegelt und besitzen keine Steifheit. So gestattet der Schütze im ablaufenden Schussprozess seiner Waffe „freien Lauf" (Anstieg und Fall der Mündung). Dabei empfängt der Oberkörper des Schützen lediglich einen relativ geringen Rückstoßimpuls.

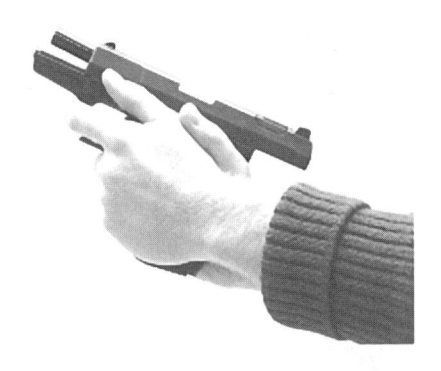

Diese Technik empfiehlt sich für „schwächere" Schützen, ist jedoch für schnell aufeinander folgende Schüsse weniger geeignet, da u. U. zuviel Zeit benötigt wird, um die Waffe wieder in das Ziel zu bringen.

11.5 Anschlagarten

11.5.1 Allgemeines

11.5.1.1 Eigensicherung/Sicherungs- und Schießhaltungen

Nachfolgend sind einige Grundsätze der Eigensicherung besonders hervorgehoben, die im Zusammenhang mit dem Einsatz von Schusswaffen bedeutsam sind.

11.5.1.2 Deckung vor Wirkung

Mit den Auszubildenden muss geübt werden, dass im Falle eines Schusswechsels die unmittelbare Umgebung ständig in Hinblick auf geeignete Deckungsmöglichkeiten ausgewertet wird und der Situation angepasste Anschläge eingenommen werden. Hierbei ist auch die Durchschlagsleistung von Geschossen zu berücksichtigen.

11.5.1.3 Eigengefährdung

Bei einem Einsatz im Team (auch bereits in der Ausbildung) sind Absprache und Abstimmung von großer Bedeutung, um das Risiko für eine Eigengefährdung so gering wie möglich zu halten. Gleichzeitig dient dieses Zusammenwirken auch der **Eigensicherung** im Einsatz.

11.5.1.4 Sicherungs- und Schießhaltungen (Waffenhaltungen)

Erstmals wurden in der Schießvorschrift PDV 211 – in Übereinstimmung mit dem Leitfaden über Eigensicherungsmaßnahmen (Eigensicherung) – die **Sicherungs- und Schießhaltungen** aufgenommen. Sie dienen zum einen der Vorbereitung auf einen möglichen Schusswaffeneinsatz und sind somit in den Bereich Eigensicherung einzuordnen, zum anderen sollen sie dem Gegenüber deutlich machen, dass mit der Anwendung unmittelbaren Zwangs gerechnet werden muss. Als Ausdruck der Körpersprache bilden sie einen entscheidenden Teil im Bereich der Kommunikation.

Lageangepasst kann also in Vorbereitung auf einen Waffeneinsatz eine der folgenden Waffenhaltungen geeignet sein:

11.5.1.4.1 Aufmerksame Sicherungshaltung

Verdachtsmomente liegen vor. Nimmt ein Polizeibeamter die aufmerksame Sicherungshaltung ein, befindet sich die schussbereite Waffe im Holster. Der Schütze hat die Faustfeuerwaffe dabei bereits am Griffstück erfasst. Situationsabhängig kann die Tragevorrichtung bereits geöffnet sein, um ein schnelles Ziehen der Waffe zu gewährleisten. Die aufmerksame Sicherungshaltung ist auch im Schießtraining als **Ausgangslage** regelmäßig zu wählen.

Zeigefinger liegt oberhalb des Abzuges

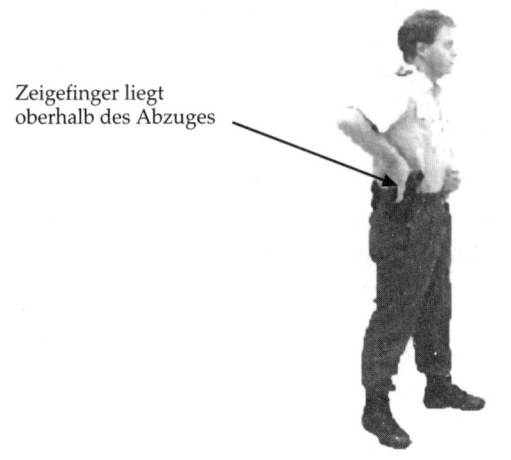

Aufmerksame Sicherungshaltung

11.5.1.4.2 Entschlossene Sicherungshaltung

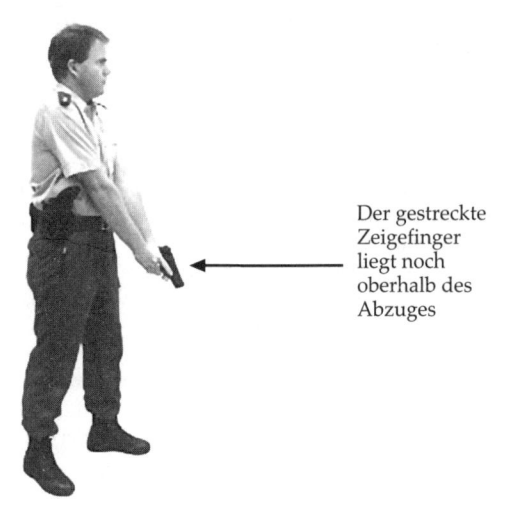

Der gestreckte Zeigefinger liegt noch oberhalb des Abzuges

Entschlossene Sicherungshaltung

Mit einem Sachverhalt, der den Einsatz der Schusswaffe rechtfertigt, wird gerechnet. Die entschlossene Sicherungshaltung wird in der Waffenausbildung auch als Grundhaltung (dann überwiegend einhändig) bezeichnet.

Die Faustfeuerwaffe wird beidhändig vorwärts, schräg nach unten auf den Boden gerichtet. Der Schießfinger liegt oberhalb des Abzugsbügels. Mit der Einnahme der Sicherungshaltung reagiert der Polizeibeamte auf ein erhöhtes Gefahrenmoment.

11.5.1.4.3 Entschlossene Schießhaltung

Es besteht eine Gefahr für Leib oder Leben des Polizeibeamten, **unmittelbarer Einsatz der Schusswaffe ist aufgrund des Sachverhaltes erforderlich.** Zur Einnahme der entschlossenen Schießhaltung wird die Faustfeuerwaffe entweder direkt aus dem Holster oder aus der entschlossenen Sicherungshaltung (Grundhaltung) auf ein Bein oder eine sonstige Zone des Gegenübers gerichtet, bei der ein Treffer zur Beendigung der Angriffs- oder Fluchtunfähigkeit führt; dies gilt auch beim Schusswaffengebrauch gegen Tiere.

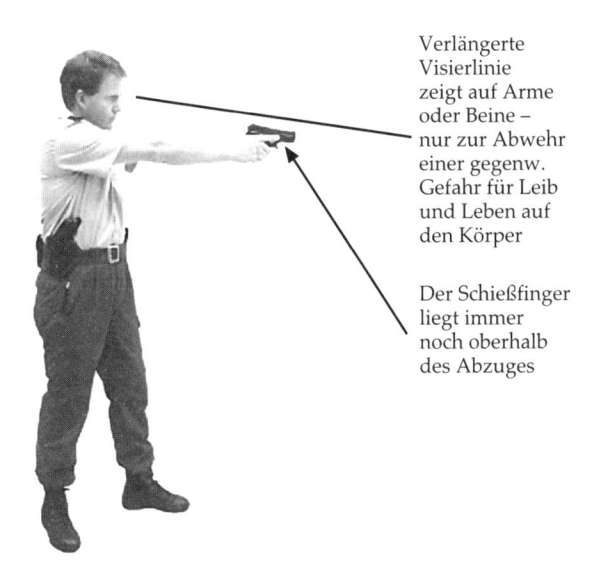

Verlängerte Visierlinie zeigt auf Arme oder Beine – nur zur Abwehr einer gegenw. Gefahr für Leib und Leben auf den Körper

Der Schießfinger liegt immer noch oberhalb des Abzuges

Entschlossene Schießhaltung

Beachte:
Nicht mehr auf eine Person zielen, gegen die ein Schusswaffengebrauch rechtlich nicht mehr zutreffen würde (Schusswaffe absenken)!

Berücksichtigung finden muss allerdings, dass die Wahl insbesondere der entschlossenen Sicherungs- und Schießhaltung für den weiteren Einsatzverlauf auch insofern von Bedeutung sein kann, als dass im Falle körperlicher Auseinandersetzungen der sichernde Polizeibeamte erst eingreifen kann, wenn die Faustfeuerwaffe geholstert und gegebenenfalls gegen Herausfallen gesichert ist.

Bei allen Anschlagarten ist auf jedes unnatürliche Verdrehen des Körpers und auf übermäßigen Kraftaufwand zur Einnahme einer Schießstellung zu verzichten, da dieses eine **Verkrampfung der Muskulatur** bedingt, die **ruhige Lage der Waffe stört** und eine **unsichere Schussabgabe** zur Folge hat.

Die nachfolgenden Ausführungen beziehen sich auf den Rechtsanschlag. Sie gelten sinngemäß für den Linksanschlag. In der Ausbildung sind jedoch aus den mehrfach genannten Gründen beide Anschläge zu üben.

Nachdem dem Schützen die jeweiligen Grundanschläge – gleichgültig ob für das schulmäßige oder einsatzmäßige Schießen – gezeigt und erläutert worden sind, er diese also formal beherrscht, muss er die richtige Stellung im Anschlag zur Scheibe (zum Ziel) finden.

Dies geschieht am zweckmäßigsten dadurch, dass der Schütze mit geschlossenen Augen in der für die entsprechende Übung vorgesehenen Entfernung zur Scheibe die erlernten „Grundstellungen" einnimmt und die Waffe in Anschlag bringt.

Erst wenn der Schütze absolut ruhig und bequem steht, kniet oder liegt und sein Körper locker und unverspannt ist, öffnet er die Augen und überprüft, wohin die Waffe (verlängerte Visierlinie) zeigt. Sollte sie nicht auf die vorgesehene Haltefläche zeigen, korrigiert er so lange seine eingenommene Position (versetzt die Füße, verändert seine Körperstellung), bis die Waffe aus einer unverspannten Körperhaltung ins Ziel zeigt. Keinesfalls darf die Korrektur durch Veränderung der Arm- oder Körperhaltung erfolgen.

Diese Übung ist durchzuführen, bis jeder Schütze für jede Anschlagart seinen idealen Anschlag gefunden hat. Hier kann auch ein mannsgroßer Spiegel hilfreiche Dienste erweisen.

Wichtig:
Grundsätzlich gilt für alle Anschläge: **Jeder Schütze muss die für ihn bequemste Stellung und Haltung finden.** Insofern sind individuelle Unterschiede in Stellung und Haltung möglich und von den Ausbildern nicht nur zu gestatten, sondern in einem gewissen Rahmen auch zu fördern.

Voraussetzung für ein schnelles und unvorbereitetes Schießen ist die genaue Kenntnis und volle Beherrschung seiner Waffe. Handhabungsfehler können schwerwiegende Folgen nach sich ziehen. Zur Erhöhung der Schussbereitschaft können Pistolen mit Spannabzug (DA) und Revolver durchgeladen, entspannt und entsichert (soweit technisch möglich) geführt werden – bei neuzeitlichen Pistolen wird gemäß Pflichtenheft der Polizei auf manuelle Sicherungen gänzlich verzichtet).

11.5.2 Anschlagarten im Einzelnen

Die PDV 211 beinhaltet eine Vielzahl von Anschlagarten. Darüber hinaus wird durch entsprechende Formulierungen deutlich, dass die in der Vorschrift vorgestellten Anschläge nicht als abschließende Auflistung anzuse-

hen sind. Vielmehr sagt die Vorschrift, dass die Einsatzsituation auch Anschlagarten in anderen Körperhaltungen erfordern kann.
Die nachfolgenden Erläuterungen und Beschreibungen bilden die Grundlage für eine durchgängige und systematische Aus- und Fortbildung, wobei die „**KISS-Methode**" (**keep it simple, stupid = mach es so einfach wie möglich!**) mit dem Ziel der sicheren Beherrschung weniger Techniken Berücksichtigung findet, um die Handlungskompetenz im Einsatzfall zu gewährleisten. Ziel ist somit die sichere Beherrschung von wenigen, einfachen und einsatznahen Techniken/Anschlagarten, denn feinmotorische Fähigkeiten gehen in Einsatzsituationen durch auftretenden Stress verloren.

Diese Anschlagarten müssen bereits beim schulmäßigen Schießen trainiert werden. Dabei sind individuelle Abweichungen von den Grundanschlagarten auch nach der Schießvorschrift zulässig.

11.5.2.1 Anschlag stehend beidhändig (Präzision)

Prinzipiell gibt es zwei klassische und bewährte Grundanschlagarten für den beidhändigen Anschlag mit Faustfeuerwaffen, die als „Weaver-Stance" und „Isosceles-Stance" bezeichnet werden.

Nachfolgend werden diese beiden Anschlagarten in den Grundausführungen beschrieben, die sich sowohl zum **Präzisionsschießen** als auch zum **schnell gezielten Schießen** eignen.

Diese Grundanschlagarten nutzen die menschliche Anatomie und bewirken durch gegensätzliche Muskelbewegungen und -anspannungen eine einfache, stets gleichbleibende, dazu feste und stabile Waffenhaltung, die zwischen dem Körper (Oberkörper, Arme, Hände) einerseits und der Schusswaffe andererseits zustande kommt.

Bei der persönlichen Auswahl eines Anschlages ist es entscheidend, dass sich der Schütze in diesem Anschlag „wohl fühlt", d. h. der gesamte Bewegungsablauf seiner individuellen körperlichen Konstitution entspricht (die Schießvorschrift der Polizei sagt hierzu: „Die Körperhaltung soll dabei ungezwungen und bequem sein.").

Besondere Empfehlungen zum Präzisionsschuss
- Auf festen Stand ist zu achten. Die Beine sind geradlinig im Fuß- und Hüftbereich gestellt, die Knie sind durchgedrückt.
- Oberkörper und Kopf befinden sich in aufrechter Haltung.
- Das Körpergewicht ruht gleichmäßig verteilt auf beiden Füßen.

Gleichmäßige
Gewichtsverteilung

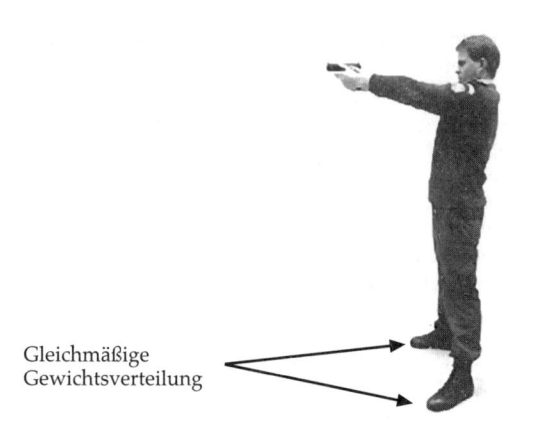

- Die Faustfeuerwaffe wird nur aus der Grundhaltung heraus von unten nach oben ins Ziel geführt.
- Die Waffe wird ungezwungen bis in Augenhöhe geführt, sodass die Visiereinrichtung sofort eingesehen werden kann, ohne die Waffenhaltung korrigieren zu müssen, der Abzugsfinger liegt hierbei gestreckt oberhalb des Abzuges, entlang des Verschlussstückes (beim Revolver oberhalb des Abzuges jedoch unterhalb der Trommel).
- Die Nichtschießhand umfasst die Schießhand schon in der Grundhaltung, formt sich muschelartig um die Schießhand und begleitet diese bis zum Anschlag.

Daumen der Nicht-Schießhand spannt den Schlaghebel

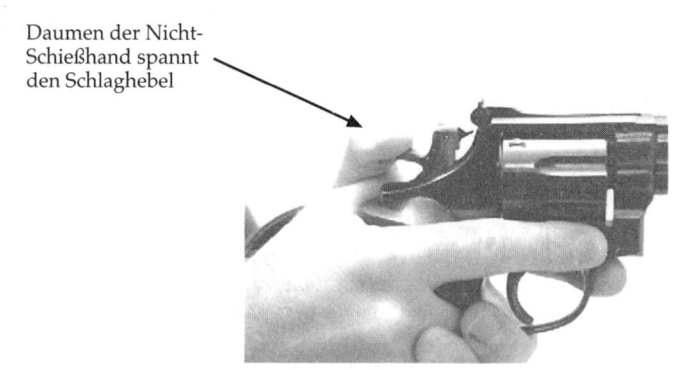

- Der Daumen der Nichtschießhand spannt die Waffe erst, wenn diese in Schussrichtung zeigt und die Mündung im Ziel steht (soweit waffentechnisch möglich und nötig).
- Nunmehr legt sich der Daumen der Nichtschießhand an die linke Verschlussseite in Höhe der Auswurföffnung bzw. vor die Trommelarretierung, um einen leichten, nach rechts gerichteten Druck auszuüben. Hier-

durch wird ein Ausbrechen der Waffe bei der Schussabgabe nach links verhindert (eine Verletzungsgefahr besteht nicht).

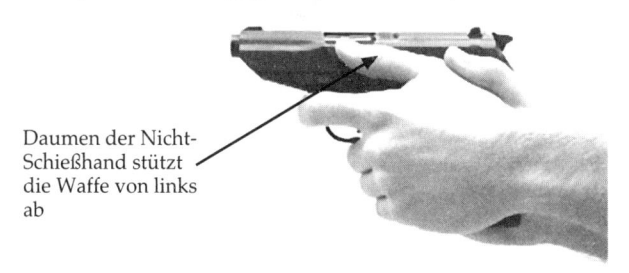

Daumen der Nicht-Schießhand stützt die Waffe von links ab

– Erst jetzt wird der Schießfinger aus seiner sicheren Ruhestellung auf die Vorderfläche des Abzuges gelegt.

Anmerkungen:
Eine optimale Verbindung zwischen Körper und Waffe wird erreicht, wenn
- die gedachte Verlängerung des Griffstückrückens in den Unterarmrücken verläuft, der Griffstückrücken in der Daumenbeuge mittig aufgenommen und abgestützt wird und eine **gleichbleibende Waffenlage mit einem begrenzten vertikalen Mündungswippen erfolgt,**
- das Griffstück rechtsseitig durch die Handfläche (Rechtsschütze) aufgenommen und durch den Druck des Daumens der Schießhand stabilisiert wird – **vermeidet Rechtsschüsse!**
- die Faustfeuerwaffe **zur Vermeidung von Tiefschüssen** vom Zeigefinger der Nichtschießhand vorne abgestützt wird,
- **das Ausbrechen/Ausdrehen der Waffe nach links** durch einen Gegendruck des Daumens der Nichtschießhand von der linken Seite verhindert wird.

11.5.2.1.1 „Isosceles-Anschlag"

„**Isosceles-Stance"** (isosceles heißt aus dem Griechischen übersetzt: **symmetrisch/gleichschenklig**)

Praktische Schießausbildung

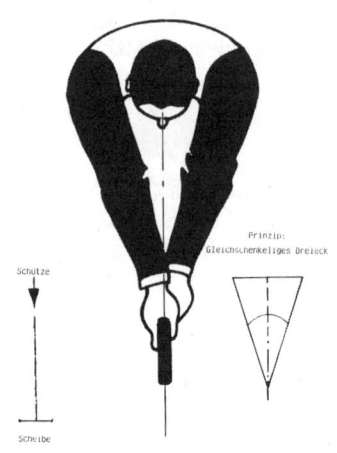

„Isosceles-Stance" (symmetrischer/gleichschenkliger Anschlag)

Beim symmetrischen **„Isosceles-Anschlag (Stance)"** stehen beide Füße parallel schulterbreit nebeneinander. **Beide Arme** werden ausgestreckt und bilden zusammen mit dem Oberkörper ein gleichschenkliges Dreieck.

Hierbei **drückt** der **gestreckte Schießarm** die Faustfeuerwaffe **in Richtung Ziel**, während der ebenfalls **gestreckte** Unterstützungsarm **Richtung Körper zieht** (Gegenzugbewegung).

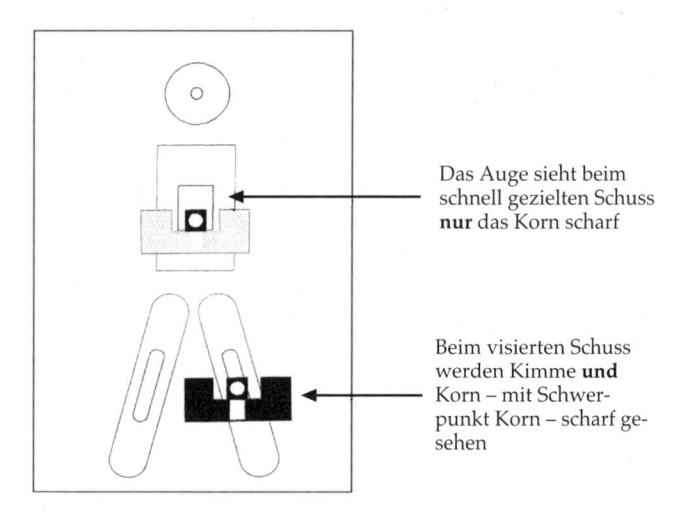

Das Auge sieht beim schnell gezielten Schuss **nur** das Korn scharf

Beim visierten Schuss werden Kimme **und** Korn – mit Schwerpunkt Korn – scharf gesehen

11.5.2.1.2 „Weaver-Anschlag"

Sheriff Jack Weaver, aus dem US-Bundesstaat Kalifornien, entwickelte in den 50iger Jahren eine für sich und seine großkalibrige Waffe stabile und treffsichere Schießhaltung – den **Weaver-Stance**. Ab dem Jahre 1960 fand dieser Anschlag eine weltweite Verbreitung.

Beim Weaver-Anschlag, der im Gegensatz zum Isosceles-Anschlag ein asymmetrischer Anschlag ist, stehen die Füße ungefähr schulterbreit auseinander, bei Rechtshändern steht der rechte Fuß etwa eine Fußlänge zurück, wodurch es zu einer leichten Verdrehung des Körpers kommt.

Der Weaver-Anschlag

Der Schießarm wird gestreckt und drückt die Schusswaffe in Richtung Ziel, während der unterstützende Arm – durch Absenken des Ellenbogens – gebeugt (angewinkelt) wird und Richtung Körper zieht (Gegenzugbewegung). Der linke Arm ist hierbei so angewinkelt, dass die Ellenbogenspitze zum Boden zeigt. Ein oft zu beobachtender Fehler ist der zur Seite zeigende Ellenbogen! Die Unterschiede zwischen dem „Weaver-Stance" und dem „Isosceles-Stance" liegen in der Fußstellung und in der Armhaltung.

Probleme/häufige Fehler:
- eine zu große oder zu kleine Schrittstellung führt bei visierten Schüssen in der Regel zu einer instabilen Haltung,
- gebeugte bzw. eingeknickte Beinstellungen, verdrehter Oberkörper, unnormal gestellte Hüftpartien oder übermäßig angespannte Muskelpartien,
- verkrampfte Armhaltungen, die durch zu feste Druckausübungen auf das Griffstück entstehen (Zittern bzw. Vibrieren des Unterarm-/Handbereiches, die sich auf die Waffe übertragen), destabilisieren den Anschlag vor, während und nach der Schussauslösung,
- die Schusswaffe (Visierlinie) wird zum Aufbau der verlängerten Visierlinie nicht auf Augenhöhe gebracht, zum Ausgleich der Kopf abgesenkt, was zu einer Verkrampfung im Nackenbereich führt,
- der Arm/die Arme wird/werden nicht gestreckt, wodurch sich der Abstand zur Visiereinrichtung bei jedem Anschlag verändert,
- Hohlkreuz (der zurück geneigte Oberkörper destabilisiert den Anschlag insbesondere beim Rückstoß); dass die Sportschützen sich in dieser Situation anders verhalten, widerspricht diesem Grundsatz beim einsatzmäßigen Schießen nicht.

11.5.2.2 Stehend einhändig (Präzision)

Zum einhändigen Schießen bringt der Polizeibeamte die Faustfeuerwaffe aus der Tragevorrichtung zunächst in die Grundhaltung, setzt den linken Fuß etwa eine Fußlänge seitlich zurück (Rechtsschütze) und dreht sich auf beiden Fußflächen um ca. 45 Grad nach links ein, ohne die Richtung des Schießarms zu verändern. Das Gewicht des Körpers wird vornehmlich auf das hintere Bein verlagert. Dann richtet er die Waffe mit gestrecktem Arm mehrere Male probeweise von unten kommend bis in Augenhöhe ins Ziel, ohne eine seitliche Körper-/Armspannung aufzubauen.

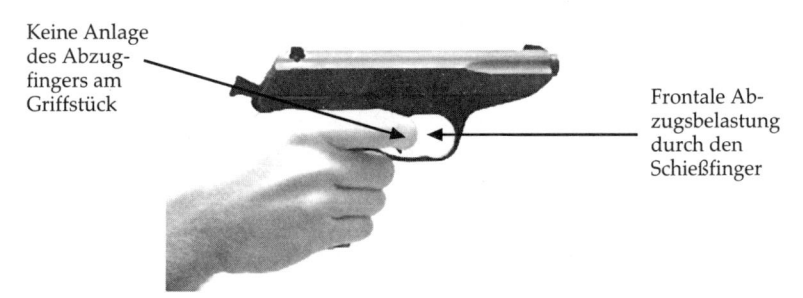

Keine Anlage des Abzugfingers am Griffstück

Frontale Abzugsbelastung durch den Schießfinger

Einhändig rechts

Erforderliche Richtungsänderungen werden durch die Korrektur des Standes vorgenommen, nicht durch den Schießarm. Mit dem Daumen der Nichtschießhand wird die Faustfeuerwaffe, soweit technisch möglich, gespannt, sobald die Waffe auf das Ziel gerichtet ist (im Anschlag). Der linke Arm wird dabei unter Berücksichtigung der Eigenarten des jeweiligen Schützen bequem in Ruhestellung fixiert.

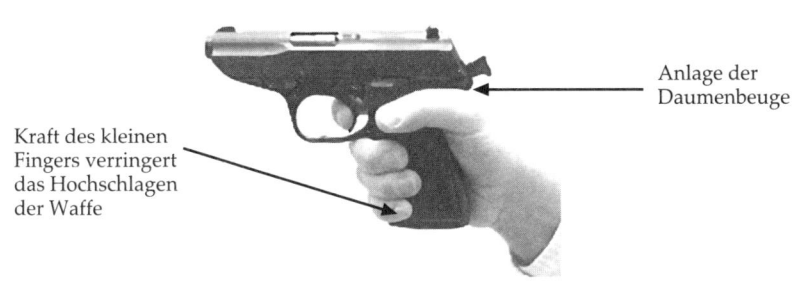

Anlage der Daumenbeuge

Kraft des kleinen Fingers verringert das Hochschlagen der Waffe

Stehend einhändig linke Seite

Probleme/häufige Fehler:
- Faustfeuerwaffe nicht auf Augenhöhe (siehe beidhändig)
- Schussarm nicht gestreckt (siehe beidhändig)

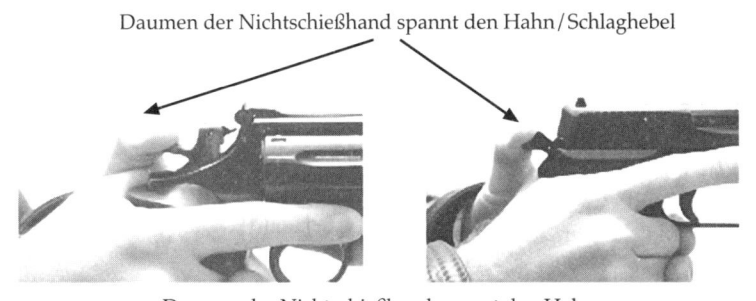

Daumen der Nichtschießhand spannt den Hahn/Schlaghebel

Daumen der Nichtschießhand spannt den Hahn

11.5.2.3 Schnell gezielter Schuss

11.5.2.3.1 Stehend beidhändig

Bewegungen jeglicher Art während des Schussvorganges wirken sich negativ auf das Trefferergebnis aus. In Einsatzsituationen, z. B. einen Angriff eines Täters oder durch Ausweichbewegungen des Schützen, kann es schwierig sein, mit einem einzigen schnell gezielten Schuss einen Wirkungstreffer zu erzielen. Polizeibeamte sollten daher in die Lage versetzt werden, in kürzester Zeit und mit möglichst einem Schuss den beabsichtigten „Erfolg" (Wirkungstreffer) mittels schnellem und stabilem Visieren zu erzielen. Es ist somit ebenfalls von Bedeutung, dass der Schütze seine Waffe nach der Schussabgabe so lange im Anschlag belässt, bis er sich von der Wirkung seines Schusses überzeugt hat.

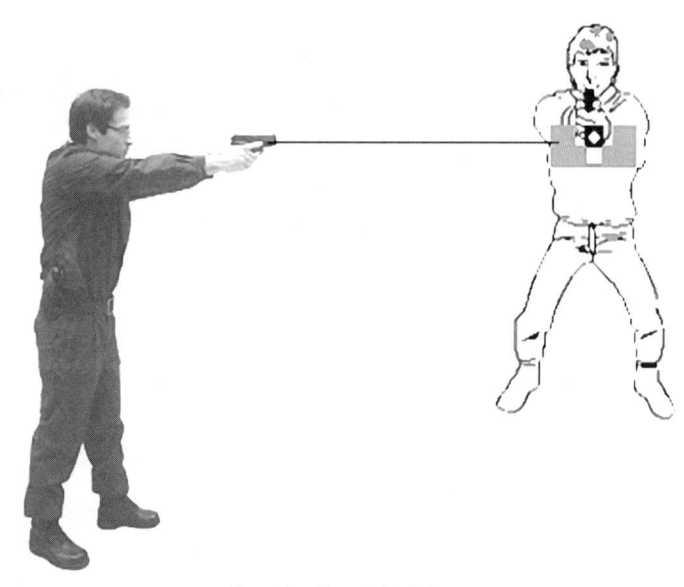

Der schnell gezielte Schuss
Abbildung gibt die Haltung unmittelbar vor Schussabgabe (=Abwehr eines unmittelbar bevorstehenden Angriffes auf Leib oder Leben) wieder

Dies ist taktisch günstiger und professioneller zu bewerten, als ohne zu visieren schnell zu schießen, aber erst nach mehreren Schüssen zu treffen.

Vor diesem Hintergrund sowie im Hinblick darauf, dass der Schütze jeden einzelnen Schuss vor sich selbst und vor Gericht verantworten muss, gilt bei einem erforderlichen Schusswaffeneinsatz der Grundsatz:

„**In kürzester Zeit mit möglichst einem Schuss die erforderliche Wirkung erzielen.**"

Für die Ausbildung, und damit letztlich auch für den Einsatz, bedeutet dies, dass der Schütze in der Lage sein muss, aus der aufmerksamen Sicherungshaltung heraus, in ca. 1,5 bis 2 Sekunden in einem Einsatzbereich bis zu ca. 10 m Schussentfernung den Hüft- oder Beinbereich der Scheibe F 1 oder F 2 sicher aus unterschiedlichen Schusswinkeln über DA mit jeweils einem Schuss zu treffen.

Sobald also der Wirkungstreffer erkannt wird, ist das Schießen einzustellen. Damit wird ein situationsbezogener und rechtlich nachvollziehbarer Schusswaffeneinsatz erreicht bzw. optimiert.

Der **schnell gezielte Schuss** unterscheidet sich, wie es der Begriff bereits deutlich macht, erheblich vom o. a. visierten Schuss.
Der schnell gezielte Schuss mit der Faustfeuerwaffe dient zur schnellen Abwehr eines lebensbedrohenden Angriffs. Hierzu wird die Schusswaffe beim Zielen über das Korn (ohne Inanspruchnahme der Kimme) schnell auf das Ziel gerichtet. Er soll nur bis zu einer Entfernung bis etwa 10 m geübt werden. Sobald der Schütze das Ziel über das Korn grob erfasst hat, löst er den Schuss aus.
Der Blick konzentriert sich somit **nicht** auf die vollständige Visiereinrichtung, sondern ausschließlich auf das Korn und das Ziel. Beide Augen bleiben dabei geöffnet. Schnell gezielte Schüsse werden somit ihrem Wesen nach immer grob visiert abgegeben.
Selbst unter günstigen Bedingungen ist das Erlernen des Hüft- und/oder Schulterdeutschusses sehr übungsintensiv, da die Treffgenauigkeit – mehr als bei anderen Anschlagarten – von der richtigen Körperhaltung und der Waffenstabilisierung abhängig ist, somit nicht zu empfehlen. Den hier beschriebenen Anschlagarten ist der Vorzug zu geben.
Der schnell gezielte Schuss **kann sowohl beidhändig (im Weaver- oder symmetrischen/gleichschenkligen Anschlag) als auch einhändig (als „Police-Crouch")** durchgeführt werden (Erläuterungen siehe Anschlagarten).
Dazu wird die Faustfeuerwaffe – ggf. aus der aufmerksamen Sicherungshaltung – **mit geöffneten Augen** auf dem kürzesten Weg schnellstmöglich „ins Ziel gestochen". Am Ende der Stechbewegung wird das Ziel **über das Korn grob anvisiert** (optische Inanspruchnahme des Korns/„Korn ins Ziel stellen"). Beide Augen bleiben geöffnet.
Dabei ist es zweckmäßig, eine größere Haltefläche zu wählen.
1. Phase (aufmerksame Sicherungshaltung):
   – die Schießhand öffnet das Holster und erfasst das Griffstück der Faustfeuerwaffe von oben kommend mittig und rückseitig.
2. Phase
   – die Schusswaffe wird gezogen,
   – der Schießfinger befindet sich gestreckt oberhalb des Abzugsbügels,
   – die Nichtschießhand befindet sich mit nach oben geöffneter Handfläche angewinkelt in der Körpermitte in Hüfthöhe.
3. Phase
   – die Schusswaffenmündung zeigt unmittelbar nach Verlassen des Holsters mit angewinkeltem Arm in Richtung Ziel und wird vor der Körpermitte von der Nichtschießhand aufgenommen und direkt schräg nach oben gestoßen (bis in Augenhöhe),
   – die Nichtschießhand umfasst hierbei die das Griffstück haltende Schießhand muschelförmig.
   – nun erst geht der Schießfinger an den Abzug, um den Schuss auszulösen.

Praktische Schießausbildung

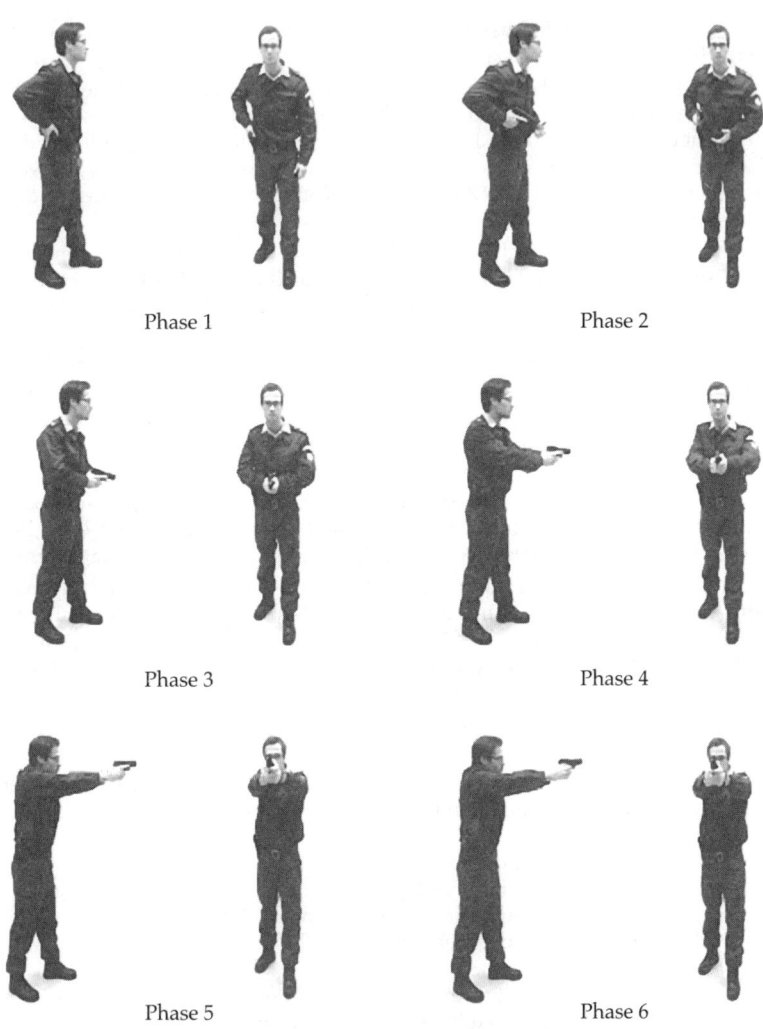

Phase 1   Phase 2

Phase 3   Phase 4

Phase 5   Phase 6

Bewegungsablauf des schnell gezielten Schusses
(deutlich sichtbar, wie früh die Nichtschießhand die Schießhand unterstützt und wie
lange der Zeigefinger oberhalb des Abzuges verharrt)

Probleme/häufige Fehler:
- Wahl einer zu kleinen Haltefläche.
- Bei verschiedenen Übungen wird die Zeitvorgabe zu großzügig bemessen. In kurzen Distanzen erfolgt die Schussabgabe in der Regel in

kürzester Zeit – somit unter Zeitdruck. Mit zunehmender Schussentfernung verlängert sich auch die Schießzeit.
- Die Faustfeuerwaffe wird nach dem Ziehen aus dem Holster heraus seitlich ins Ziel geschwenkt (durch die Schwenkbewegung wird die schnelle Zielaufnahme erschwert).
- Die Faustfeuerwaffe wird zu locker gehalten, wodurch es zu einer erheblichen Trefferstreuung kommt, mit der Folge, dass mehrere Schüsse in kurzer Folge abgegeben werden, um das Ziel zu treffen.

Tipps für den schnell gezielten Schuss:
- Intensives Trockentraining vor einem Spiegel zur Automatisierung und Korrektur der Bewegungsabläufe.
- Kombination der Anschläge mit Warnschussabgabe (die Pistole kann nach Abgabe des Warnschusses gespannt sein).
- Kombination mit Distanzveränderung und Ausnutzen von Deckungen (bei fortgeschrittenem Ausbildungsstand).

11.5.2.3.2 Stehend einhändig („Police-Crouch")

Anschlagart für eine schnell gezielte Schussabgabe auf relativ kurze Distanzen, wenn der Nichtschießarm zur Unterstützung nicht eingesetzt werden kann (z. B. weil ein Funkgerät, Mobiltelefon, Aktenkoffer, Taschenlampe o. a. gehalten wird oder der Arm verletzt ist).

Dazu wird ein Ausfallschritt (vorwärts/offensiv – beim Rechtsschützen mit dem rechten Bein) oder rückwärts/defensiv – beim Rechtsschützen mit dem linken Bein) durchgeführt, der jeweils hintere Fuß auf ca. 90° eingedreht, gleichzeitig wird die Faustfeuerwaffe mit der rechten Schießhand, ggf. aus der aufmerksamen Sicherungshaltung, mit geöffneten Augen auf dem kürzesten Weg schnellstmöglich ins Ziel „gestochen" (Linksschützen umgekehrt).

Police-Crouch

Nach in Schussrichtung völlig ausgestoßenem Schießarm wird die Wange auf den Oberarm „geworfen". Schultergelenk, Ellenbogengelenk und Handgelenk sind starr verriegelt und bilden mit der Waffe eine Einheit. Gleichzeitig wird das Ziel mit Hilfe des Korns grob anvisiert (optische Inanspruchnahme des **Korns „Korn ins Ziel stellen"**).

Dieser Anschlag wird nur in absoluten Notwehrsituationen und bei kurzen Schussdistanzen angewendet. Nach dem ersten abgefeuerten Schuss soll sofort der stabilere beidhändige Anschlag eingenommen werden, um für eine weitere Schussabgabe bereit zu sein. Auch bei diesem Anschlag ist es (zunächst) zweckmäßig, eine größere Haltefläche zu wählen.

Probleme/häufige Fehler:
- Die Zeitvorgaben sind mit fortschreitender Übungsdauer zu lang bemessen (in Notsituationen erfolgt die Schussabgabe in der Regel in kürzester Distanz).
- Die Faustfeuerwaffe wird nach dem Ziehen aus dem Holster seitlich ins Ziel geschwenkt (durch die Schwenkbewegung wird das Treffen erschwert).
- Die Verbindung zwischen Schießhand und Faustfeuerwaffe ist zu locker, wodurch es zu einer erheblichen Streuung der Treffer kommt. Der Schütze neigt dazu, dieses durch die Abgabe mehrerer Schüsse in kurzer Folge auszugleichen. Kraftaufwand erhöhen!
- Kein Wangenkontakt zum Oberarm der Schießhand, daher unzureichende optische Korn-/Zielerkennung.

11.5.2.4 Erzwungene Schießstellungen

Erzwungene Schießstellungen aus **einem knienden, eingehockten** oder **liegenden Anschlag** oder unter **Ausnutzung von Deckungen** heraus sind unerlässliche praktische Übungsteile in der Schießaus- und -fortbildung, da die Einnahme eines solchen Anschlages im Einsatz über Gesundheit oder Leben des Berechtigten entscheiden kann. Zu oft werden sie aus Bequemlichkeit nicht in die Ausbildung eingebunden. Hiermit eng verbunden ist die Ausnutzung vorhandener Deckungen. Dem Schützen muss es „in Fleisch und Blut" übergehen, eine Deckung aufzusuchen, sobald sich ein Schusswaffengebrauch abzeichnet. Hierauf ist bereits in der praktischen Ausbildung wert zu legen.

Verinnerlichte Schießhaltungen werden nicht nur schneller und sicherer ausgeführt, sie sind vom Ergebnis her präziser und treffsicherer. Die nachfolgenden Anschlagsvarianten gewährleisten Schutz im Sinne der Eigensicherung und ermöglichen gleichwohl eine schnelle und präzise Schussabgabe.

12.5.2.4.1 Anschlag kniend

Der Anschlag ermöglicht eine relativ sichere, visierte oder gezielte Schussabgabe auf kurze bis mittlere Distanzen (ca. 10–20 m). Hierbei wird dem Gegenüber bei einer relativ stabilen Schießhaltung ein kleineres Ziel (ca. ein Drittel weniger Körperfläche) geboten. Die Beweglichkeit für einen schnellen Positionswechsel bei Lageänderung bleibt grundsätzlich erhalten. Die bei den Anschlägen stehend erwähnten Grundsätze gelten hier sinngemäß. Unter Beachtung der Grundsätze der Eigensicherung sucht sich der Schütze bei jedem Einsatz, bei dem mit einem Schusswaffeneinsatz zu rechnen ist, eine für seine Zwecke geeignete Deckung, die seinen Anschlag bestimmt. Hierbei kommen sowohl aufgelegte als auch rechts- oder linksseitige Deckungsflächen in Betracht. Diese Anschläge können aus dem Stand und aus der Bewegung schnell eingenommen werden. Die Anschläge sind zunächst „trocken", ohne Zeitdruck vorzuüben, zu automatisieren, bevor zum scharfen Schuss übergegangen wird.

Die nachfolgenden Beispiele gelten als Anhalt. Bei diesen für den Schützen ungewohnten Anschlägen ist Freiraum zu gewähren, um die für ihn „angenehmste" Schießstellung zu finden, damit eine ungezwungene, sichere Schussabgabe möglich ist. Vom Schießlehrer gewünschte Anschläge sind durch entsprechende Lageschilderungen bzw. Parcoursaufbauten zu erreichen. Ein freihändig durchgeführter kniender Anschlag ist im einsatzmäßigen Schießen einem aufgelegten oder abgestützten i.d.R. vorzuziehen, da der freihändige Anschlag schneller einzunehmen ist als die sehr haltungs- und richtungsgebundenen abgestützten oder aufgelegten Anschlagarten. Gleichwohl sollten die abgestützten oder aufgelegten Anschläge geübt werden, da diese auf größere Schussentfernungen wegen ihrer größeren Stabilität zweckmäßiger sind.

Zum Anschlag kniend (Rechtsschütze) bringt der Schütze die Schusswaffe vor dem Abknien in die Grundhaltung, macht mit dem linken Bein einen Ausfallschritt, kniet nieder und setzt sich auf die Ferse des rechten Fußes. Das Knie des rechten Beins wird ca. 45° nach außen gesetzt. Die gesamte Bewegung soll flüssig verlaufen. Das Abknien auf das linke Bein soll ebenfalls geübt werden, da dieses bei einem Rechtsschützen bei einem linksseitigen Anschlag mehr Stabilität bringt.

Anschlag kniend abgestützt Variante 1
(Wichtig: Ellenbogen nicht auf Kniescheibe abstützen!)

Bereits während des Abkniens unterstützt die Nichtschießhand möglichst früh. Hierbei wird die Schießhand mit der Faustfeuerwaffe umfasst.

Dann wird die Faustfeuerwaffe mit gestrecktem Arm von unten in Augenhöhe ins Ziel geführt (in fortgeschrittenem Stadium aus der Bewegung während des Abkniens direkt „ins Ziel gestochen").

Der Ellenbogen des Nichtschießarmes wird auf dem Oberschenkel vor dem Kniegelenk oder der Oberarm auf dem Knie abgestützt; die Knochen des Ellenbogen- und Kniegelenkes sollen nicht aufeinander liegen (Knochen auf Weichteile), um Schmerzen zu vermeiden und ausreichende Stabilität zu gewährleisten (Merke: „Nie Knochen auf Knochen").

Anschlag kniend freihändig – „Isosceles-Anschlag" – Variante 2

Dieser kniende, freihändige Anschlag ist schnell, aus der Bewegung und in alle Richtungen einnehmbar. Mit dem Daumen der unterstützenden Hand wird die Waffe erforderlichenfalls gespannt (im Anschlag). Wahlweise kann der Anschlag auch auf beiden Knien eingenommen werden.

Auch im Anschlag kniend ist der bereits beim Anschlag stehend beidhändig beschriebene „Isosceles-Anschlag" anwendbar.

Anschlag kniend freihändig – „Isosceles-Anschlag" – Variante 3 und 4

Probleme/häufige Fehler:
- Beim Abknien wird die Waffenmündung zur Seite geschwenkt, wodurch Nebenstehende gefährdet werden.
- Häufig haben Personen Probleme damit, abzuknien (hier hilft nur Trockentraining und Überzeugungsarbeit!).

Tipps für den Schießlehrer:

Der Anschlag soll in fortgeschrittenem Stadium in Kombination mit anderen Anschlagarten auch aus der Bewegung geübt werden. Da die Variante 2 auch ein schnelles Aufstehen ermöglicht, muss dieses Aufrichten unter Beachtung aller Unfallgefahren (Stolpern, Einknicken, Gleichgewichtsverlust usw.) in der Ausbildung besonders berücksichtigt werden.

11.5.2.4.2 Anschlag kniend, Schießen mit der Nichtschießhand

Es sind Situationen denkbar, in denen ein Schütze zur Abgabe eines visierten oder schnell gezielten Schusses nicht seine Schießhand verwenden kann – zum Aufheben der Waffe, zum in den Anschlagbringen und zum Schießen muss er somit seine Nichtschießhand benutzen.

Die nachfolgende Bilderserie zeigt den Handlungsablauf.

Praktische Schießausbildung

Deutlich ist erkennbar, dass die Waffe von der Nichtschießhand erfasst und auf dem kürzesten Weg in Schussposition gebracht wird. Hierbei kommt es zwangsläufig zum Verkanten der Waffe nach rechts, was jedoch das Trefferbild nur unwesentlich beeinflusst (siehe hierzu auch die Ausführungen zur Verkantungslehre).

Das Verkanten der Waffe ist ein natürlicher Vorgang, da die Muskulatur der Nichtschießhand i. d. R. anders ausgeprägt ist als die der „Gebrauchshand" (Schießhand).

11.5.2.4.3 Anschlag liegend

Beim liegenden Anschlag handelt es sich um eine stabile, für größere Entfernungen geeignete und für minimale oder keine Deckungsmöglichkeiten bewährte Schießhaltung. Während der Positionseinnahme benötigt der Schütze bis zur Schussabgabe zwar mehr Zeit als bei allen anderen Anschlagarten, dafür bringt die feste, abgestützte Waffenlage erheblich bessere Präzision.

Der liegende Anschlag kann auf verschiedene Weisen eingenommen werden:

- In der Abwärtsbewegung beugt sich der Oberkörper nach vorn ab, wobei die geöffnete Nichtschießhand den Bodenkontakt aufnimmt. Im gleichen Bewegungsablauf zieht der Schütze seine Waffe und macht mit ihr eine gegenläufige Aufwärtsbewegung in Schussrichtung. Der rechte Fuß wird so weit wie möglich nach rückwärts gesetzt, wobei sich der linke Fuß in der liegenden Position leicht gespreizt der rechten Fußlage anpasst. Die Fersen beider Füße sollen dabei leicht nach innen gedreht werden, um seitliche Körperschwankungen zu verhindern.
  Die Körperachse und die beidseitig völlig ausgestreckten Arme liegen gleichschenklig Richtung Ziel.
- Bei einer zu erwartenden weiteren Schussentfernung (mehr Zeit zur Anschlageinnahme) kniet der Schütze zunächst auf beide Knie ab und lässt sich mit dem Oberkörper nach vorne fallen. Hierbei stützt die Nichtschießhand den Oberkörper ab. Der weitere Ablauf erfolgt wie oben beschrieben.
- In einer weiteren Variante, in der der Schütze, wie beschrieben, mit der Nichtschießhand frühzeitig den Boden berührt, sich abstützt, dann beide Füße sprungartig nach rückwärts wirft und die liegende Position schnell erreicht, sind Spezialisten vorbehalten und wird hier nicht näher erläutert.

Körpermitte und Waffe bilden eine Linie

Anschlag liegend aufgelegt

Wird der Anschlag liegend von einem einzelnen Schützen eingenommen, kann unter besonderer Beachtung der Sicherheit die Pistole auch nach dem Hinlegen gezogen werden. Dabei halten sich im rückwärtigen Bereich keine weiteren Personen auf. Aus Sicherheitsgründen wird die Faustfeuerwaffe auf dem kürzesten Weg – d. h. ohne seitliche Schwenkbewegung der Mündung – am Körper entlang (über den Boden) vorgebracht und auf das Ziel gerichtet.

Der Schießfinger wird auf den Abzug gelegt, wenn die Mündung der Faustfeuerwaffe zum Ziel zeigt („Schießfingerdisziplin!").

Tipps für den Schießlehrer
- Bei allen liegenden Schießpositionen ist darauf zu achten, dass die Nichtschießhand die Schießhand unterstützt. Dabei stützt sich der Handrücken möglichst auf dem Boden ab.
- Beide Unterarme haben ganzflächig Bodenkontakt.
- Wenn möglich, ruht der Kopf auf dem Oberarm des Schießarmes.
- Da ein zu langes Verharren in diesem Anschlag bei einem Ungeübten zu einer Verspannung bzw. Verkrampfung führen kann, ist diese Variante zwar sicher und stabil, bedarf jedoch einer entsprechenden Gewöhnung.
- Um Waffenstörungen zu vermeiden, soll der Magazinboden der Pistole nicht mit einem harten Untergrund bei der Schussabgabe Kontakt haben.

11.5.2.4.3.1 Alternative („amerikanische Variante")

Der Anschlag liegend kann auch schräg zum Ziel (auf der Seite liegend) eingenommen werden. Dabei wird das dem Boden zugewandte Bein ausgestreckt, das oben liegende Bein angewinkelt, um den Brust- und Bauchraum zu entlasten und die Atmung zu erleichtern. Das oben liegende Bein wird angewinkelt, um den Oberkörper zu stabilisieren.

Der Schießarm wird gestreckt, der Nichtschießarm unterstützt, der Kopf liegt entspannt auf dem Schießarm.

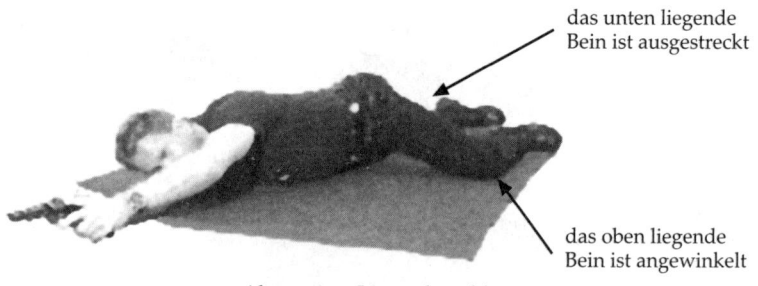

Alternativer Liegendanschlag

11.5.2.4.4 Deckungsanschläge

Die Wahl der Deckung beeinflusst den Anschlag. Beim Schießen aus Deckungen heraus soll möglichst, sowohl von der rechts- als auch linksseitigen Deckungskante heraus, der beidhändige Präzisionsschuss und/oder der schnell gezielte Schuss ausgeführt werden.

12.5.2.4.4.1 Rechtsseitiger Deckungsanschlag

Dieser Anschlag sollte in beidhändiger symmetrischer oder Weaver-Anschlagsart ausgeführt werden. Hierzu bleiben beide Augen möglichst geöffnet. Der Oberkörper wird aus der Hüfte nur so weit aus der Deckung hervorgedreht, wie es zum Aufbau der verlängerten Visierlinie erforderlich ist.

Waffenteile sollen keine direkte Anlage zur Deckung bekommen – insbesondere, wenn es sich hier um Steine oder Metallteile handelt. Hierdurch kommt es schießtechnisch zu einem unkontrollierten Waffenrücklauf mit nicht zu beeinflussenden Richtungsveränderungen der Waffenmündung. Nicht auszuschließen sind dabei ebenfalls Beschädigungen an der Schusswaffe, die zu Funktionsstörungen führen können.

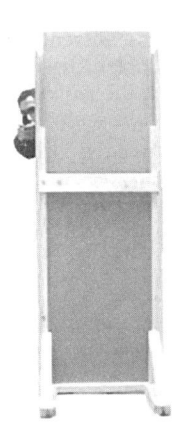

Anschlag rechtsseitig

Der rechtsseitige Anschlag unterscheidet sich in der Waffenhaltung und somit auch im Visieren nur geringfügig vom freihändigen Anschlag.

Praktische Schießausbildung

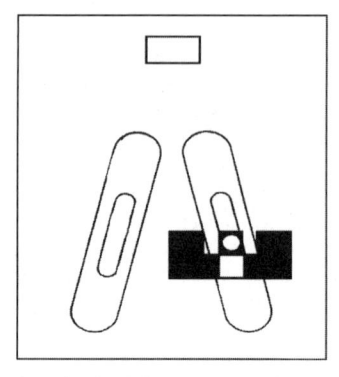

So sieht der Schütze sein Ziel

Zielbild aus der Deckung rechtsseitig für Rechtsschützen

11.5.2.4.4.2 Linksseitiger Deckungsanschlag

Linksseitige Anschläge sind i. d. R. besonders für „Rechtsschützen" (und umgekehrt rechtsseitige Anschläge für Linksschützen) problematisch, werden deshalb gar nicht, selten und ungern geübt. Dabei kann die Anwendung eines solchen Deckungsanschlages im Einsatz nie ausgeschlossen werden.

Die nachfolgenden Abbildungen zeigen den linksseitigen Anschlag eines Rechtsschützen. Wie deutlich wird, kommt es aufgrund der Anatomie des Rechtshänders zwangsläufig zu einem Verkanten der Waffe. Aber wie bereits an entsprechender Stelle erwähnt, wirkt sich dieses Verkanten innerhalb kurzer Schussentfernungen nicht wesentlich aus.

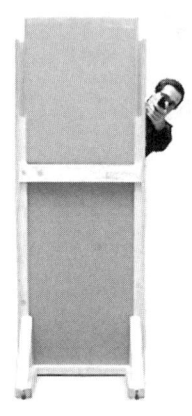

Anschlag linksseitig – Waffe leicht nach links verkantet

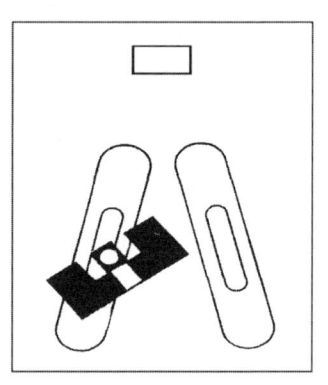

Visierstellung aus der Deckung linksseitiger Waffenhaltung für Rechtsschützen

Umgekehrt verhält es sich beim Linksschützen mit einem rechtsseitigen Anschlag. Das früher häufig gelehrte Wechseln von Schießhand und Visierauge stellt eine Alternative dar (der Schütze selbst bietet ein kleineres Ziel), erfordert jedoch weitaus mehr Übung und wird bei den meisten Schützen wegen der unterschiedlich ausgeprägten Seh- und Haltefähigkeiten zu zusätzlichen Problemen führen. Deshalb ist die Abgabe eines geringfügig größeren Zieles durch das weitere Hinauslehnen wegen der sicheren Waffenhaltung und damit größeren Trefferwahrscheinlichkeit in Kauf zu nehmen.

Waffe nach links verkantet

Linksverkantete Waffe

Es soll an dieser Stelle erwähnt werden, dass Rechtshänder auch bei einem links angelehnten Anschlag ihre rechte Schießhand benutzen. Ein Handwechsel hat sich als unzweckmäßig herausgestellt.

Anmerkung:
Für „Linksschützen" gelten die Aussagen für einen rechtshändigen Anschlag analog.
Beim stehenden und knienden linksseitigen schulmäßigen Deckungsanschlag ist vom „Rechtsschützen" hinter der Deckung zunächst in gleichschenkliger Fußstellung eine aufrechte und bequeme Körperhaltung einzunehmen.
Jetzt erfolgt die richtige **Abstandsfindung zur Deckungswand**. Mit dem waagerecht ausgestreckten Schießarm und der dabei um 90 Grad nach oben gewinkelten Handfläche dieses Armes wird nun mit kleinen, gleichmäßigen Fußschritten und unveränderter Oberkörperhaltung beidfüßig in Schussrichtung getippelt, bis die angewinkelte Innenhandfläche breitflächigen Kontakt zur Deckungswand bekommen hat.

Ist diese Berührung zustande gekommen, bleibt der Schütze in dieser Entfernung zur Deckungswand aufrecht und ruhig stehen. Diese Entfernung sollte sich der Schütze einprägen. Entfernungs- und/oder Oberkörperkorrekturen sind nicht mehr durchzuführen.

Hierdurch ist sichergestellt, dass der Schütze so steht, dass die Schießhand mit der Schusswaffe an der Deckungskante bei Schussabgabe vorbei zeigt.

Nachdem der Schütze seine ideale **Standfestigkeit** bei leichter Seitgrätschstellung mit **gleichmäßiger Körpergewichtsverteilung auf beide Fußflächen** hinter der Deckung gefunden sowie die **Körperabstandsfindung zur Deckung** richtig bemessen hat, erfolgt die **Waffenerfassung**.

Zur Schussabgabe dreht der Schütze seinen Oberkörper aus der Hüfte heraus und schwenkt mit verkanteter Waffe nach links heraus zur Schussabgabe.

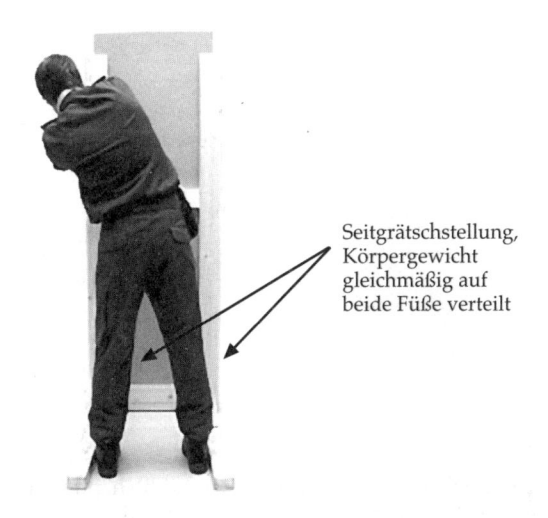

Seitgrätschstellung, Körpergewicht gleichmäßig auf beide Füße verteilt

Eine dabei zu weit nach rückwärts (hinter die Deckungskante) gehaltene Waffe birgt die Gefahr, in der Schussabgabe und im Waffenhochschlag/Rücklauf vor die rückseitige Deckung zu gelangen.

Es darf künftig in der Schießaus- und -fortbildung keine entscheidende Rolle spielen, in welchem Haltewinkel (evtl. nach rechts oder links verkantet) sich die Kurzwaffe in der Hand bzw. in den Händen des Schützen befindet.

Der Aufsicht beim Schützen kommt hierbei eine besondere Aufmerksamkeit zu.

11.5.2.4.5 Anschläge aufgelegt

Beim aufgelegten Schießen aus Deckungen (Luken, Fensteröffnungen, Kfz. usw.) werden beide Unterarme, jedoch keinesfalls der Magazinboden (führt i. d. R. zu Hemmungen bzw. zu unkontrollierten Schussabgaben, da die Waffe wegspringen kann) aufgelegt, um zusätzliche Stabilität zu erreichen.

Anschlagarten

Auch hierbei ist unbedingt darauf zu achten, dass die Mündung über die Deckungskante hinausragt.

Richtig aufgelegt und idealer Abstand

Beide Unterarme liegen auf, der Kopf wird extrem niedrig gehalten, die Waffe befindet sich vor der Deckung

Anschlag aufgelegt

Anschlag hockend aufgelegt

Entscheidend ist auch hier die richtige Abstandsfindung zwischen Waffenauflage und Oberkörper. Die Arme müssen vollständig gestreckt sein, ohne dass für den Schützen die Gefahr besteht, dass die Waffe zu weit aus der Deckung herausragt bzw. dass sie sich gar noch hinter der Deckung befindet. Dieser gewonnene individuelle Abstand hat sich der Schütze einzuprägen.

Kein idealer Anschlag stehend aufgelegt, da:

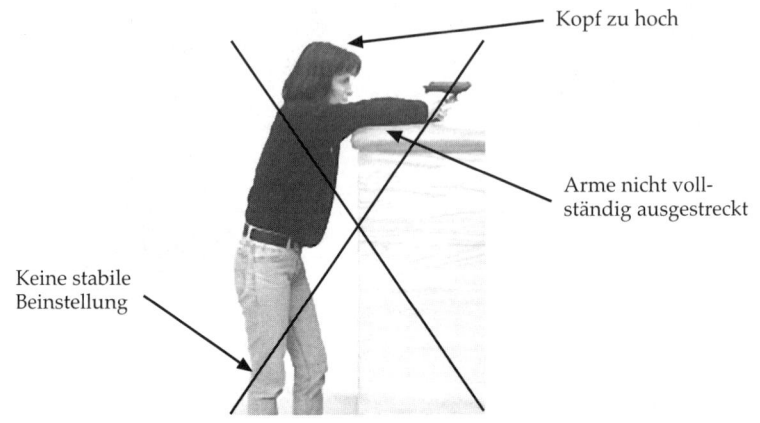

Kopf zu hoch

Arme nicht vollständig ausgestreckt

Keine stabile Beinstellung

Fehlerhafter Anschlag stehend aufgelegt

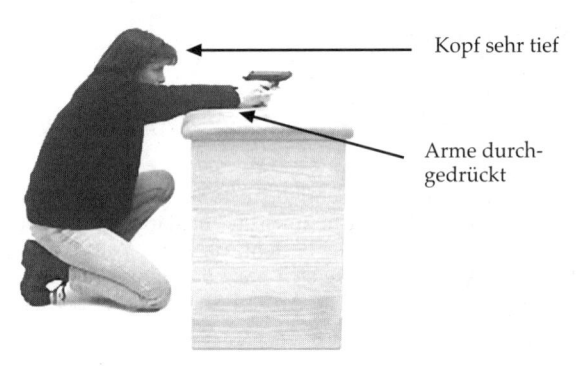

Kopf sehr tief

Arme durchgedrückt

Anschlag einseitig kniend aufgelegt
(Stellungswechsel schnell durchführbar)

Wie eingangs erwähnt, können Einsatzsituationen auch Anschlagarten in anderen Körperhaltungen erfordern.

Anschlagarten

Anschlag beidseitig kniend aufgelegt
(Stellungswechsel mit Zeitverzug durchführbar)

Etwa zwei Drittel aller polizeilichen Schusswaffeneinsätze im Bundesgebiet stehen im Zusammenhang mit Kraftfahrzeugen. Diese bieten häufig eine erforderliche Sicht- und Schussdeckung.

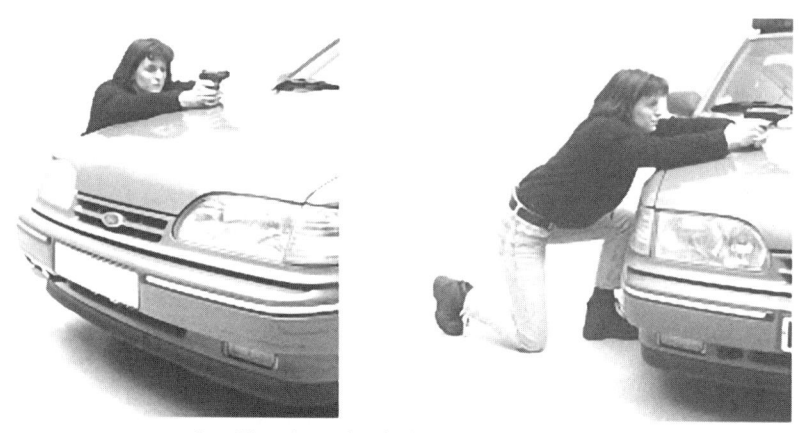

Anschläge kniend aufgelegt am Kraftfahrzeug

Deshalb sind gerade neue und in der Anfangsphase ungewohnte Anschläge zu üben, die in konsequenter Anwendung lebensrettend sein können. Die Anschläge bieten eine gute Deckung und gewährleisten gleichzeitig gute Einsatzmöglichkeiten der Schusswaffe. Hervorzuheben ist hier die Möglichkeit der Unterarmunterstützung zur Förderung der präzisen Schussabgabe auf größere Distanz.

Auch bei diesen Anschlagsarten sind die bereits geschilderten Unterstützungsmöglichkeiten wie rechts- oder linksseitig zur Stabilisierung des Anschlages durchführbar. Es gelten die dort angeführten Grundsätze.

Anmerkung:
Trotz veränderter und z.T. verdrehter Anschlagart ändern sich die ballistischen Werte der Geschossflugbahn auf kurze Einsatzentfernungen nur unwesentlich.

Die hier vorgestellten Anschlagarten sind als schulmäßige Anschläge anzusehen. Sie sind Grundlage für die darauf aufbauenden, die persönlichen Eigenarten des jeweiligen Schützen berücksichtigenden einsatzmäßigen Anschläge.

Diese schulmäßigen Anschlagarten sollten in der regelmäßigen Schießfortbildung nicht vernachlässigt werden.

12. Auswerten von Trefferbildern

12.1 Mögliche Ursachen für unzureichende Trefferergebnisse

Von wesentlicher Bedeutung für eine erfolgreiche Schießaus- und -fortbildung sind die Auswertung der Trefferbilder und das Besprechen der Schießergebnisse anhand des Schussbildes. Oft ist es schwierig, die während der Schussvorbereitung und der Schussabgabe auftretenden Fehler einwandfrei zu definieren. Grobe und wiederkehrende Fehler lassen sich aus den nachfolgenden Trefferbildern analysieren.

Nur erfahrene Schießlehrer können bei der Schützenbeobachtung und in der Phase der Schussabgabe erkennen, ob schlechte Trefferergebnisse der

a) unsachgemäßen Waffenhaltung
b) ungeeigneten Schießhaltung
c) unsauberen Schussabgabe

zuzuordnen sind.

– **fehlerhafte Waffenhaltung** (Halten)

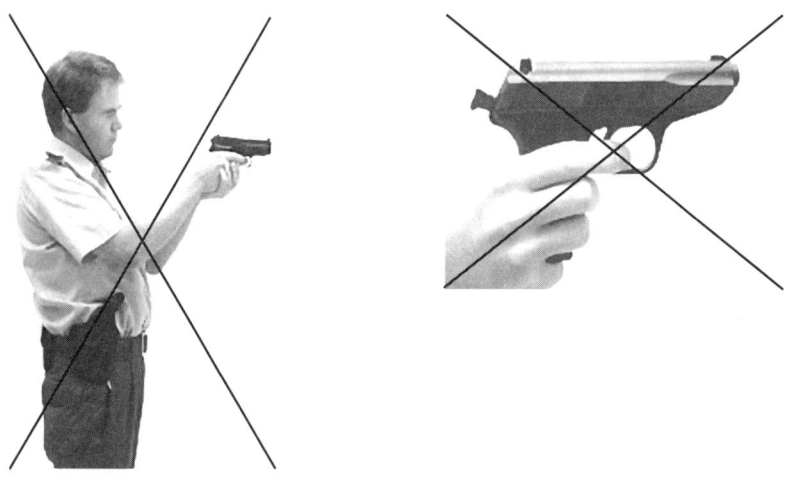

Fehlerhafte Waffenhaltung
(Arme nicht ausgestreckt, dadurch variierender Abstand Auge – Waffe)

- **fehlerhafte Abzugsbetätigung** (Abziehen)

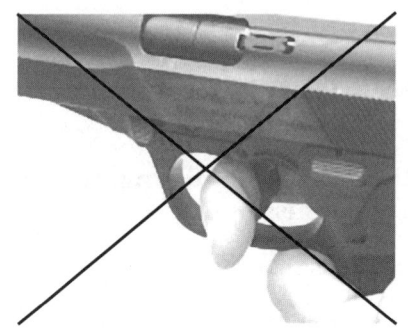

Fehlerhafte Abzugsbetätigung
(Abzugsbetätigung mit 2. Fingerglied)

- **mangelhafte Visierbetrachtung** (Zielen/Visieren)

Mangelhafte Visierbetrachtung
(Kimme scharf – Korn unscharf)

In den folgenden Ausführungen werden typische und oft wiederkehrende Trefferbilder dargestellt und eingehend erläutert.

Ein gutes Schussbild wird nur dann erbracht, wenn der Schütze vor und während der Schussauslösung ausschließlich die Visierung – mit Schwerpunkt Korn – klar und scharf erkennt, sie ständig korrigiert und parallel dazu den Abzug langsam, aber mit stetig steigendem Druck zur Kinnspitze verlaufend den Schuss brechen/auslösen lässt = **unbewusste Schussabgabe!**

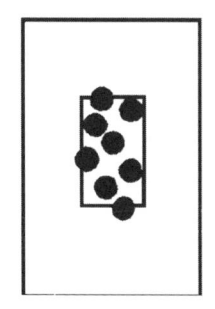

Korrekte Visierstellung   Treffer in der Haltefläche

Daher ist beim Visieren grundsätzlich die Mitte der Haltefläche als Ziel zu wählen.

12.2 Einwandfreies Trefferbild

Die Trefferlage ist korrekt und fehlerlos – das zu erreichende Ziel in der schulmäßigen Schießausbildung!

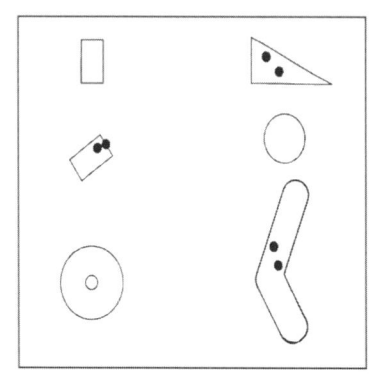

Einwandfreies Trefferbild

Ursachen:
- Beim Visier-/Zielvorgang mit der Kurzwaffe wurde die Visiereinrichtung (mit Schwerpunkt Korn) vom Auge/von den Augen optisch genau und absolut scharf sehend justiert und eingerichtet.
- Das Korn wurde im Kimmenausschnitt nach Höhe und Seite so eingerichtet, dass die verlängerte Visierlinie vom Auge des Schützen über Kimme und Korn zum Ziel auf die Haltefläche zeigt. Die Kornoberkante

hat absolute Gleichheit mit der Kimmenoberkante. Die Lichthöfe rechts und links zwischen Kimmenausschnitt und den Außenkanten des Kornes wurden exakt gleich ausgerichtet.

Beim Visieren entsteht somit eine Sehstrahlverbindung vom Zielauge über die Visiereinrichtung (Kimme und Korn) auf die Haltefläche (in das Ziel).

Ideale Visierstellung

Dieses zu erstrebende Trefferbild muss das Ziel aller Schützen und damit auch Aufgabe der Schießlehrer sein!

Dieses Schießergebnis wird im wesentlichen dadurch erreicht, dass der Schütze mit absoluter Konzentration die **verlängerte Visierlinie** mit Schwerpunkt Korn durch ständiges Scharfsehen der Visiereinrichtung und Halten der Visierlinie im Ziel (Haltefläche) beibehält **und parallel** hierzu die ruhige und gleichmäßige **Abzugsbetätigung** durchführt. Dazu wird die Abzugsvorderseite frontal mit der Mitte des ersten Fingergliedes des Abzugsfingers (rechter/linker Zeigefinger) belegt. Der manuelle Druckanstieg wird in Richtung Körpermitte stetig und mit langsam ansteigendem Druck durchgeführt.

Die Schussauslösung wird vom Schützen nicht vorsätzlich zu einem bestimmten Zeitpunkt während des Abziehvorganges durchgeführt, sondern unbewusst. Der Schütze bestimmt also nicht den Moment der Schussauslösung, sondern nur die Zeitspanne, in der der Schuss brechen soll (technisch durch die Waffe bestimmt).

Mit anderen Worten, der Schütze konzentriert sich nicht auf die Schussabgabe, sondern auf das Halten der Visierlinie im Ziel.

Hierzu ist es erforderlich, dass der Schütze die ihm zugewiesene Waffe genau kennen lernt, denn jede Waffe hat trotz einheitlicher Bauweise ihre Eigenheiten – so hat jede Waffe auch ihre eigene **Abzugscharakteristik**. Diese gilt es herauszufinden. Möglich sind z. B.

- unterschiedlicher Abzugswiderstand,
- unterschiedlicher Abzugsweg,
- Leicht-/Schwergängigkeit der Funktionsteile.

So lange sich diese „Eigenarten" innerhalb technisch vom Schützen nicht beeinflussbarer Toleranzen befinden, müssen sie vom Schützen akzeptiert werden – er muss sich darauf einstellen und sich darüber im klaren sein, dass sie nicht nur in der Aus- und Fortbildung Auswirkungen haben, sondern auch im Einsatz.

Anmerkung:
Wenn oben von der **unbewussten Schussabgabe** gesprochen wird, so ist dieses in (schieß-)technischer Hinsicht gemeint und nicht in einsatztaktischer oder einsatzrechtlicher Hinsicht.

Das oben gezeigte anzustrebende Trefferbild wird häufig nicht sofort zu erreichen sein, es bedarf einer guten Anleitung durch erfahrene Schießlehrer und entsprechender Übung durch den Schützen.

Nachfolgende Beispiele geben fachliche Hinweise zur Fehlerfindung und Anregungen zur Verbesserung der Treffleistung. Grundsätzlich ist eine systematische Fehlerfindung durchzuführen.

12.3   Ungleichmäßige Streuung

Diese Trefferlage lässt aufgrund der (ungleichmäßigen) Streuung keinen bestimmten Fehler erkennen.

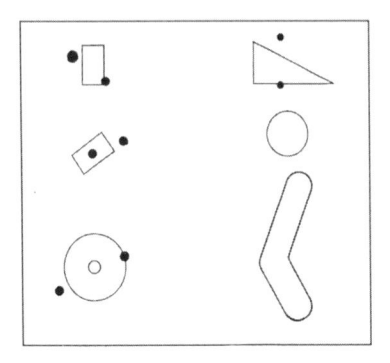

Unbestimmtes Trefferbild

Es fehlt hier noch jede Voraussetzung für eine „saubere" Schussabgabe.

Ursachen können sein:
- mangelhaft aufgebautes schulmäßiges Schießen mit unkontrolliertem äußerem und innerem Aufbau bis zur Schussabgabe und zu geringer Konzentration,
- bewusste Schussabgabe – Warten auf das Brechen des Schusses,
- mangelhafte Visierbeobachtung.

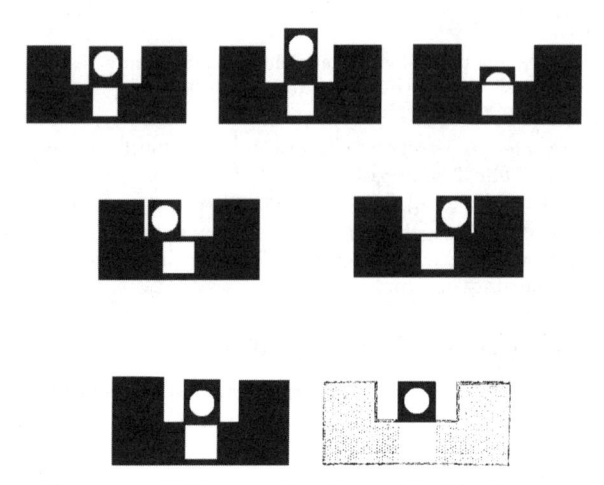

Alle Visiermöglichkeiten während eines Schießdurchganges

Fehlerfindung:
Der **Schießlehrer** übernimmt eine Funktion der Schussauslösung.
Der **Schütze** übernimmt die Funktion des Visierens.
Hierdurch werden die Funktionen des Abziehens und des Visierens getrennt und von zwei verschiedenen Personen unabhängig von einander ausgeführt. Die Fehler beim Schützen werden aufgedeckt.

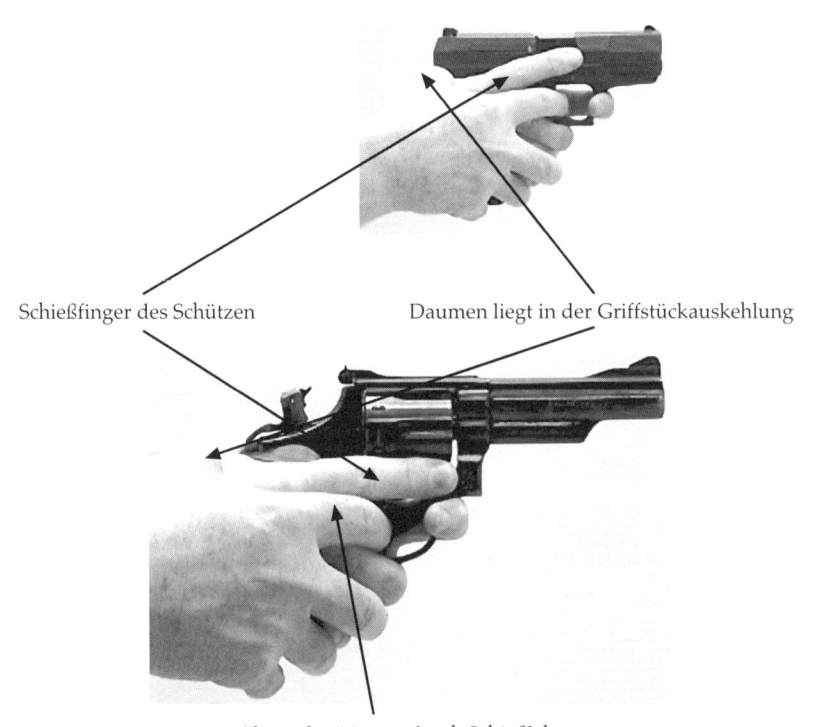

Schießfinger des Schützen   Daumen liegt in der Griffstückauskehlung

Abzugsbetätigung durch Schießlehrer

Die hieraus resultierenden Fehler können somit sein:
- **Abzugsfehler** = bewusste Schussabgabe, falscher Druckaufbau auf die vordere Abzugsfläche, ruckartige Abzugsbetätigung, Schussangst,
- **Visierfehler** = unzureichende Visieraufnahme, Sehschärfe ist nicht ausschließlich auf die Visiereinrichtung gerichtet,
- **Visier- und Abzugsfehler** = Abzugs- und Visierkoordination stimmen in Aufbau und Durchführung nicht.

12.4 Extreme Breitenstreuung

Auswertung des Trefferbildes:
- Extreme Breitenstreuung,
- Visier- und Kornoberkantenabschluss exakt,
- schlecht eingestellte, ungleiche „Lichthöfe" im Visierbereich bei der Schussabgabe.

Auswerten von Trefferbildern

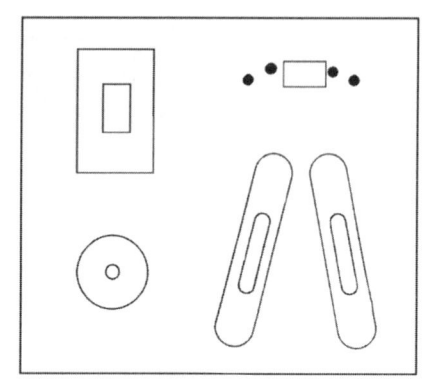

Extreme Breitenstreuung

Links geklemmt   Rechts geklemmt

Ursachen:
- Schlechte, instabile Grundstellung. Die Fußstellung ist zu eng eingestellt. Hierdurch entstehen Links-/Rechts-Schwankungen, die sich in der Schussvorbereitungsphase negativ bemerkbar machen.
- Instabile Armhaltung.
- Zu lockeres Halten der Waffe.

Abhilfe:
- Auf eine feste, auf der gesamten Fußfläche verlagerte stabile Fußstellung ist zu achten.
- Der Schützen ist auf eine festere Waffenverbindung (Waffengriff/Handflächendruck) hinzuweisen.
- Muskelkraft im Schießunterarm ist geringfügig zu erhöhen (dabei jedoch nicht in die Vibrierungsphase – Zittern des Schießarmes – gelangen).
- Die Sehschärfe ist ausschließlich auf Kimme und Korn richten – Schwerpunkt auf ist den Stand des Kornes zu legen.

12.5 Trefferlage rechts

Auswertung des Trefferbildes:
Allgemeine Verlagerung der gesamten Treffer nach rechts (Rechtsschütze)

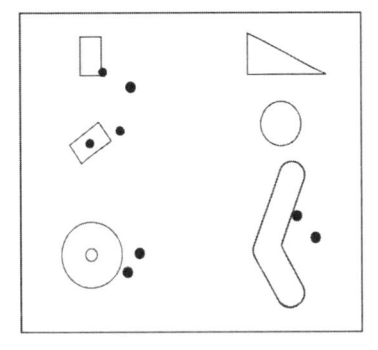

Trefferbild rechts

Ursachen:
- Fußspitzen zu weit nach rechts gedreht, hierdurch entsteht eine ungewollte Spannung im Körper.
- Korn nach rechts geklemmt.

Korn rechts geklemmt

- Daumen der (rechten) Schießhand drückt zu stark gegen die linke Waffenseite.

Abhilfe:
- Fußspitzen sind weiter nach links zu drehen. Die gesamte Körperstellung folgt der veränderten Fußstellung nach links.
- Zielvermögen des Schützen durch Übernahme der Abzugsfunktion durch den Schießlehrer überprüfen.
- Daumenflächendruck verringern. Handgelenk stabilisieren und verriegeln.

12.6 Trefferlage links

Auswertung des Trefferbildes:
Allgemeine Verlagerung der gesamten Treffer nach links (Rechtsschütze).

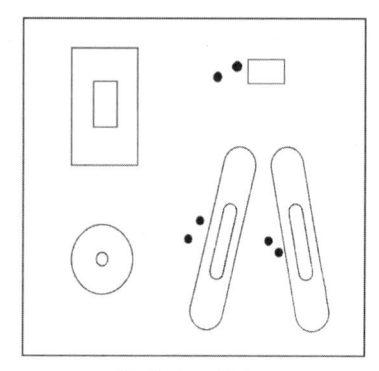

Trefferlage links

Ursachen:
- Schräges Abziehen mit dem zweiten Zeigefingerglied.

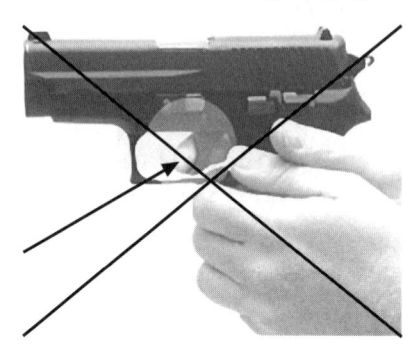

- Schräges Abziehen mit dem ersten Zeigefingerglied. Hierbei liegt das Fingerglied seitlich an der rechten Abzugskante und drückt bei der Schussauslösung die Waffe nach links.

- Das dritte Schießfingerglied **darf keinen** Kontakt zur rechtsseitigen Griffschale haben.

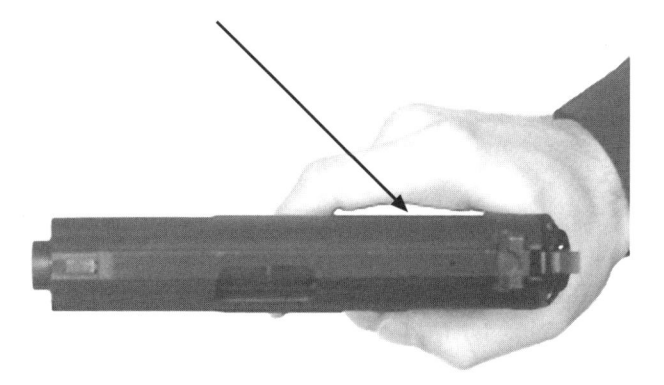

- Haltefestigkeit auf das Waffengriffstück wird während der Schussauslösung gelockert.
- Unkonzentrierte Visierbeobachtung.

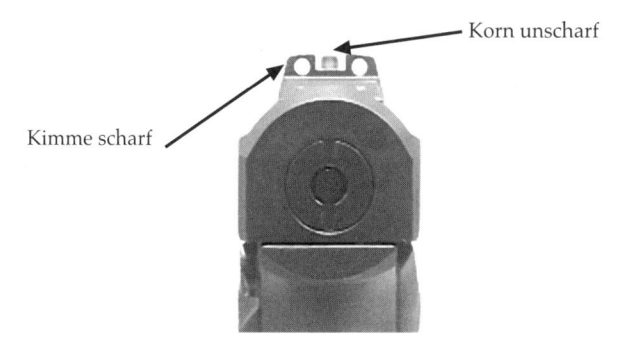

Korn unscharf

Kimme scharf

- Einseitiger, starker Lichteinfall auf die linke Seite des Kornes. Hierdurch erscheint die heller beleuchtete Seite größer.
Der Schütze versucht diesen optischen Lichttäuschungseffekt durch ein links geklemmtes Korn auszugleichen.

Korn links geklemmt

Abhilfe:
- Die Mitte des ersten Zeigefingergliedes der Schießhand übt Druck auf die Abzugsvorderfläche und betätigt den Abzug (bei einer Verlagerung vom zweiten Zeigefingerglied auf das erste Glied ergibt sich ein veränderter Kraftaufwand durch eine veränderte Hebelwirkung).
- Druckanstiegslinie ist frontal auf die Abzugsvorderseite zu legen. Hierbei ist die gedachte Kraftverlaufsachse des Abzugswiderstandes in Richtung Kinnspitze zu führen.
- Kein Kontakt des dritten Schießfingergliedes an der rechtsseitigen Griffschale.
- Das Griffstück der Kurzwaffe ist vom ersten bis zum letzten Schuss mit gleichmäßiger Handspannung (Druck um das Griffstück) fest zu umfassen und nach erfolgter Schussauslösung beizubehalten – keinesfalls den Handdruck vor, während oder zu früh nach Schussabgabe lösen.
- Kontrolle erfolgt durch Übernahme der Abzugsbetätigung durch den Schießlehrer.
- Bewusstmachen von optischen Täuschungen.
- Visierbeobachtung verbessern.

12.7 Trefferlage tief-links

Auswertung des Trefferbildes:
Allgemeine Verlagerung der gesamten Treffer nach **tief-links**.

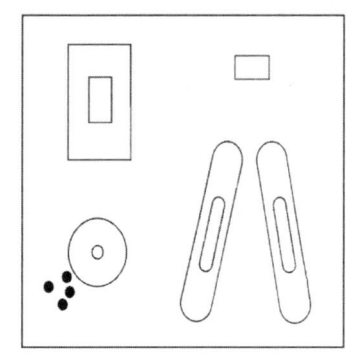

Trefferbild tief-links

Ursachen:
- Der Schütze begeht einen der häufigsten Fehler: die bewusste Schussabgabe. Er reißt den Abzug über den Schussauslösepunkt, weil er innerlich das Brechen des Schusses erwartet.

- Der Schütze macht einen gravierenden Oberkörper-Haltungsfehler. Der Kopf ist vorgestreckt, und der Rücken zeigt eine übermäßige Rundung (Buckel).
- Der Schütze führt seine Schussauslösung nur mit der Zeigefingerspitze seiner Schießhand durch. Dabei drückt er die Schusswaffe bei zu wenig linksseitigem Gegendruck nach links unten.

Buckelbildung

Abhilfe:
- Der Schütze muss seinen Abzug kennen lernen, sich mit den Eigenschaften, den Vor- und Nachteilen, den schwierigen und leichten technischen Gegebenheiten „seines" Abzuges intensiv befassen. Es ist nicht der Moment der Schussauslösung, sondern vielmehr der Zeitraum – die Zeitspanne, bis es „irgendwann knallt" – zu beachten.
- Regelmäßiges, tägliches Abziehtrockentraining ist erforderlich, damit die bewusste Schussabgabe ausgeschaltet wird.
- Eine aufrecht stehende Oberkörperhaltung ist anzustreben, damit die Augen von rückwärts, über die verlängerte Visierlinie, das Ziel aufnehmen.
- Die Fußstellung ist ggf. minimal nach rechts zu verändern.
- Das Handgelenk muss bei der Schussabgabe mit dem Unterarm „verriegelt" sein (die Waffe ist bei der Schussabgabe von der Waffenmündung bis zum Ellenbogengelenk eine Einheit).
- Das volle erste Glied des Zeigefingers liegt am Abzug an.

12.8 Trefferlage tief-rechts

Auswertung des Trefferbildes:
Allgemeine Verlagerung der gesamten Treffer nach **tief-rechts**.

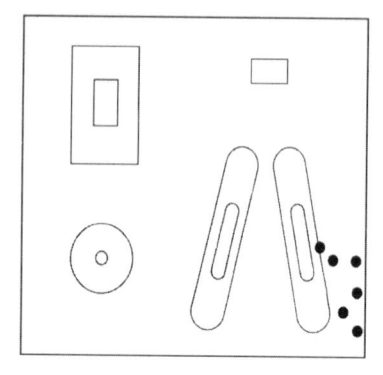

Trefferbild tief-rechts

Ursachen:
- Die Schussabgabe erfolgt ruckartig und unkontrolliert
- Der Abzug wird auf den letzten Teil seines Weges (ca. 50–20% des Abzugweges mit Spannabzug bzw. bei der gesamten Durchführung des vorgespannten Abzuges) durchgerissen,
- Der Schießfinger wurde zu weit um den Abzug gelegt und damit der Druck auf die Abzugsfläche von der linken Abzugskante aufgebaut, wodurch die Waffenmündung nach rechts ausgedreht wird,
- In der Phase der Schussauslösung wird von den ersten Fingergliedern, der Mittel-, Ring- und kleinem Finger der Schießhand, eine plötzliche und viel zu starke Festigkeit auf das umfasste Griffstück ausgeübt, so dass es zu einer Rechtsdrehung der Schusswaffe kommt.
- Handgelenksteifigkeit wird vernachlässigt.

Rechts geklemmt Feinkorn

Abhilfe:
- Der Abzug ist ruhig und gleichmäßig zurück zu ziehen – der Schuss bricht innerhalb eines Zeitraumes, nicht zu einer bestimmten Zeit, an einer bestimmten Stelle – der Schütze wird vom Brechen des Schusses „überrascht" – die unbewusste Schussabgabe ist zu fördern.

- Auch hier kann eine Fehlerfeststellung durch Funktionsübernahme der Abzugsbetätigung und/oder der Übernahme des Visierens durch den Schießlehrer hilfreich sein.

12.9 Trefferlage hoch-links

Auswertung des Trefferbildes:
Allgemeine Verlagerung der gesamten Treffer nach **hoch-links**.

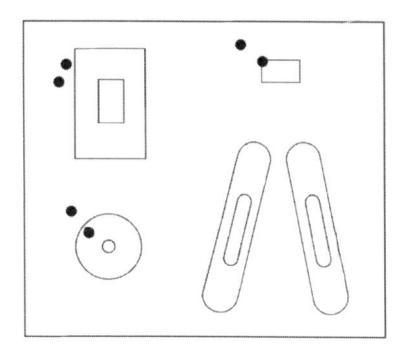

Trefferbild hoch-links

Ursachen:
- In Erwartung des Rückstoßimpulses drückt der Schütze die Kurzwaffe geringfügig mit dem Handballen der Schießhand nach vorn. In diesem nach vorn verlaufenden horizontalen Druckbewegungsverlauf liegt die Mitte des Griffstückes an der Handinnenfläche vor dem Handballen an. Durch den Aufbau der Vorwärtsbewegung wird nicht nur die Waffe nach vorn gedrückt, sondern auch durch den Winkel der Griffstücksanordnung leicht nach schräg oben angehoben.
- Der Schütze zieht die Waffe im Augenblick der Schussabgabe aufgrund eines unzureichendes Widerlagers im Ellenbogengelenk zurück.
- Der Schütze wartet mit der Schussabgabe zu lange.
- Die Mitte des ersten Fingergliedes der Schießhand liegt nicht frontal auf der Vorderseite des Abzuges, sondern rechtsseitig.
- Beim beidhändigen schnell gezielten Schuss ist die steife Verbindung zwischen Waffe – Hand – Unterarm vernachlässigt worden.

Auswerten von Trefferbildern

Links geklemmt Vollkorn

Abhilfe:
- Die Rückstoßerwartung des Schützen ist abzubauen. Häufig tritt im Augenblick der Schussauslösung bei Schützen ein krampfartiger Armdruck in Schussrichtung auf. Diesen gilt es aufzulösen.
- Das oftmals zu stark verriegelte Ellenbogengelenk ist zu lockern. Hierbei ist der durch die Handinnenfläche aufgebaute Gegendruck auf den Griffstückrücken zu mindern.
- Kein zu schnelles Nachgeben im Ellenbogengelenk bzw. Einwinkeln des Ellenbogengelenks der Schießhand während der Schussabgabe.
- In der Schussauslösungsphase darf die abstützende Handinnenfläche nicht schräg nach unten gedrückt werden.
- Die Visierstellung ist im Augenblick der Schussabgabe zu überprüfen.

12.10 Trefferlage hoch-rechts

Auswertung des Trefferbildes:
- Allgemeine Verlagerung der gesamten Treffer nach **hoch-rechts**.

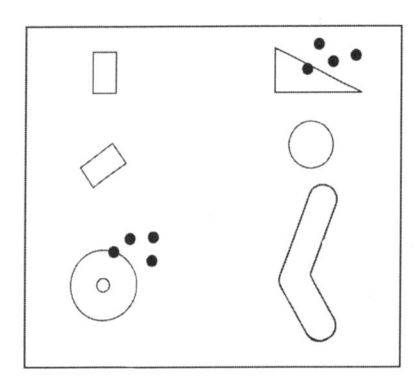

Trefferbild hoch-rechts

Das Korn steht höher als die Kimmenoberfläche, linker Lichthof im Kimmenblatt zu groß.

Extreme Vertikalstreuung

Ursachen:
- In Erwartung des Rückstoßimpulses drückt der Schütze die Kurzwaffe mit dem Handballen nach oben. Zugleich gibt das Handgelenk bei Rechtsschützen nach innen nach (bei Linksschützen umgekehrt). Das Handgelenk ist bei der Schussauslösung unzureichend verriegelt.
- Bei beidhändiger Schussabgabe liegt ein zu starker Daumendruck der Nichtschießhand beim Rechtsschützen an der linken Verschlussseite.
- Der Abzugsfinger der rechten Schießhand greift zu weit um den Abzug. Dabei erfolgt die Schussauslösung mit dem Gelenk zwischen erstem und zweitem Fingerglied.
- Es liegen Anzeichen einer „Schussangst" vor.

Rechts geklemmt Vollkorn

Abhilfe:
- Starre Verriegelung des Handgelenkes anstreben.
- Unbewusste Schussabgabe anstreben.
- Daumendruck der Nichtschießhand, die seitlich das Griffstück abstützt, verringern.
- Ggf. Visierung korrigieren.

12.11 Extreme Vertikalstreuung

Auswertung des Trefferbildes:
Ausgedehnte Trefferlage in senkrechter Richtung (vertikale Schwankungen).

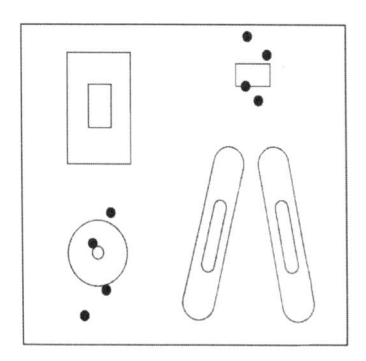

Trefferlage senkrecht

Auswerten von Trefferbildern

Ursachen:
- Unkonzentrierte Visierbeobachtung.
- Atemnot durch körperliche Belastung.
- Mangelnde Haltekraft.
- Zu enge Fußstellung.

Vollkorn und Feinkorn während des Visier-/Schussvorganges

Abhilfe:
- Konsequente Fixierung der Augen auf die Visiereinrichtung mit Schwerpunkt der Kornbeobachtung – auch unter körperlicher Belastung üben.
- Regelmäßige sportliche Betätigung.

12.12 Trefferlage hoch

Auswertung des Trefferbildes:
- Trefferlage im **oberen Bereich** (die Waffe ist dabei gut nach den Seiten ausgerichtet). Die Kornoberkante ragt zu hoch über das Visierblatt hinaus (Vollkorn).

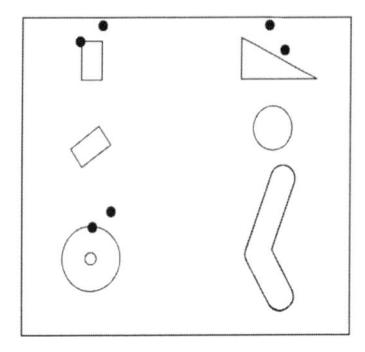

Trefferbild hoch

Urachen:
- Unkonzentrierte Visierbeobachtung.
- Aufgrund trüber Witterung, Dämmerung, dunklen Hintergrundes neigt der Schütze unbewusst dazu, das Korn über die Visieroberkante anzuheben.

- Zu starker Gegendruck auf die rückwärtige Griffschalenseite im Augenblick der Schussauslösung.
- Hochziehen der Waffe im Augenblick der Schussabgabe durch einen zu lockeren Griff aus einer möglichen Angst vor dem Rückstoßimpuls oder dem Geschossknall.
- Tritt der Fehler beim Präzisionsschießen beidhändig auf, kann die Ursache in einer falschen Körperhaltung liegen (Hohlkreuz).

Vollkorn

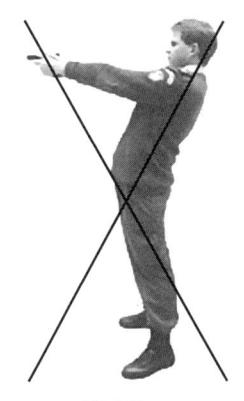

Hohlkreuz

Abhilfe:
- Fehlerhafte Visierstellung in der Senkrechten ausgleichen.
- Den zu starken Handdruck auf den Griffrücken in der Schussauslösungsphase verringern.
- Ein eventuelles Hochziehen der Schusswaffe bei zu locker gehaltener Waffe verringern. Hierbei sind Schussangst und Angst vor dem Rückstoßimpuls häufig die Ursache (ggf. vorübergehend Waffenarten mit geringerem Schussknall und Rückstoßimpuls einsetzen).
- Oberkörperhaltung korrigieren.
  (Beim beidhändigen Schuss den Oberkörper etwas „in den Schuss" legen.)

Beim einhändigen Schuss den Oberkörper in die senkrecht verlängerte Achse der aufrechten Kopfhaltung über Hals und Wirbelsäule sowie des nach rückwärts gestellten Beines bringen.

12.13 Trefferlage tief

Auswertung des Trefferbildes:
Trefferlage im **unteren Bereich** (die Waffe ist dabei gut nach den Seiten ausgerichtet). Die Kornoberkante steht unterhalb der Visierunterkante (Feinkorn = Tiefschuss).

Trefferlage tief

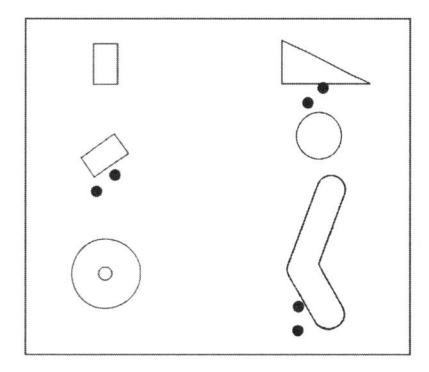

Trefferlage tief

Feinkorn im Augenblick der Schussabgabe

Ursachen:
- Unkonzentrierte Visierbeobachtung.
- Das Korn wird von oben sehr hell angeleuchtet, sodass es für den Schützen sehr deutlich und groß erscheint. Hierdurch drückt der Schütze das Korn nach unten.
- Durch Ermüdungserscheinungen beim Schützen lässt dieser die Waffe nach vorn abkippen.
- Durchreißen des Abzuges zur Schussabgabe durch eine „bewusste Schussabgabe" (Angst vor Rückstoß und Knall).
- Der Schütze gibt im Augenblick der Schussauslösung das Halten seiner Schusswaffe auf – er hält nicht nach.

Abhilfe:
- Fehlerhafte Visierstellung in der Senkrechten ausgleichen.
- Die unbewusste Schussabgabe fördern (Der Schütze lässt schießen – er beobachtet die exakte Visierstellung und betätigt unter Beibehaltung der frontalen Abzugsbetätigung unter ständig ansteigender Druckerhöhung den Abzug nach Rückwärts in Richtung Kinn/Körpermittelpunkt).
- Nach Brechen des Schusses ist die Waffe noch ca. eine Sekunde nachzuhalten. Die Schusswaffe nicht mit Brechen des Schusses absetzen.
(Nach Brechen des Schusses innerlich „einundzwanzig" lautlos zählen. Dadurch wird die Nachhaltephase verinnerlicht.)

Auswerten von Trefferbildern

- Ermüdungsphasen erkennen und Schießpausen einlegen – tief atmen, Sauerstoff „tanken".
- Waffe in die Nichtschießhand übergeben und Muskulatur der Schießhand lockern.

12.14 Vorhalten

Soll ein Ziel beschossen werden, das sich in seitliche Richtung am Schützen vorbei bewegt, kann das geringfügige Vorhalten zur Erzielung eines Präzisionsschusses erforderlich werden.

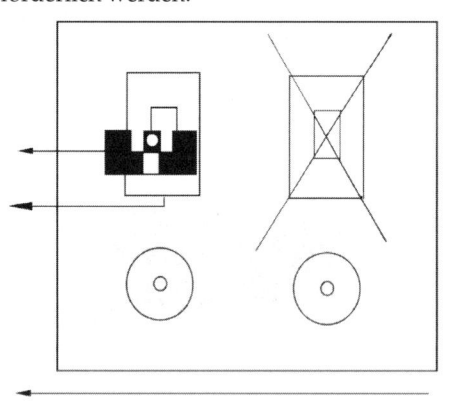

Vorhaltemaß Beispiel a)

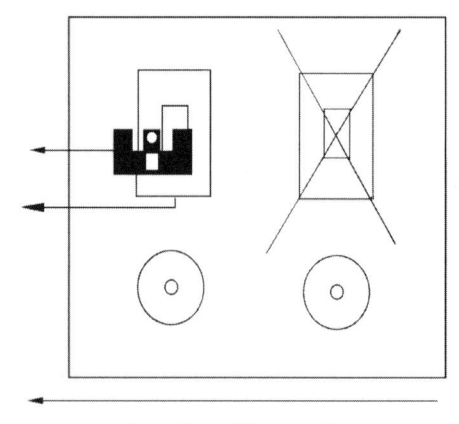

Vorhaltemaß Beispiel b)

Vorhalten

Beispiel:
Waffe: Pistole
Fab./Mod. SIG-Sauer – P 225
Behördenbezeichnung: P 6)
Visierlänge: 145 mm
Kaliber: 9 x 19 mm (9 mm Luger)
Geschossart: Vollmantel Rundkopf (VMR)
Geschossgewicht: 8 Gramm

Berechnungsbeispiele	A	B
Schussentfernungen	**10 m**	**15 m**
Flugdauer des Geschosses	0,029 sec	0,0435 sec
Seitliche Geschwindigkeit des Zieles	ca. 8 km/h	ca. 8 km/h
(schnelle Schrittgeschwindigkeit)	ca. 2,22 m/s	ca. 2,22 m/s
mittlere Geschossgeschwindigkeit	ca. 345 m/s	ca. 345 m/s
Theoretisches Vorhaltemaß	**ca. 6,5 cm**	**ca. 10 cm**

Berechnungsformel:

$$\text{Flugdauer des Geschosses} \times \frac{\text{seitliche Geschwindigkeit}}{\text{des Zieles}} = \textbf{Theoretisches Vorhaltemaß}$$

Beispiel A) 0,029 sec x 2,22 m/s = 0,06438 m > **ca. 6,5 cm**
Beispiel B) 0,0435 sec x 2,22 m/s = 0,09657 m > **ca. 10 cm**

Diese beiden Beispiele zeigen, dass es darauf ankommt, sowohl die Entfernung zum Ziel als auch die seitliche Geschwindigkeit des Zieles möglichst exakt zu schätzen. In der Regel wird das Vorhaltemaß zu groß gewählt.

13. Schießen bei ungünstigen Lichtverhältnissen

13.1 Allgemeines

Das Schießen bei ungünstigen Lichtverhältnissen wurde bereits an anderer Stelle erwähnt. Die Notwendigkeit, sich mit diesem Thema zu beschäftigen, ergibt sich für einen Polizeibeamten aus seiner Aufgabe heraus.
So ist auch in der PDV 211 dem Polizeibeamten in der praktischen Schießausbildung vorgegeben, bereits im schulmäßigen Schießen praktische Grundschießübungen bei ungünstigen Lichtverhältnissen durchzuführen. Schon zu einem frühen Zeitpunkt soll der Polizeibeamte das Schießen bei ungünstigen Licht- und Witterungsverhältnissen erlernen, um im Übergang zum einsatzmäßigen Schießen die Handhabungs- und Treffsicherheit unter zur Hilfenahme anderer Einsatzmittel, in diesem Fall eine Hand- oder Taschenlampe, einzuüben und bei Durchführung von einsatzmäßigen Übungen beides (Schusswaffe und Lampe) als eine Einheit sicher beherrschen zu können.
Sicher sind sich hierbei die Autoren, dass sich der Kreis vieler Berechtigter der Forderung anschließt, einfachste Schießtechniken mit Hilfe zugewiesener Beleuchtungskörper zu erlernen, um diese im Einsatzfall anzuwenden. Gemeint sind neuzeitliche Anleucht- und Schießtechniken, die mit den überwiegend dienstlich eingeführten Stablampen (große und kleine Stablampen) durchgeführt werden. In der Schießvorschrift für die Polizei werden bedauerlicherweise keine schulmäßigen Schießübungen oder einsatzmäßigen Übungen vorgegeben, bei denen es Voraussetzung ist, unter schlechten oder ungünstigen Lichtverhältnissen nachweisbare Schießleistungen zu erbringen. Dieses bleibt dem Sonderübungsbereich überlassen – somit der Kreativität und dem Verantwortungsbewusstsein des Schießlehrers.
Daher wird dieser wichtige Schießaus- und -fortbildungskomplex aus den verschiedensten Gründen vernachlässigt. Häufig lassen vorhandene Schießanlagen solche Schießübungen nicht zu (interaktive Raumschießanlagen erlauben häufig einfache manuelle Umbauten nicht).
Umfragen und wahrheitsgemäße Schilderungen haben gezeigt, dass nur ca. 20% aller Berechtigten (alle Dienstaltersgruppen) in ihrer Dienstzeit an einem Schießen unter ungünstigen Lichtverhältnissen teilgenommen haben. Angehörige von Spezialeinheiten wie z.B. MEK, SEK, GSG 9 sind hierin nicht enthalten.

Das Ergebnis einer europaweit durchgeführten Erhebung über den Schusswaffengebrauch von Polizeibeamten verdeutlicht die Notwendigkeit, auch diesen Aus- und Fortbildungsbereich stärker als bisher durchzuführen:

13.1.1 Auswertung einer europäischen Statistik

- Die überwiegende Entfernung beim Schusswechsel unter ungünstigen Licht- und Witterungsverhältnissen lag bei **70 % aller Auseinandersetzungen bei bis zu 3 Metern,**
- **20 % zwischen 3 bis 7 Metern** und **10 % von 7 bis zu ca. 20/25 Metern**. Also, Distanzen in überwiegend nächsten oder nahen Bereichen. So können Distanzen ab 10 Meter Schussentfernung bereits als „Weitschussdistanz" bezeichnet werden.
- Die **Beleuchtung beim Schusswechsel** war dabei meist mit Kunst- oder Restlicht durchsetzt und als schlecht zu bezeichnen.
- Die Zeiten des polizeilichen Schusswaffeneinsatzes lagen dabei zu **67 % in den Abend- oder Nachtstunden**, wobei Rest- und Kunstlicht, aber auch Blendeffekte (Mond, Hauslicht, Reklame, Kfz-Beleuchtung usw.) mit einzubeziehen sind.
- Gefahren durch **Schattenwiedergabe** in Verbindung mit reflektierender Umrisswiedergabe wurden häufig nicht erkannt, und das Aufsuchen dunkler Standflächen für den Berechtigten wurde oftmals vernachlässigt.
(**Merke**: Bewegen Sie sich immer so, dass Sie sich möglichst in dunklen Bereichen aufhalten und helle Flächen meiden!)
- Orte von Schusswechseln waren überwiegend außerhalb bewohnter Gebäude. **64 % in Kontrollstellen, auf Straßen, Parkplätzen, Firmen- oder Hofflächen** usw.

13.2 Grundtechniken

In der praktischen Schießausbildung unter ungünstigen Lichtverhältnissen ist anzustreben, Helligkeit mit ungünstigen Lichtverhältnissen, Blendwirkungen usw. durch entsprechende Lagedarstellungen und den Einsatz geeigneter Hilfsmittel abwechselnd einzubringen die für diese Einsatzsituationen erforderlichen Schießtechniken einfließen zu lassen und anschließend mit richtigem taktischem Verhalten zu verbinden, sodass der Auftrag erfüllt werden kann.

Es ist sowohl der **langsame Übergang** von normalen zu ungünstigen Lichtverhältnissen zu üben, als auch im fortgeschrittenen Stadium der Ausbildung der **schlagartige Übergang** von hell zu dunkel (z. B. beim Eindringen in Räume). Diese Phasen müssen sowohl von einem Einzelnen als auch im Team geübt werden. Sie können bei der unmittelbaren Verfolgung eines polizeilichen Gegenübers am hellen Tag, verbunden mit den bereits bekannten Stresssituationen, beginnen und plötzlich und unvorbereitet in einem mit Restkunstlicht durchsetzten, unübersichtlichen oder gar dunklen Bereich enden.

Ein situationsbedingter und unabwendbarer Schusswaffeneinsatz bei ungünstigen Lichtverhältnissen ist für den Ungeübten neu. Eine Schwächephase ist die zeitliche Anpassung an die neue Lage. Fehlhandlungen sind daher vorprogrammiert. Unzureichende oder fehlende praktische Grundkenntnisse, die nicht vermittelt oder nicht eingeübt wurden, können nicht abgerufen werden. Mitgeführte Hand- oder Taschenlampen sind daher selbst bei einer Notwehrhandlung gar nicht oder nur schwer einzusetzen.

13.2.1 FBI-Technik

Ein Leitfaden der Polizei gibt folgenden Hinweis und mit entsprechender Empfehlung: „Ein Täter im Hinterhalt oder in der Dunkelheit ist Ihnen gegenüber stets im Vorteil.

Nutzen Sie bei Dunkelheit eigene Lichtquellen und gehen Sie gedeckt vor.

Halten Sie die Taschenlampe, den Handscheinwerfer mit seitlich ausgestrecktem Arm, um nicht unmittelbar zum Ziel zu werden."

Diese Beleuchtungs- und Schießhaltung, die als „FBI-Technik" bezeichnet wird, ist zwischenzeitlich überholt und als veraltet anzusehen, da sich der Schütze sowohl auf das Einrichten der Lampe auf sein Ziel als auch auf das Einnehmen des Anschlages konzentrieren muss. Fraglich ist, ob ein Gegenüber sich mit seinen Maßnahmen, insbesondere wenn er geblendet wird, auf die Lichtquelle konzentrieren wird. Andere Erfahrungen liegen vor. Die Unsicherheit bei der Handhabung der Faustfeuerwaffe und der instabile Stand überwiegen jedoch.

FBI-Schießhaltung

Mit der Schießhand wird die Faustfeuerwaffe bis in Kinnhöhe gebracht, und mit dem seitlich weit und über Kopfhöhe ausgestreckten Arm der Nichtschießhand wird der Leuchtkörper gehalten und das Ziel angeleuchtet.

Die Schussabgabe erfolgt einhändig als schnell gezielter Schuss oder als Präzisionsschuss.

Zwischenzeitlich haben sich mehrere neuzeitliche, aber unterschiedliche Schießhaltungen entwickelt, die in Verbindung mit Kurzwaffen eine sichere und zweckmäßige Technik darstellen.

Diese Variationen haben ihren Ursprung in verschiedenen kalifornischen Schützenvereinigungen, aus denen später das sportliche Großkaliberschießen entwickelt wurde.

Alle Anleucht- und Schießtechniken eignen sich uneingeschränkt für beide Kurzwaffenarten, die Pistole und den Revolver.

13.2.2 Der Harries-Anschlag

Der sog. „**Harries-Anschlag**" ist eine der bekanntesten Schießtechniken. Diese bietet, nach entsprechender Verinnerlichung, die Möglichkeit zur schnellen Einnahme des Anschlages mit gleichzeitiger gezielter Ausrichtung der Lichtquelle/des Lichtstrahls.

Diese Methode ist für jeden Anwender geeignet. Haltungs- und schießtechnisch betrachtet kann die Harries-Methode erfolgreich mit unterschiedlichem Krafteinsatz der Hände und Arme eingesetzt werden. Ein leichtes Gegeneinanderdrücken beider Außenhandbereiche, kombiniert mit einer leichten Zug-/Druckbewegung, ermöglicht eine relativ schnelle und kontrollierbare Schussfolge sowohl bei multiplen als auch bei richtungsändernden Zielen.

Der Harries-Anschlag

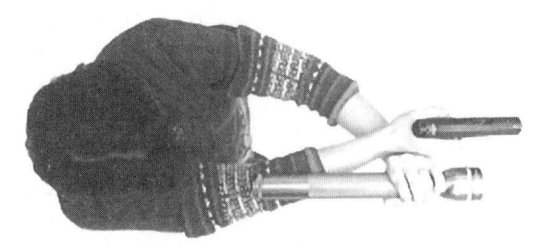

Schießen bei ungünstigen Lichtverhältnissen

Der Harries-Anschlag von oben

Bei dieser nach Ansicht der Autoren zu bevorzugenden Schießhaltung wird mit beiden Armen und Händen möglichst synchron der nachfolgend aufgezeigte **Bewegungsablauf** durchgeführt:

Grundhaltung

Schießhand führt die Waffe außen an den Beleuchtungskörper vorbei und über diesen hinaus

Die Schießhand mit der Waffe legt sich von außen-oben kommend in das leicht angewinkelte Handgelenk der den Beleuchtungskörper führenden Nichtschießhand

Beide Hände bringen gemeinsam Waffe und Beleuchtungskörper in Anschlag

Zum Abschluss des korrekten Bewegungsablaufes befinden sich beide Hände in Augenhöhe, die Waffe im Anschlag.

13.2.2.1 Grundsätze bei der Einnahme des Harries-Anschlages

Folgende **Grundsätze** sind beim Lampen- und Schießhaltungsaufbau nach der Harries-Methode mit den derzeit bei der Polizei eingeführten Stablampen zu beachten:

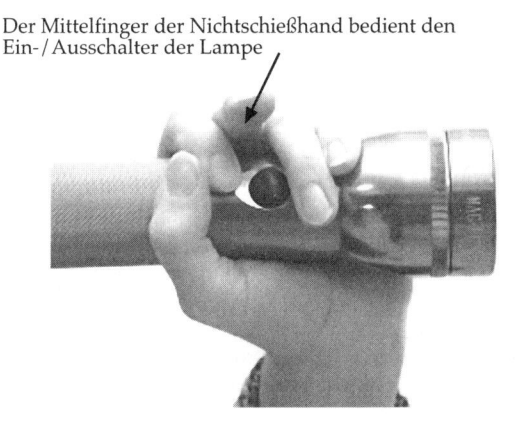

Der Mittelfinger der Nichtschießhand bedient den Ein-/Ausschalter der Lampe

- Die Stablampe ist mit der Nichtschießhand unmittelbar hinter dem Reflektorkopf mit vier Fingern von außen/oben am Schaft zu erfassen und so zu drehen, dass der Schütze mit der Fingerkuppe des Mittelfingers den Ein-/Ausschalter-Druckknopf betätigen kann.
- Die so eingenommene Lampenhaltung sollte die Standardhaltung bei allen Einsätzen sein. Zum Ableuchten von Räumlichkeiten, Flächen oder bei Kfz-Kontrollen sollten die derzeit vorhandenen Stablampen erfasst werden – gleich ob es sich um eine große oder um eine kleine Lampe handelt. Ein eigener Versuch wird die unverkrampftere Handhaltung und eine größere Beweglichkeit zeigen. Gleichzeitig lassen sich so Lichtstrahl und die verlängerte Visierlinie besser in die selbe Richtung bringen.
- Die Schusswaffe wird nun aus der Tragevorrichtung hervorgebracht und einhändig mit der Mündung nach vorn gerichtet in Schussrichtung geführt. Nichtschießhand mit der Stablampe und die Schießhand mit der Schusswaffe nähern sich im Solarplexusbereich.
- In dieser Phase wird die **Schießhand von außen** kommend um die Stablampe geführt und erreicht von oben den eingewinkelten Handrücken der Nichtschießhand.

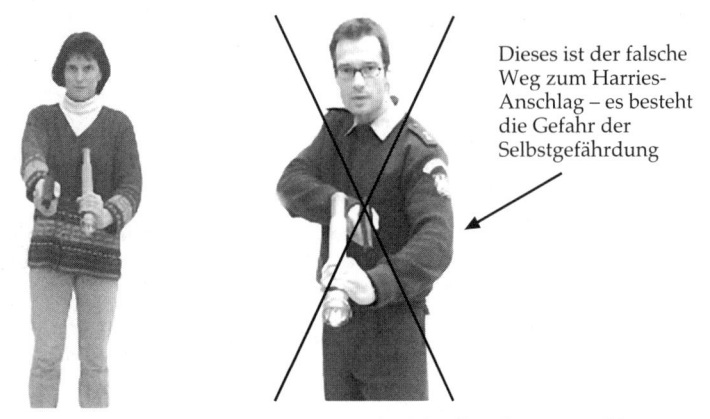

Dieses ist der falsche Weg zum Harries-Anschlag – es besteht die Gefahr der Selbstgefährdung

Der richtige und der falsche Weg der Schießhand zum Anschlag

- Nun stabilisieren sich
  a) der ausgestreckte Arm der Nichtschießhand mit nach oben eingewinkelten Handrücken und der in Schussrichtung gehaltenen Stablampe. Diese Hand übt dabei einen leichten Druck in Schussrichtung aus,
  b) das Handgelenk des ausgestreckten Arms der Schießhand überkreuzt das angewinkelte Handgelenk der Nichtschießhand und liegt auf diesem an. Hierbei wird eine minimale Zugbewegung in Richtung Körpermitte mit der Schießhand ausgeübt,

Grundtechniken

c) Das Schaftende der größeren Stablampe sollte nach grober Haltungseinnahme am Ellenbogengelenk fixiert/angelegt werden, um der gesamten Schießhaltung eine interne Stabilität vor und während der Schussabgabe zu verleihen.

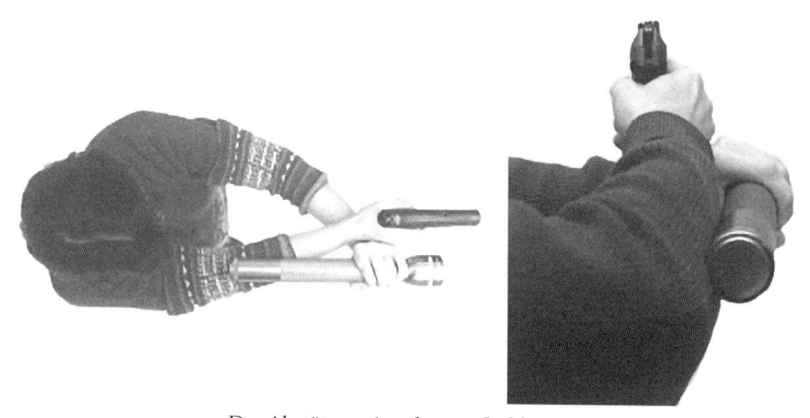

Das Abstützen einer langen Stablampe

13.2.2.2 Vorteile der „Harries"-Schießtechnik beim Stablampeneinsatz

- Diese Schießhaltung ermöglicht eine optimale Waffen- und Lampenhaltung beim Einsatz von kleinen und großen Stablampen seitlich angebrachtem Ein-/Aus-Druckschalter.
- Rückstoß- und Rücklaufwege der Waffe lassen sich bedingt durch die beidhändige Verbindung gut auffangen.
- Die Haltung kann leicht von körperlich nicht stark geprägten Personen eingenommen und wirkungsvoll umgesetzt werden.
- Die Harries-Schießhaltung lässt leichter als andere Haltungen die schnelle Abgabe mehrerer Schüsse und Zielwechsel ohne Aufgabe des Anschlages zu.
- Bei richtiger Fixierung der Lampenhaltung in der Nichtschießhand und dem anliegendem Lampenschaftende am Ellenbogen (bei großen Stab-

lampen) kann die verlängerte Visierlinie leicht im Lichtkegelbündel mitlaufen und das Visieren erleichtern.
- Durch den leicht erreichbaren Ein-/Aus-Druckknopfschalter am Lampenschaft lassen sich auch kurzzeitig Beleuchtungsphasen durchführen.
- Bei Nichtschießphasen ist es ebenso leicht und schnell möglich, die Waffe aus der eingerichteten Schusslinie in die Grundhaltung zu schwenken, ohne dass die Lampe ihre vorherige Anleuchtfläche verlässt.
- Auch mit der in der Nichtschießhand befindlichen großen Stablampe lassen sich notfalls, der Einsatzlage angepasst, Abwehr-, Schlag- und Stoßbewegungen wirkungsvoll ausführen, ohne dass eine Übergabe in eine andere Handhaltung vorzunehmen ist.
- Diese Schieß- und Lampenhaltung ist letztlich relativ leicht erlernbar.

13.2.2.3 Übungseinheiten zur Vervollständigung des Schießens unter ungünstigen Lichtverhältnissen mit dienstlich zugewiesenen Stablampen

Achtung: Es wurde bereits an anderer Stelle darauf hingewiesen, dass dieser Anschlag zwar relativ leicht zu erlernen ist, gleichwohl muss er auch so lange geübt werden, bis der Anschlag routinemäßig eingenommen werden kann. Es bleibt somit unerlässlich, sich mit dieser Schießhaltungstechnik regelmäßig auch im Trockentraining zu befassen.

Dazu genügt ein abgedunkelter Raum mit ggf. Restlichteinstrahlung, evtl. eine Rotwaffe bzw. die eigene Schusswaffe mit zugelassenem Übungseinsatz.

Schwerpunkt ist dabei, im simulierten Anschlag immer wieder den Ein-/Aus-Druckschalter zu betätigen, dabei den Lichtstrahl mit der verlängerten Visierlinie aufzubauen, ihn zu halten und sofort wieder zu löschen.

Dabei ist ein Ziel optisch zu erfassen, anzuleuchten und, nachdem das Ziel deutlich erkannt wurde, einen über DA (Spannabzug) simulierten Abschlag, soweit technisch möglich, durchzuführen.

(**Hinweis:** Trockenübungen nie ohne dem zugelassenen Einsteckübungsgerät!)

Sofort nach dem „Trockenabschlag" ist der Ein-/Ausschalter der Stablampe wieder zu betätigen. Der eigene Standort ist vor jedem neuen Anschlag zu verändern.

Durch Lageeinspielungen oder Geräteaufbauten im Übungsraum ist gleichzeitig zu versuchen, wirksame Deckungseinheiten zu erreichen und einzunehmen. Dieses Erkennen von wirksamen Deckungen ist bei schlechten Lichtverhältnissen bedeutend schwieriger als bei Tageslicht.

Bei erneuter simulierter Schussabgabe ist zu üben, den Lichtkegel mit der verlängerten Visierlinie in der Zielfläche zu belassen. Der Lichtkegel darf nicht „abwandern", dieses wird durch die extreme Konzentration zur Aufrechterhaltung der Visierlinie oftmals vernachlässigt.

Grundtechniken

13.2.2.4 Sonstiges

Jeder Schütze/Polizeibeamte sollte über die Leistungsfähigkeit seines Beleuchtungsgerätes informiert sein. Nachfolgende Beispiele zeigen die Unterschiede:

Verwendung einer großen Lampe   Verwendung einer kleinen Lampe

Die Größe der jeweiligen Lichtkegel am Beispiel der Kontrolle von Kfz-Papieren zeigt die unterschiedliche Lichtstärke der Stablampen.

14. Schusswaffengebrauch gegen Tiere

14.1 Allgemeines

> **Polizist erschoss Pitbull-Besitzer**
>
> Chemnitz dp – Ein Polizist steht ab morgen in Chemnitz wegen fahrlässiger Tötung vor Gericht. Er soll beim Versuch, einen Kampfhund zu töten, versehentlich dessen Besitzer erschossen haben. Die Familie des Opfers fordert eine Anklage wegen Totschlags. Der Polizist habe keine drei Meter von seinem Opfer entfernt gestanden. Ein gut ausgebildeter Schütze könne nicht so daneben schießen.

Dieser Zeitungsbericht ist vom März des Jahres 2000.

Der Aussage aus der NEUEN PRESSE, Nr. 137, Seite 24, vom Freitag, dem 15. Juni 2001 (s. Seite 3) zum Einsatz von Schusswaffen gegen Menschen steht folgende Statistik über den Schusswaffengebrauch gegen verletzte, kranke oder gefährliche Tiere gegenüber:

Jahr:	1995	1996	1997	1998	1999	2000
Schusswaffengebrauch gesamt	2.399	2.648	2.705	2.770	3.227	3.641
Schusswaffengebrauch gegen Tiere	1.939	2.274	2.361	2.539	3.227	3.382
Somit gegen Tiere	80,8 %	85,8 %	81,3 %	91,7 %	94,3 %	94,1 %

Dieses zeigt eindeutig, dass der häufigste Schusswaffengebrauch der Polizei gegen Tiere bzw. zum Töten von Tieren erfolgt. Diese Tatsache muss in der Schießaus- und -fortbildung Berücksichtigung finden.

Dieses berücksichtigt bereits die aktuelle Schießvorschrift für die Polizei, die hierzu u. a. aussagt:

Der Polizeibeamte kann in die Lage versetzt werden
- Gefahren durch **gefährliche Tiere** abwehren zu müssen
- zum Töten von verletzten oder kranken Tieren von der Schusswaffe Gebrauch machen zu müssen.

> *Hinweis:*
> Wenn im Zusammenhang mit dem Töten **kranker oder verletzter Tiere** gesprochen wird, sind sowohl die **Haustiere** als auch das **Wild** gemeint. Soweit Unterschiede bei der Tötung kranker oder verletzter Haustiere bzw. von Wildarten zu machen sind, wird an entsprechender Stelle darauf hingewiesen werden.
> In diesem Zusammenhang dürfen auch wilde **(gefährliche)** Tiere nicht vergessen werden.

Die Pflicht zum Töten von eindeutig erkannten kranken oder unheilbar verletzten Tieren hat ohne Ausnahme unverzüglich von Berechtigten (so z. B. Tierärzten, Jagdausübungsberechtigten, Revierinhabern) so auch von Polizeibeamten zu erfolgen. Es gilt, jedem Tier unnötige Schmerzen und Leiden zu ersparen. Dieser ethische Grundsatz ist wesentlicher Inhalt des Tierschutzgesetzes.

Im Zweifelsfalle sollte jedoch immer ein Tierarzt herbeigezogen werden – sofern Zeit zur Verfügung steht und keine anderen Gründe dagegen sprechen.

14.2 Rechtliche Zusammenhänge

Das in der Bundesrepublik Deutschland geltende Jagdrecht stützt sich auf das Bundesjagdgesetz (BJagdG) in der Fassung vom 29.09.1976 (BGBl. I S. 2849), zuletzt geändert durch Gesetz vom 14.12.2001 (BGBl. I S. 3714).

Das BJagdG ist ein Rahmengesetz, das nur bestimmte Grundsätze bundesweit regelt. Die Regelung von Einzelbestimmungen ist Aufgabe der Bundesländer, insofern sind die entsprechenden Landesvorschriften zu beachten. Hierdurch ist es zum Teil zu unterschiedlichen Regelungen gekommen.

Daher müssen sich Berechtigte, die in die Situation kommen können, Tiere töten zu müssen, nicht nur mit dem BJagdG befassen, sondern auch mit
- der Bundesverordnung über Jagdzeiten,
- der Bundeswildschutzverordnung,
- dem Landesjagdgesetz,
- der Durchführungsverordnung und den Richtlinien zu den Landesjagdgesetzen,
- den entsprechenden Gesetzblättern,
- und den einschlägigen Kommentaren.

Neben diesen Bestimmungen sind u. U. weitere Gesetze und Vorschriften zu beachtendes Recht.

14.3 Einteilung der Tiere

14.3.1 nach Arten

Folgende Gliederungen sollen die Wildarten verdeutlichen.
Im BJagdG sind 25 heimische Haarwildarten, die zu den Säugetieren gehören, aufgezählt.
Davon gehören
- zehn zu den zoologisch eingegliederten Paarhufern,
- elf zur Gruppe der Raubtiere,
- drei zur Gruppe der hasenartigen Tiere,
- ein Wildtier in die Ordnung der Nagetiere.

Hinzu kommen unzählige Kleinsäuger und Vögel.

Zum Wild gehören diejenigen wildlebenden Tiere, die dem Jagdrecht unterliegen, sie werden einzeln im § 2 BJagdG aufgezählt. Die einzelnen Bundesländer können weitere Tierarten dem Jagdrecht unterstellen.

Tiere, die **ohne Bezugspersonen** frei leben, unterscheiden sich in **Wild** und **sonstige Tiere** (auch rechtlich als **Nicht-Wild** bezeichnet). Das Wild unterliegt dem Jagdrecht, die sonstigen Tiere der Artenschutzverordnung und dem Bundesnaturschutzgesetz (BNatSchG). Dieser Gruppe gehören z. B. der Luchs, die Wildkatze, der Bär oder die Fischotter an.

Tierarten, die unter allgemeinem Naturschutz stehen, gelten oft als **Nesträuber** oder **Beutegreifer** und dürfen zum Schutz des Niederwildes (z. B. Feldhase, Wildkaninchen oder auch Rebhuhn) bejagd werden. Dieses sind Tierarten, die sich zunehmend in heimischen Gegenden eingliedern, wie der Waschbär oder auch Marderhund.

Gerade der aus den osteuropäischen Ländern zunehmend einwandernde Waschbär wurde in den letzten Jahren dem § 2 des BJagdG zugeordnet. Aber auch verwilderte Katzen oder herrenlose wildernde Hunde gehören dazu.

Der Großbär und auch der Wolf gehören nicht zum Wild (Ausnahmen siehe landesrechtliche Sonderregelungen), sondern zu den besonders geschützten Tierarten, die vom Aussterben bedroht sind. Daher gehören sie nicht zu den bejagbaren Tieren.

Nicht vergessen werden darf die gefiederte Gruppe, das Federwild, die alle Greifarten und Falken, bestimmte Tauben, aber auch bestimmte Entenarten umfasst. Der steigenden Verkehrsdichte fallen sie immer häufiger zum Opfer.

So ist es von Bedeutung, dass möglichst schnell und sicher erkannt wird, dass das Tier unheilbar krank ist oder über eine nicht heilbare Verletzung verfügt.

14.3.2 nach Krankheitssymptomen

Als **krankes Wild** wird bezeichnet, das mit einer frischen oder alten Verletzung deutliche Zeichen des Leidens abgibt.

Als **schwerkrank** wird das Wild bezeichnet, das durch äußere Einwirkungen wie Verkehrsunfall, Mähmaschinen, Zäune, durch Krankheit, Altersschwäche oder Schussverletzungen so nachhaltig beeinträchtigt ist, dass es entweder nur mit erheblichem Leiden weiterleben kann oder alsbald verenden wird.

Als einen **normalen Krankheitsbefall** oder als **übliche Wildkrankheit** werden z. B. Einwirkungen und Befall von Rachenbremsen, Dassellarven und von Magen- bzw. Darmwürmern bezeichnet.

Diese als **Normalkrankheit** zu bezeichnenden Tierkrankheiten reichen nicht aus, das Tier i. S. des Jagdschutzgesetzes als schwerkrank einzugliedern und zu töten.

14.4 Gefährdungsgrad der Tiere

Durch das Anwachsen der Bevölkerungsdichte in der Bundesrepublik Deutschland von 73 Einwohner pro km^2 im Jahre 1870 auf ca. 235 Einwohner pro km^2 im Jahre 2001 steigt die außergewöhnliche Ausdehnung vieler Ballungszentren in einem hochindustrialisierten Land. Dieses berührt zwangsläufig das Zusammenleben von Mensch und Tier.

Es kommt zu einer Verlagerung der Wildstandorte bzw. Lebensräume des Wildes in die Nähe des Menschen. Schnellere Fahrzeuge in Verbindung mit häufig festzustellender Missachtung entsprechender Hinweise haben zu einem Ansteigen der Wildunfälle im Straßenverkehr geführt.

So weist die Statistik für das Jahr 2000 folgende Zahlen aus:

    750 Stück Rotwild
  1.200 Stück Damwild
  1.800 Stück Schwarzwild
125.000 Stück Rehwild.

Dies bedeutet, dass ca. alle viereinhalb Minuten ein Unfall mit Wild aus der o. a. Gruppe des Haarwildes geschieht. Auch sei in diesem Zusammenhang an die zahlreichen Verletzungen von Wild in der Landwirtschaft erinnert.

Hinzu kommen noch

  65.000 Stück Hasen
  25.000 Stück Kaninchen
    8.000 Stück Federvieh wie Fasane, Rebhühner und Tauben.

Nicht berücksichtigt in dieser Aufstellung sind die unzähligen Kleinsäuger und sonstigen Vögel.

Mit einer weiteren Zunahme von Wildunfällen muss gerechnet werden.

Was bedeutet dieses für den Polizeibeamten?

Die Tötung von kranken, verletzten oder gefährlichen Tieren ist der Statistik zufolge immer häufiger zu verzeichnen. Jagdausübungsberechtigte oder Revierinhaber können als Berechtigte oft nicht rechtzeitig bei Wildunfällen hinzugezogen werden, sodass Polizeibeamte als erste vor Ort zur Entscheidung und Durchführung von Maßnahmen anwesend sind. Eine dieser Maßnahmen kann z. B. das Töten von gefährlichen, kranken oder verletzten Tieren sein.

Hier sind wiederum besondere Anforderungen an das Können und an das Verständnis aller Beteiligten gefordert, sodass es zu einer fachgerechten Tötung der Tiere kommt.

Allein aus tierschutzrechtlichen Gründen müssen somit bestimmte Kenntnisse über den Umgang mit kranken, verletzten und gefährlichen Tieren vorhanden sein.

Ein entsprechendes Grundwissen ist sowohl theoretisch als auch praktisch unumgänglich.

Insofern muss auch die Konfrontation mit diesem Thema im Rahmen der Schießaus- und -fortbildung erfolgen.

14.5 Heimisches Haarwild

14.5.1 Aufbau des Körpers

Für das sachgerechte Töten kranker und verletzter Tiere in Übereinstimmung mit dem Tierschutzgesetz sind Grundkenntnisse über den Aufbau des Körpers der Tiere und hier insbesondere des Knochengerüstes erforderlich.

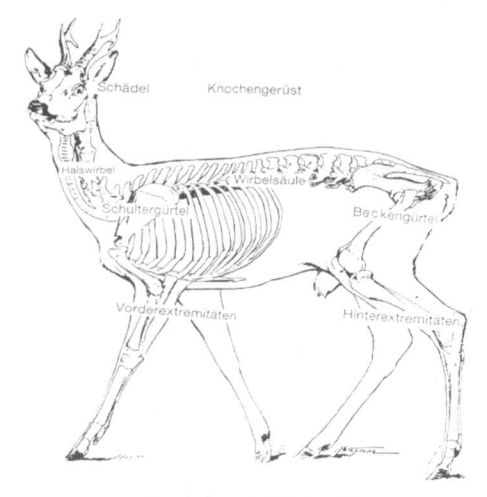

Knochengerüst Rehwild

Das Knochengerüst verleiht dem Körper die feste Gestalt. Dieses „Gerüst" besteht im wesentlichen aus Schädel, Halswirbel, Wirbelsäule, Schultergürtel, Beckengürtel und Vorder- und Hinterextremitäten.

Beim Töten kranker oder verletzter Tiere sind **Schädel** und **Halswirbel** von besonderer Bedeutung. Nur der gezielte Schuss auf diese Körperteile lässt einen sofortigen und schmerzlosen Tod des Tieres erwarten.

Der **Schädel**, der aus verschiedenen Knochen fest verwachsen ist, nimmt in der Schädelhöhle das Gehirn auf. Im vorderen Teil befinden sich Ober- und Unterkiefer.

Die **Wirbelsäule** besteht aus sieben Halswirbel mit anschließend bis zum Lendenbereich verlaufenden 12 bis 15 Brustwirbeln. Die zur Steuerung des gesamten Bewegungsapparates erforderlichen Nervenfasern mit Nervengewebe verlaufen geschützt gelagert im Inneren des Wirbelsäulen- und Brustwirbelkanals.

Weitere Nervensysteme, die unerlässlich zum Leben des Tieres erforderlich sind, liegen ebenfalls geschützt im Wirbelsäuleninneren. Aufgenommene Reize durch Augen, Ohren, Geschmack- oder Tastsinn werden über diese Nervenstränge zum Gehirn geleitet und in entsprechende Körperreaktionen umgesetzt.

Alle diese Reaktionen werden somit ausschließlich durch Nervenimpulse ausgelöst, die vom Gehirn über das Rückenmark zu den betreffenden Körpernerven der verschiedenen Organe gelangen.

Zentrum aller Nerven ist daher das Gehirn.

Insbesondere bei größerem Haarwild kann es schwierig sein, einen präzisen und sofort wirkenden Schuss zur Tötung des Tieres anzusetzen, sodass vorher eine Ruhigstellung durch einen sog. „Lähmungsschuss" erforderlich werden kann. Dieser erfolgt in oder an den Halswirbel.

14.6 Schießen auf kranke, verletzte und gefährliche Tiere

Es darf nicht davon ausgegangen werden, dass bei jedem Einsatz der Gebrauch einer Schusswaffe zwingend notwendig ist.

Auch andere Tiertötungsmethoden sind zulässig, um ein leidendes, sich quälendes Tier in Bruchteilen von Sekunden schmerzfrei zu töten. Gemeint sind hierbei alle Arten des hiesigen Federviehs und kleinere Gruppen des Haarwildes, aber auch kleines, häusliches Getier. Die Verhältnismäßigkeit der Einsatzmittel muss dabei gewahrt bleiben.

Nicht jeder ist in der Lage, praxis- und fachgerecht das umzusetzen, was in der Theorie als selbstverständlich und beim Übungsschießen auf Tierscheiben einfach erscheint.

Nachfolgende Auflistung soll eine Hilfestellung für das Umsetzen der theoretischen Kenntnisse geben:

- Bei jedem Vorkommnis muss geprüft werden, ob ein Schusswaffeneinsatz gerechtfertigt, vertretbar und notwendig ist. Ein verfrühter, voreiliger Tötungsschuss ist zu vermeiden.
- Es ist zu prüfen, ob Zuständige, wie Tierhalter oder Tierarzt, aber auch der Jagdausübungsberechtigte i. V. m. der zuständigen Ordnungsbehörde hinzuzuziehen sind/hinzugezogen werden können.
- Stehen dabei die Qualen und das Leid des Tieres im richtigen Verhältnis zur Wartezeit auf die Eintreffenden?
- Wird sofortiges Einschreiten erforderlich und Handlungsbedarf unumgänglich, müssen eigene Absprachen, ggf. im Team erfolgen. Dabei sind die Fähigkeiten zu Tiertötungen eines jeden Einzelnen untereinander anzusprechen. Es ist zu klären, wer den Schusswaffeneinsatz schießtechnisch und fachlich richtig umsetzen kann.
- Die Gefahr, Fehlschüsse aufgrund von Unkenntnis, Unsicherheit und angestiegenem Adrenalinspiegel zu erzielen, ist realistisch zu beurteilen. Sie ist in der Regel doppelt bis dreifach so hoch wie beim regelmäßigen Übungsschießen auf Tierscheiben.
- Zeugen, die den Tod des Tieres optisch verfolgen können, werden bei spektakulären Maßnahmen erfahrungsgemäß Medienvertreter oder Tierschutzvereinigungen im nachhinein einschalten, um angebliche Missstände (Fehlverhalten des Schützen) aufzuzeigen.
- Neugierige sind situationsangepasst zurückzuhalten, eine Absperrlinie ist einzurichten (Sicherheitsabstand beim Schusswaffengebrauch).
- Die Überlegung zur richtigen Waffen- und Munitionswahl ist vor Schussabgabe zu treffen.
  Unzureichende Energieabgaben des Geschosses können das Leid und die Qualen des Tieres verlängern und zur mehrmaligen Schussabgabe führen.
- Dem Tier ist sich ruhig, ohne hektische Bewegung und möglichst aus einem „toten Einsehwinkel" heraus zu nähern.
- Geräusche wie menschliche Laute, Knacken von zertretenen Ästen oder gar metallische Geräusche sind zu vermeiden.
- In der „Angehphase" ist ein sicherer und rutschfester Stand zur ungefährdeten Schussabgabe mit baum-, ast- und blattfreiem Schussweg und optisch einwandfrei erkennbarem Tierkörper zu suchen. Nie auf Vermutetes schießen!
- Die Gefahr von Schießunfällen aufgrund schlechter Vorbereitung sind jährlich wiederkehrend und in der Folge sogar tödlich – somit durch sorgfältige Vorbereitung zu verhindern.
- Bei der Fangschussabgabe auf Wild mit Kurzwaffen werden erfahrungsgemäß Schussentfernungen zwischen 4–6 Meter eingehalten. Bei diesen Entfernungen sind Lähmungsschüsse in den Halswirbelbereich nicht mehr zu verantworten.
  Bei Haus- und Nutztieren sind kürzere Entfernungen möglich. Hier kann der Lähmungsschuss aus kürzerer Distanz zwischen 2 bis höchstens 3 Meter oder auch aufgesetzt erfolgen.

- Die Berücksichtigung des waffentechnischen Tiefschusses ist zu berücksichtigen und modellangepasst auf nahe Distanzen auszugleichen. Gefahren bei Großtieren (Rotwild, Damwild, Schwarzwild, Pferden usw.).
- Nach erfolgter Schussabgabe sollte bei großen Tieren eine Wartezeit von ca. 5 bis 7 Minuten (Zigarettenlänge) erfolgen. Sofortiges Herantreten birgt die Gefahr, dass das Tier nochmals mit den Läufen (Beinen) ausschlägt oder unkontrolliert sein Haupt (seinen Kopf) aufwirft.
Die Waffe ist in Schussrichtung zu belassen. Lageangepasst ist die Waffe entspannt in Schussrichtung zu halten, bei Dunkelheit das Tier mit der Lampe anzuleuchten. Das Tier ist somit während der Wartezeit im Auge zu behalten.
- Plötzliches Aufnehmen der Flucht, aber auch die Durchführung eines Angriffes von vermeintlich tödlich getroffenen Tieren sind bekannt.
- Alle verletzten oder getöteten Tiere, ob groß oder klein, nur mit Schutzhandschuhen anzufassen. Hilfsgeräte wie Tierschlingen, Kälberstricke oder Astgabeln benutzen.
- Bei verschiedenen Wildarten an die Ansteckungsgefahr durch Tollwut denken. Ausführungen hierzu folgen in einem gesonderten Artikel.

14.7 Töten von kranken, verletzten oder gefährlichen Tieren

14.7.1 Federwild

Nachfolgende Abbildungen geben verschiedene Tötungsmöglichkeiten wieder.

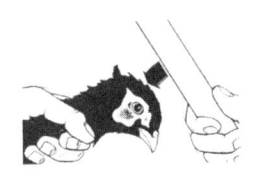

Das Töten durch Abschlagen erfolgt durch einen kräftigen Schlag auf den Kopf mit Hilfe eines festen Gegenstandes

Zum Töten durch Umdrehen des Kopfes wird das Tier am Hals festgehalten und der Kopf mit der anderen Hand schnell umgedreht

14.7.2 Niederwild (Haarwild)

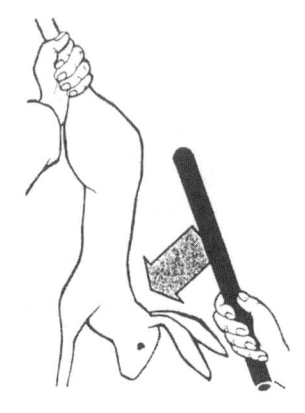

Das Töten von Hasen oder Kaninchen erfolgt durch einen kräftigen Schlag mit einem Stock. Hierzu wird das Tier an den Hinterläufen (möglichst mit Schutzhandschuhen) angehoben. Der kräftige Schlag – schräg von oben kommend – soll das Tier hinter den Löffeln treffen und zum Genickbruch führen

Achtung:
Fuchs und Dachs sind möglichst durch einen Fangschuss zu töten. Einen unmittelbaren Hautkontakt ist wegen einer möglichen Ansteckungsgefahr zu vermeiden (z. B. Tollwut).

14.7.3 Schalenwild

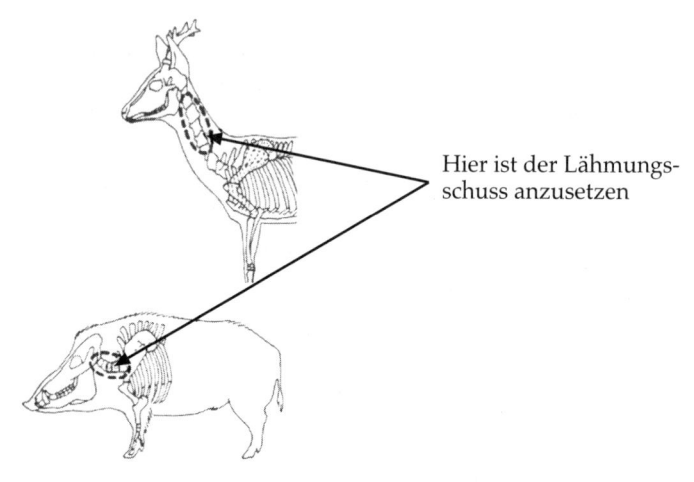

Hier ist der Lähmungsschuss anzusetzen

Das Knochengerüst von Wildschwein und Rehbock

Lähmungsschuss zur Ruhigstellung des Tieres in den Halswirbelbereich

Bedingt durch die Stoßwelle, die mit etwa Schallgeschwindigkeit durch das Gewebe verläuft, kommt es bei der temporären Gewebeverdrängung zu Schädigungen einzelner Nervenfasern oder zur Trennung (Abriss) einzelner Teile des Nervengewebes im Wirbelbereich. Bedingt durch den entstehenden Überdruck der sich aufbauenden temporären Wundhöhle, treten Verschiebungen im Wirbelbereich auf. Diese führen in der Regel zur Unterbrechung des gesamten Steuerungssystems im Nerven-/Rückenmarkkanal.

Tötungsschuss in den Kopfbereich

Nun erst kann und muss der Tötungsschuss erfolgen, dessen Trefferzone (zumindest mit den in der Polizei noch überwiegend verwendeten Vollmantelgeschossen) ausschließlich das Gehirn des Tieres sein muss. Bei Teilmantel- oder Deformationsgeschossen können die anderen hier aufgeführten Möglichkeiten gewählt werden.

Alle anderen Zonen im Bereich des Tierkörpers sind wegen der mangelnden Energieaufnahme von den Vollmantelgeschossen bedingt durch Geschossfestigkeit und Formgebung in Verbindung mit der Geschossenergie nicht geeignet, den sofortigen Tod herbeizuführen.

In der Regel erfolgt das Töten von krankem Schalenwild mittels eines sog. **Fangschusses** von einem Jagdberechtigten aus einer Langwaffe.

In Ausnahmefällen kann das Töten des Schalenwildes (in Übereinstimmung mit dem Bundesjagdgesetz) auch mit Hilfe einer Faustfeuerwaffe erfolgen. Voraussetzung ist eine Mündungsenergie (E_0) von mindestens 200 J (Joule). Die Schussabgabe erfolgt hierbei aus kurzer Distanz.

Hierbei sind zu beachten:

Vor der Schussabgabe: Geeignetes Kaliber?
Übersichtliches Schussfeld?
Natürlicher Geschossfang?
Kein Hindernis zur unbeabsichtigten Ablenkung des Geschosses?
Geschosszerlegung, Durchschuss, Querschläger?

Der Schuss: Schnell und schmerzlos!

Nach der Schussabgabe: Wirkungstreffer?
Waffe wieder schussbereit?
Bereit zum zweiten Schuss?
Erfolg nach angemessener Zeit unter Beachtung der Sicherheit überprüfen.

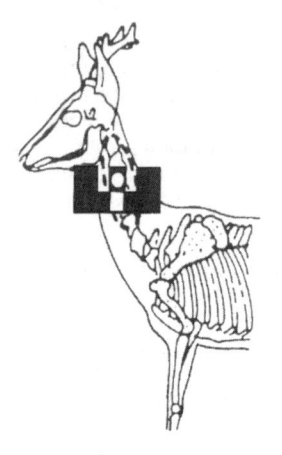

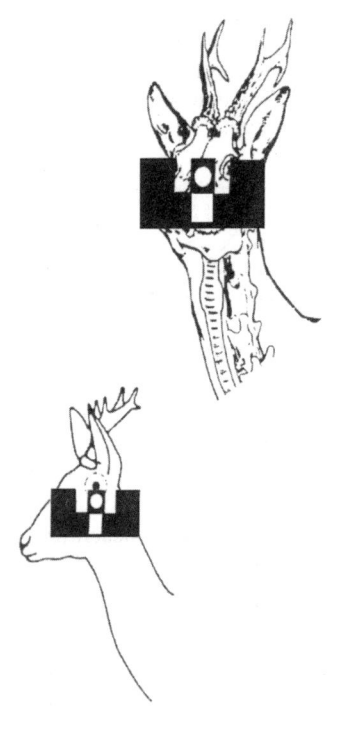

Haltefläche: Lähmungsschuss
(Halswirbelverlauf)
- schwierige Trefferfläche, da ein schmaler Trefferzonenverlauf
- oft Fehlschüsse und Verletzungen im Schlund-, Luftröhren- und Nackenbereich
- große Treffsicherheit vorausgesetzt

Achtung:
- Immer vorgespannt schießen, soweit technisch möglich
- **unmittelbar nach dem Lähmungsschuss den Tötungsschuss durchführen**
- **Sicherheit beim Standortwechsel beachten**
- **Ist die Waffe noch gespannt? ENTSPANNEN!**

Haltefläche: Kopf von vorn
Gedacht Kreuzungslinie frontal zwischen Augenaustritt und Gehörausgang

Achtung:
- Waffe vorspannen (soweit möglich)
- Tiefschuss beachten im Nahbereich
- Geschossaustritt beachten

Haltefläche: Kopf seitlich
- möglichst diagonale Schussrichtung (von seitlichem Ohreingang in Richtung des gegenüberliegenden Auges)

Achtung:
Geschossaustritt beachten

Haltefläche: Schädeldach
- möglichst hinter dem Gehörn, zwischen den Lauschern
- analog ist beim Wildschwein zu verfahren. Hier ist der Einschuss hinter dem Teller aus einem Abstand von ca. 30 cm anzustreben

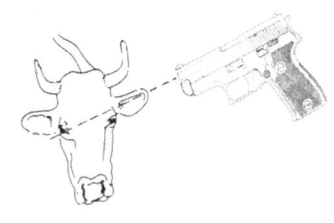

Haltefläche: seitlich am Kopf
- der Schusskanal sollte von hinter dem Ohr bis zum gegenüberliegenden Auge verlaufen

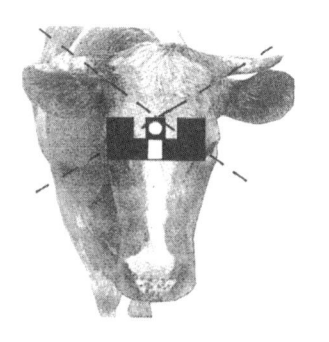

Haltefläche: Vorderseite des Kopfes
- die Kreuzung der Diagonalen Augen – Hornansatz ist zu wählen

14.7.4 Hunde

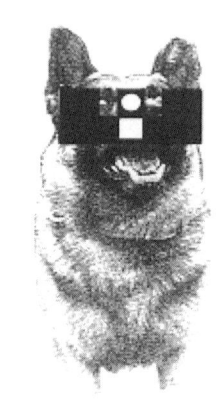

Haltefläche: Kopf von vorn
Gedachte Kreuzungslinien frontal auf der Stirnfläche

Achtung:
- Tiefschuss im Nahbereich beachten
- Geschossaustritt beachten
- nachhalten

Haltefläche: Kopf seitlich
- möglichst diagonale Schussrichtung (von seitlichem Ohreingang in Richtung des gegenüberliegenden Auges)

Achtung:
Geschossaustritt beachten!

Haltefläche: frontal
(Hund angreifend)
- schwierige und schmale Trefferfläche, da ein sofortiger Wirkungstreffer sich nur im vorderen Brusthöhlenbereich in einer nur handtellergroßen Fläche unter dem Halsansatz anbringen lässt

Achtung:
- Waffe nachhalten – Waffe bleibt im Anschlag, bis Trefferwirkung festgestellt
- sofortige Bereitschaft zum Nachschießen

14.8 Problem tollwutkranker Tiere

Nachfolgend aufgeführte Tierkrankheiten beim heimischen Wild sind besonders bekannt:
- 1. Tollwut (Fuchs, Raubwild, Rehwild)
- 2. Milzbrand (Schwarzwild – Wildschweine)
- 3. Schweinepest (Schwarzwild – Wildschweine)
- 4. Räude (Fuchs, Gans)
- 5. Myxomatose (Kaninchen)
- 6. Hasenpest (Hase)
- 7. Geflügelcholera (Fasan, Rebhuhn)
- 8. Hühnerpest (Fasan, Rebhuhn)

In dieser Abhandlung soll ausschließlich auf die Tollwut eingegangen werden.

Tollwut ist eine meist tödlich verlaufende Tierseuche, die bei Warmblütern sowie bei Vögeln vorkommt. Die Tollwut ist eine anzeigepflichtige Tierkrankheit, die dadurch besonders gefährlich wird, dass sie auch auf Menschen übertragbar ist. Die Übertragung erfolgt in der Regel durch einen Virus im Speichel des Tieres. Dieser Speichel kann durch Biss- oder Hautverletzungen auf den Menschen übertragen werden. Die Inkubationszeit beträgt zwischen 2 bis 8 Wochen.

Diese Krankheit zeigt sich zunächst durch Depressionen, Reizbarkeit, Lichtscheue und Speichelfluss. Danach folgen Krämpfe in allen Muskelbereichen. Beim Anblick von Wasser ziehen sich die Schlundmuskeln schmerzhaft zusammen. Anschließende Nervenlähmungen führen schon nach wenigen Tagen zum qualvollen Tod.

Bei Wild, dass sich in besonderer Weise artfremd (z. B. fast zahm) verhält, ist anzunehmen, dass es an Tollwut erkrankt ist. Von diesen Tieren geht in der Regel eine Gefahr für die öffentliche Sicherheit aus. Hier ist häufig als erstes die Polizei gefordert.

Das **Tierseuchengesetz** sieht in einem solchen Falle die sofortige Tötung des Tieres vor: „**Tollwutgezeichnete Tiere sind umgehend zu töten und dem zuständigen Veterinär zu melden.**"

Das Tierseuchengesetz fordert vom Besitzer oder Aufsichthabenden
- tollwütige Hunde oder Katzen sofort zu töten oder
- bis zum behördlichen Einschreiten diese Tiere in ein sicheres Behältnis einzusperren,
- ein tierärztliches Zeugnis einzuholen und
- Weisungen des zuständigen Veterinäramts abzuwarten.

Verantwortlich sind für
- Haustiere, Tiere in zoologischen Gärten usw.: **Eigentümer/Tierärzte,**
- wildlebende Tiere: **Jagdausübungsberechtigte** (BJagdG), **Polizeibeamte** im Rahmen der geltenden Vorschriften.

Weitere Aussagen zu der auch für Menschen gefährlichen Tollwutkrankheit enthält die **Tollwutseuchenverordnung** (TollwutVO).

Bei der Feststellung eines Tieres, von dem auf Grund dessen artfremden Verhaltens davon ausgegangen werden kann, dass es an Tollwut erkrankt ist, ist sowohl vom örtlichen Jagdpächter/Revierinhaber und/oder von der Polizei sofort
- dem verdächtigen Tier nachzustellen,
- das Tier durch Einsatz einer Schusswaffe zu töten,
- der Tierkadaver zu beseitigen, ggf. nach Rücksprache mit den Zuständigen Behörden (TollwutVO).

Achtung:
- Jeder direkte Kontakt mit dem Tier oder mit dem vom Tier betretenen Gelände sollte vermieden werden.
- Bei der Tierkörperbeseitigung entsprechende Hilfsmittel, wie z. B. Tierschlingen, benutzen.
- Kein von der Tollwut befallenes Tier mit den bloßen Händen oder Diensthandschuhen anfassen.
- Kein getötetes Tier, bei dem Verdacht auf Tollwut besteht, unbeaufsichtigt liegen lassen (Berührung durch Menschen und andere Tiere verhindern).
- Stets genügend Abstand zum getöteten Tier oder sonstigem Wild halten.

Tiere, die aus Gründen des Tollwutverdachtes getötet worden sind, sind zur abschließenden Feststellung des tatsächlichen Vorliegens dieser Krankheit der zuständigen Stelle zu melden (Veterinärbehörde usw.) und ggf. zu übergeben. Die Beseitigung der Tierkörper wird von diesen Stellen veranlasst oder erfolgt von der zuständigen Tierkörperbeseitigungsanstalt. Tote Kleintiere dürfen, soweit landesrechtliche Vorschriften nicht entgegenstehen, durch Vergraben in einer mindestens 0,5 m tiefen Grube beseitigt werden. Hierbei ist allerdings zu beachten, dass dieses Vergraben nicht in Wasserschutzgebieten oder in unmittelbarer Nähe von öffentlichen Wegen oder Plätzen erfolgen darf (Tierkörperbeseitigungs-Gesetz).

Wird bei Wildtieren die Tollwut festgestellt, erklärt das Veterinäramt als zuständige Behörde die Umgebung der Tötungsstelle des Tieres bis zu einem Umkreis von 10 km zum gefährdeten Bezirk. Dieses wird öffentlich bekannt gegeben (TollwutVO).

An allen Zugängen des gefährdeten Bezirks und auch innerhalb dieses Bezirks werden Warnschilder mit der Aufschrift

„Wildtollwut! Gefährdeter Bezirk"

gemäß TollwutVO aufgestellt.
Innerhalb dieses gekennzeichneten Bezirkes dürfen keine Hunde oder Katzen frei laufen gelassen werden. Diese werden ggf. durch beauftragte Personen eingefangen bzw. getötet (TollwutVO).

Anmerkung:
Merkmale zum Erkennen eines tollwütigen Tieres:
- anormales Verhalten
- Apathie
- Lähmungen
- Heisere Stimme
- Unterkiefer hängt
- unsicherer Stand
- unsichere, wankende Gangart
- Schlucklähmungen
- Beißsucht
- Kopfscheuerwunden.

15. Anhang

15.1 Gegenüberstellung Pistole – Revolver

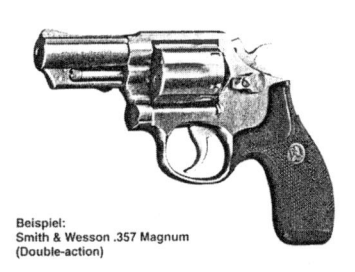

Beispiel:
Walther PP/PPK

Beispiel:
Smith & Wesson .357 Magnum
(Double-action)

Faustfeuer- oder Kurzwaffen unterteilt man in

Pistolen	und	Revolver

Allgemeine Merkmale:

Bei Pistolen bilden Lauf und Patronenlager eine Einheit

Der Ladevorgang erfolgt durch den sog. Schlitten

Die Patronenzufuhr erfolgt hierbei aus einem Magazin

Pistolen zeichnen sich aus durch ihre flache Bauweise

Je nach Kaliber und Fabrikat beträgt die Magazinkapazität zwischen 5 - 18 Patronen

Pistolen besitzen i. d. R. eine hohe Feuerkraft

Nachteile:
- Durch unterschiedliche Munitionsfabrikate können Funktionsstörungen auftreten.

Die bekanntesten Hersteller:
- Walther
- Heckler & Koch
- SIG-Sauer
- Colt
- Beretta
- Smith & Wesson

Allgemeine Merkmale:

Bei Revolvern sind Lauf und Patronenlager von einander getrennt

Der Ladevorgang erfolgt durch die Drehung der Trommel (Walze)

Die Patronenlager befinden sich in der Trommel (Walze)

Revolver zeichnen sich aus durch ihre einfache Bedienung

und Unempfindlichkeit gegenüber Munitionsschwankungen

Je nach Fabrikat beträgt die Trommelkapazität (Zahl der Patronenlager) zwischen 5 - 9 Patronen

Revolver besitzen dadurch eine geringere Feuerkraft

Nachteile:
- relativ kompliziertes Nachladen der Trommel
- geringe Gasdruckverluste durch den Trommelspalt

Die bekanntesten Hersteller:
- Colt
- Smith & Wesson
- Ruger
- Taurus, Rossi

15.2 Eine kleine Parabellum-Geschichte

Die kleine Parabellum-Geschichte

„Si Vis Pacem Para Bellum." Dieses lateinische Zitat soll dieser kleinen Geschichte über die Parabellum-Pistole/-Patrone vorangestellt werden. Ein Spruch, der sicherlich nicht nur den an der Parabellum-Patrone Interessierten bekannt ist, sondern wahrscheinlich auch jeden, der in der Schule Latein gelernt hat. Er stammt vom römischen Schriftsteller Vegetius, der im 4. Jahrhundert nach Christus gelebt hat. In einer Reihe von Büchern schrieb er auch eines mit militärischem Inhalt. In diesem Buch wird dieser Spruch zum ersten Mal genannt, der übersetzt lautet:

„Willst du den Frieden, dann sei bereit zum Krieg."

Die Deutsche Waffen- und Munitionsfabrik in Berlin (DWM), die zuerst Parabellum-Pistolen herstellte, bildete aus den letzten beiden Worten dieses Zitates ihre Telegrammanschrift „parabellum". Sie wollten damit vermutlich in Kurzform zum Ausdruck bringen, dass sie Waffen und Munition produzieren, die eben auch zur Kriegsführung benötigt werden. Die damalige Bekanntheit dieser Telegrammanschrift war dann auch Anlass dafür, dass die DWM der neu entwickelten und vielversprechenden Borchardt-Luger-Pistolen den Namen PARABELLUM verliehen.

Man kennt sie überall in der Welt, die einen sagen Parabellum zu ihr, in den USA hat sich der Name Luger eingebürgert. Seit Beginn der Produktion im Jahre 1899 bis zum Ende der Produktion in Deutschland im Jahr 1942 und wenige Jahre später in der Schweiz, wurden nahezu 3 Millionen Parabellum-Pistolen produziert. Sie galten lange als die besten Faustfeuerwaffen der Welt, was aber eine unbewiesene Meinung darstellt, über die schon viel diskutiert wurde. Die Frage nach dem Grund der Beliebtheit und warum sie so lange als die beste Pistole bezeichnet wurde, bleibt offen.

Ihre Beliebtheit und ihren Erfolg als kommerzielles Produkt der Hersteller waren aber sicherlich dadurch begründet, dass die Parabellum-Pistole gut durchkonstruiert und sehr funktionssicher war, hervorragende Schießergebnisse brachte und die wirkungsvolle Patrone im Kaliber 9 mm x 19 und 7,65 Parabellum verschoss. Zudem waren sie aus bestem Material in präzisen Fertigungsmethoden, teilweise von Hand hergestellt, zudem sehr handlich und bequem zu bedienen.

Ergänzung:

1928 Erfindung des SINOXID-Zündsatzes

In diesem Jahr wurde von der Rheinisch-Westfälischen Sprengstoff AG (RWS) von den Herren Rathsberg und von Herz ein knallquecksilber- und kalisalpeterfreier Anzündsatz entwickelt, der zu diesem Zeitpunkt jedoch noch stark bleihaltig war.

1974/1977 Entwicklung des blei- und bariumfreien SINTOX-Anzündsatzes

Durch die intensivierte Schießaus- und -fortbildung in den Sicherheitsorganen wurden in steigendem Maße geschlossene Schießanlagen erstellt. In diesen wurde mit stark reduzierter Lärmemission die erforderliche praktische Schießaus- und -fortbildung durchgeführt.

Naturgemäß traten in solchen geschlossenen Schießanlagen trotz guter Filteranlagen Staubkonzentrationen aus Blei und Bleiverbindungen auf, die nicht unmittelbar und rasch abgebaut wurden und somit nachweislich zu Gesundheitsschäden führten. So musste nach anderen Lösungsmöglichkeiten gesucht werden. Wobei es in erster Linie um die Gesundheit der täglich bis zu sechs Stunden in den Schießanlagen tätigen Schießlehrer ging.

Zur Lösung dieser Problematik entwickelte die Firma Dynamit Nobel als erste einen blei- und bariumfreien Anzündsatz, der unter dem eingetragenen Markenzeichen **SINTOX** (= ohne Gift) inzwischen firmenbezogen weltweit bekannt ist. Es wurden Bleitrizinat und Bariumnitrat durch die ungiftigen Zink- und Titanverbindungen ersetzt. Ebenso wurde der bis dahin freiliegende Bleiboden des Geschosses abgedeckt. Somit waren Bleiabschmelzungen am Geschossboden durch hohen Gasdruck und hohe Temperaturen ausgeschlossen.

Patronenzusatzbezeichnungen wie „schadstoffarm" oder „schadstoffreduziert" sind dem Begriff **SINTOX** gleichgestellt. Zwischenzeitlich haben fast alle Munitionshersteller diesen technischen Stand erreicht.

15.3 Deformationsgeschoss für Behörden

Spätesten nach Bekanntwerden unglücklicher Vorfälle, bei denen z. B. Dritte von einem Polizeigeschoss tödlich getroffen wurden, das zuvor eine Person durchdrungen hat, oder dass **9** bzw. **17 Schüsse auf Hunde** abgefeuert wurden, bevor diese tot waren, sind die Diskussionen nach einer neuen Polizeimunition wieder aufgekommen und werden z.T. auch heftig in der Öffentlichkeit geführt.

Nach der bundeseinheitlichen Einführung der Patrone 9 mm x 19 mm (bislang 9 mm Parabellum genannt) in polizeilichen Bereichen, schießen die meisten Landes- und Bundespolizeien immer noch mit dem ogivalen (spitzbogigen) Vollmantelgeschoss.

Dabei gibt es schon seit Jahrzehnten bewährte und erprobte Deformationsgeschosse. Bereits 1977 lagen erste Konzepte für Deformationsgeschosse vor. Seit Mitte der 70er Jahre befasst sich die Forschungs- und Entwicklungsstelle (PTI = Polizei-Technisches Institut) an der Polizeiführungsakademie in Münster mit immer wiederkehrenden neuen Munitionsuntersuchungen auf dem Gebiet der Deformationsgeschosse.

Aufgrund eines Beschlusses der Innenminister des Bundes und der Länder wurden die Anforderungen an eine typische Polizeimunition neu definiert. Es galt, eine Munition zu entwickeln, die ein polizeiliches Gegenüber zuverlässig angriffs- und/oder fluchtunfähig macht. Hierbei soll das Geschoss gleichzeitig über eine definierte Energie verfügen, um in bestimmte Materialien einzudringen bzw. sie zu durchdringen, ohne Unbeteiligte zu gefährden.

Aufgrund dieser politischen Vorgaben (Technische Richtlinien) befassten sich namhafte Herstellerfirmen wie Dynamit Nobel, Metallwerke Elisenhütte Nassau (MEN), Hirtenberger oder SeCa der RUAG Gruppe, ehemals aus dem Schweizer Munitionsunternehmen Thun hervorgehend, und andere mit der Weiterentwicklung neuzeitlicher Polizeimunition und -geschosse.

Vorn anstehend gibt es also zwei Grundanforderungen:
1. Die vollständige Energieabgabe in weichen Zielmedien,
2. Optimale Durchschlagskraft gegenüber Hartziele.

Diese Polizeieinsatzmunition, oder genauer gesagt, das Deformationsgeschoss für polizeiliche Einsatzzwecke, muss gegenüber herkömmlichen Vollmantelgeschossen zusätzlich mehrere Verbesserungen vorweisen:
- optimale und hohe Energieübertragung mit höherer Wirkung bei Weichzielen,
- zufriedenstellende Durchschlagsleistung in Hartzielen,
- keine Geschosszerlegung und keine Splitterwirkung im Zielmedium,
- Minimierung der Gefahr des Abprallens und somit einer Umfeldgefährdung,
- weitgehendes Ausschließen einer Gefährdung unbeteiligter Personen.

Deformationsgeschosse verhalten sich in weichen Zielmedien anders als Vollmantel- oder Zerlegungsgeschosse. Allein die oft nadelkopfgroße Einschussöffnung fehlt gänzlich. Bereits nach wenigen Zentimetern des Eindringprozesses in die weiche Zielmasse beginnt an der Kopfspitze des Deformationsgeschosses ein sehr hoher Druckaufbau, der sich rasch steigernd erhöht und dabei Veränderungen in der Geschossspitze erzeugt. Voraussetzung dazu ist eine hohe Geschossendgeschwindigkeit, die in Verbindung mit einem leichteren Geschossgewicht erzielt wird. Durch die eintretende Verformung bzw. Veränderung der Geschossspitze wird die Geschossstirnfläche vergrößert, aber dazu die Seitenfestigkeit des Geschosses beibehalten. Somit wird im Inneren des Zielmediums der Schusskanal gerade verlaufen, aber breitflächig geprägt. Die Geschossgeschwindigkeit wird in der Eindringphase gewichtsbedingt rasch verringert.

Deformationsgeschosse behalten in ihrem Arbeitsprozess 92 % ihres ursprünglichen Eigengewichts bei. Absplitterungen oder die Entstehung von Geschossfahnen sind trotz leichterer und innerlich anders gestalteter Geschossaufbauten ausgeschlossen.

Juristische Prüfungen durch Dr. jur. H. Strebel, Max-Planck-Institut für ausländisches, öffentliches Recht und Völkerrecht, Heidelberg, ergaben, dass beim Einsatz von Deformationsgeschossen in der Polizei keine völkerrechtlichen Bedenken erkennbar sind. Dieses ist insoweit umsetzbar, da der polizeiliche Schusswaffengebrauch ein rein innerstaatliches Recht ist.

Zur Erinnerung: Herkömmliche und langjährig eingesetzte Vollmantelgeschosse, hier speziell die Patrone 9 x 19 mm DM 11 AI B2, durchschlagen aus ca. 3 Metern, verschossen aus der Pistole Walther Typ P 5, 4 Stück 20 %iger Gelantineblöcke (Durchmesser pro Stück von 20 cm) und dringen insgesamt bis zu ca. 80 cm Tiefe ein. Das bedeutet, dass ein einziges ogivales Vollmantelgeschoss 9 x 19 mm/9 mm Luger (9 mm Parabellum) zwei Oberkörper von hintereinander stehenden, erwachsenen männlichen Personen durchschlagen bzw. noch in den dritten eindringen kann. Die ausgewachsene Oberkörperstärke wird pro Person mit 30 cm bemessen. Dagegen zeigen Deformationsgeschosse seit ihrer 1. Generation Eindringtiefen bei 20 %iger Gelantine von nur zwischen 20 und 35 cm Tiefe.

Aber allein diese Geschossform mit allen vorfindbaren positiven Geschosseigenschaften bieten keine absolute Garantie für die langersehnte, optimale polizeiliche Mannstoppwirkung. Wichtig ist auch bei dieser Einsatzpatrone mit dem Deformationsgeschoss, dass bei erzwungenem Schusswaffengebrauch bestimmte Trefferzonen, in denen sich lebenswichtige Zentren konzentrieren, beschossen werden müssen. Der alleinige Verlass auf das „neuzeitliche" Deformationsgeschoss trügt. Nur die Schädigung oder die Zerstörung tragender Knochen im Stützkorsett des polizeilichen Gegenübers zeigen schlagartig Erfolg, da nur Wirkungstreffer zur sofortigen Handlungsunfähigkeit führen.

Unerlässlich bleibt es, bei allen Schusswaffeneinsätzen die Geschosswirkung im Auge zu behalten, denn trotz alle dem wird das Gegenüber oftmals mit freigesetzten Reserven Schmerzen unterdrücken und Kräfte mobilisieren, um ggf. seinen Schädiger zu attackieren. Dieses gilt vor allem für die Patrone 9 mm x 19 Luger (Vollmantel-Rundkopf).

Dem waffenrechtlich berechtigten Privatmann wird in der Bundesrepublik Deutschland der Zugang zum Erwerb dieser Munition mit Deformationsgeschossen weiterhin verwehrt bleiben. Hier bleibt es bei der Erlaubnis, unter Vorlage einer persönlichen Erwerbsberechtigung, Kurzwaffenpatronen für erlaubnispflichtige Schusswaffen mit Geschossen ausschließlich in Vollmantel-, Teilmantel- oder Bleiausführung zu erwerben.

15.4 Wundballistik

Zur Vertiefung und zum Verständnis der oben angesprochenen Problematik über Munitionsarten sollen die nachfolgenden Ausführungen zum Thema Wundballistik dienen, die jedoch auch nur angerissen werden können. Wer sich näher mit dem Thema beschäftigen möchte, wird an die einschlägige Fachliteratur verwiesen.

Wundballistik hat im Zusammenhang mit dem Thema dieses Buches einen präventiven Sinn. Sie soll vor einer Verharmlosung von Schussverletzungen warnen und das Verletzungspotenzial verdeutlichen.

Wundballistik ist ein Teil der Zielballistik und beschäftigt sich mit der Wirkung von Geschossen in Zielmedien (hier vornehmlich in Lebewesen). Es behandelt also das Gebiet der Verletzungen durch Schusswaffen. Es ist einsichtig, dass dieses Gebiet sowohl physikalische als auch medizinische Bereiche berührt.

15.4.1 Physikalische Grundlagen

Wie bekannt, ist das Geschoss ein fester Körper, der über ein vorgegebenes Volumen, eine bestimmten Oberfläche, eine Form und letztendlich über eine bestimmte Masse verfügt. Wie bereits bei der Behandlung der Geschosse deutlich gemacht, muss diese zunächst vorgegebene Form nicht konstant bleiben.

Im Rahmen der Innenballistik wurde der Vorgang beim Auslösen des Schusses bereits erläutert: Nach dem Zünden der Patrone brennt das Treibladungspulver rasant ab. Unterschiede im Treibladungspulver, wie enthaltene Stoffe, Form, Oberflächenbehandlung usw., spielen bei diesen allgemeinen Betrachtungen keine Rolle.

Durch diese „Explosion" des Treibladungspulvers entsteht ein großes Gasvolumen, das zunächst das Geschoss von der Hülse trennt und in den Lauf presst, dann aufgrund des stets zunehmenden Volumens das Geschoss mit zunehmender Geschwindigkeit durch den Lauf in Richtung Mündung treibt. Dieser Vorgang hält an, solange die Gase sich nicht entspannen können, d. h., dass ein längerer Lauf zu einer größeren Anfangsgeschwindigkeit führt als ein kurzer Lauf, da hier die Gase schneller entweichen und somit dem Geschoss keine weitere Beschleunigung vermitteln können.

Über die größte Geschwindigkeit verfügt ein Geschoss somit an der Laufmündung (am Punkt 0 = V0). Nun beginnen Luftwiderstand, Witterungseinflüsse und Erdanziehung bremsend auf das Geschoss einzuwirken.

15.4.2 Vorgänge im Ziel

Trifft ein Geschoss mit seiner Masse auf ein Zielmedium von genügender Festigkeit, kommt es zu einem unelastischen Zusammenstoß. Verfügt das Geschoss bei diesem Auftreffen über genügend große Energie (Auftreffgeschwindigkeit), dringt, in Abhängigkeit vom Auftreffwinkel, der Restenergie und der Form der Geschossspitze, das Geschoss in das Medium ein und führt zu einer direkten Beschädigung. Es entstehen ein Einschuss sowie ein mehr oder weniger tiefer Schusskanal. Hierbei besteht in Abhängigkeit von der Geschossgeschwindigkeit sowie vom Zielmedium die Möglichkeit einer Materialverdrängung (= geringe Restgeschwindigkeit = Dehnung = temporäre Lochbildung) oder einer Zerstörung des Materials (= hohe Restgeschwindigkeit = Lochbildung = permanente Wundhöhle).

Eine Lochbildung ist bei der hier zu betrachtenden Munition für Faustfeuerwaffen in jedem Falle zu erwarten, solange diese das Zielmedium in der Einsatzentfernung, und nur um diese geht es hier, trifft. Die Geschossspitze einer Patrone 9 mm x 19 (Luger) trifft mit einer vergleichsweisen kleinen Auftrefffläche auf ein relativ großes Zielmedium auf. Aufgrund der hohen Auftreffgeschwindigkeit kann das Gewebe nicht ausweichen, es wird zerstört – es entsteht die permanente Wundhöhle.

Trifft das Geschoss auf weiches Gewebe auf, entstehen rundliche bis ovale Einschussöffnungen. Dringt das Geschoss in innere Organe oder Muskelfleisch ein, ist selten ein Loch erkennbar, da das Gewebe wieder zusammenfällt. Hierdurch wird die Verfolgung des Schusskanals häufig schwierig. An flachliegenden Knochen, also solche, die unmittelbar unter der Haut liegen, entstehen sog. Lochbrüche. Trifft das Geschoss auf einen Röhrenknochen, kommt es i. d. R. zu einer Zertrümmerung des Knochens.

Ein mit hoher Geschwindigkeit auf einen menschlichen Körper auftreffendes Geschoss vom Kaliber 9 mm x 19 (Luger) ist in der Lage, einen menschlichen Körper zu durchdringen und verfügt im ungünstigsten Falle noch über so viel Restenergie, dass eine dahinter stehende Person noch tödliche Verletzungen davon tragen kann (s. hierzu entspr. Pressemitteilungen).

Die temporäre Wundhöhle entsteht, wie bereits angedeutet, durch das Eindringen eines „schnellen" Geschosses, da die Gewebeteile schlagartig senkrecht verdrängt werden und nach einer gewissen Zeit wieder zur Ruhe kommen. Erst dann schließt sich diese temporäre Wundhöhle wieder. Dieser Vorgang dauert nur einige Millisekunden.

Durch diese kurzzeitige, aber starke Überdehnung des Gewebes kann es im Bereich der temporären Höhle zu Gewebezerreißungen kommen, u. U. auch zu indirekten Knochenbrüchen.

Im Ergebnis ist festzuhalten, dass ein Geschoss von der Patrone wie die 9 mm x 19 Luger aufgrund seiner Form (ogivale Spitze = Rundkopf) und der ihm innewohnenden Energie mit einem sehr starken Penetrationsvermögen häufig nicht in der Lage ist, den beabsichtigten Erfolg zu erzielen.

Dieses hat u. a. dazu geführt, dass die Diskussion um ein typisches Polizeigeschoss wieder aufgeflammt ist, mit dem Ergebnis, dass bei den Polizeien des Bundes und der Länder das sog. Deformationsgeschoss eingeführt wird/wurde.

Das Ergebnis ist das sog. Deformations- oder Expansionsgeschoss. Hierbei handelt es sich um Hohlspitzgeschosse, deren Spitze mit einer Kunststoffkappe oder -kugel abgedeckt ist. Hierdurch wird eine reibungslose Zuführung in den Polizeiwaffen gewährleistet.

Beim Auftreffen eines solchen Geschosses wird die „Hohl-Spitze" des Geschosses mit körpereigenem Gewebe bzw. körpereigener Flüssigkeit gefüllt. In Verbindung mit der Geschossenergie wird das Geschoss deformiert, die Spitze pilzt auf, der Geschossquerschnitt vergrößert sich so sehr, dass die Bremsung des Geschosses im Schusskanal ständig zunimmt, letztlich bis zur vollständigen Energieabgabe, wodurch das Geschoss im Gewebe stecken bleibt. Hierdurch wird eine Gefährdung Unbeteiligter auf ein Minimum reduziert.

Das neue Deformations-Polizeigeschoss aus Kupfer ist also ein Kompromiss zwischen einem Geschoss, das über genügend Durchschlagskraft gegenüber Hartziele verfügt (z. B. die Vollmantel-Rundkopf-Patrone 9 mm x 19 Luger) und einem Geschoss aus reinem Blei (maximale Mannstoppwirkung), das für zahlreiche andere polizeiliche Einsatzzwecke weitgehend ungeeignet ist.

15.5 Georg Luger

Georg Luger wurde 1849 in Steinach/Tirol geboren. Er kam in frühen Jahren bereits zur österreichischen Armee und brachte es dort in kurzer Zeit zum Leutnant der Infanterie. Er erhielt mehrere Auszeichnungen, verließ aber schon mit 23 Jahren wieder die Armee und verheiratete sich 1872 mit einer Böhmin. Luger hatte eine ausgesprochene Vorliebe zu Handfeuerwaffen, und eine enge Freundschaft verband ihn mit dem weltbekannten Waffenkonstrukteur Ritter Ferdinand von Mannlicher. Bis 1880 wohnte Luger in Wien, und in dieser Zeit arbeitete er eng mit Mannlicher zusammen. Zuerst wurde das österreichische Infanteriegewehr von einem Einzellader zum Repetiergewehr umgebaut, dann konstruierten sie weitere Selbstladegewehre. Durch diese Tätigkeit entwickelte sich Luger zum Konstrukteur von Waffen. Seine konstruktiven Fähigkeiten und seine sprachliche Beweglichkeit – er sprach neben seiner Muttersprache auch Italienisch und Tschechisch – brachten ihm dann auc´ die Anstellung in der Waffenfabrik Ludwig Loewe & Co. in Berlin, die er 1891 antrat.

Diese führende Waffenfirma, die seit 1887 auch sämtliche Aktien der Waffenfabrik Mauser in Oberndorf übernommen hatte, beauftragte Luger mit der Vorführung von Mauser-Gewehren in den USA, wobei er wahrscheinlich zum ersten Mal die Bekanntschaft des Ingenieurs Borchardt machte.

Georg Luger hatte bei der DWM (Deutsche Waffen und Munitionswerke Berlin) keine feste Arbeitszeit. Er war eine Art freischaffender Mitarbeiter, bezog aber ein festes Gehalt. Alle seine Erfindungen wurden auf Kosten der Firma patentiert, und seine Firma übernahm auch die Kosten seiner Reisen. Nach einigen Jahren wurden seine Bezüge verdoppelt und sein Arbeitsvertrag langfristig verlängert. Entscheidende Berühmtheit erlangte Luger dann durch seine Verbesserungen an der Borchardt-Pistole, die ab 1900 beispiellose Erfolge erlebte und den DWM ausgezeichnete Geschäfte brachte.

Einen großen Teil seines Vermögens legte Luger in Aktien der Deutschen Waffen- und Munitionswerke und bei anderen deutschen Industrieunternehmen an. Nachdem Deutschland jedoch den 1. Weltkrieg verloren hatte und die deutsche Industrie in den zwanziger Jahren vor dem wirtschaftlichen Ruin stand, sanken diese Werte auf Null.

Dieser persönliche Rückschlag führte Luger zu Depressionen, und er zerfiel an Geist und Körper. Er lebte von der Hoffnung, dass sich die deutsche Wirtschaft wieder erholt und sein Aktienvermögen zum Wert zurückkehrt. Unter diesen Umständen verstarb Georg Luger 1923 in verhältnismäßig armen Verhältnissen im Alter von 74 Jahren in seinem Heim in Berlin-Charlottenburg.

Anhang

15.6 Vergleichsübersicht gebräuchlicher Pistolen- und Revolverpatronen

Vergleichsübersicht zur Information: Gebräuchliche Pistolenpatronen

	Kaliber	Geschoß-art	Geschoß-gewicht (g)	Art der Zündung	für Lauflänge	Fluggeschwindigkeit (m/s)*)				Auftreffenergie (J)*)			
						V_0	V_{10}	V_{25}	V_{50}	E_0	E_{10}	E_{25}	E_{50}
	7,65 mm Browning	Vollmantel	4,7	Amboß	100	305	300	295	285	219	212	204	190
	9 mm Luger	Vollmantel / Blei	8,0	Amboß	125	350	345	335	325	491	481	451	422
	.45 Automatik	Vollmantel	14,9	Amboß	126	270	265	260	255	549	520	500	481

Vergleichsübersicht zur Information: Gebräuchliche Revolverpatronen

	Kaliber	Geschoß-art	Geschoß-gewicht (g)	Art der Zündung	für Lauflänge	Fluggeschwindigkeit (m/s)*)				Auftreffenergie (J)*)			
						V_0	V_{10}	V_{25}	V_{50}	E_0	E_{10}	E_{25}	E_{50}
	.357 Mag.	TM-Flachkopf	10,2	Amboß	210	445	435	415	390	1010	970	885	780
	.38 Special	VM-Rundkopf	10,2	Amboß	151	330	325	315	300	590	570	540	490

15.7 Leistungsdaten der Patrone 9 mm x 19 Luger

Wissenswertes über Eindringtiefen, Durchschlagsleistung und Allgemeines der Patrone 9 x 19 mm/ 9 mm Luger (Vollmantelgeschoss)
Werte der Leistungen aus dem Messlauf/-rohr 151 mm / 6 Zoll

Hülsenlänge	19,15 mm
Patronenbodendurchmesser	9,96 mm
Pulverraumdurchmesser	9,93 mm
Zündzeitdauer	3,25 bis 4,50 (ms) Millisekunden
Felddurchmesser	8,82 mm
Zugdurchmesser	9,02 mm
Geschossdurchmesser	9,03 mm
Gasdruck	ca. 2.400 bar (max 2.600 bar)
Geschossgewicht zwischen	7 bis 8 Gramm

Leistungsdaten der Patrone 9 mm x 19 Luger

Mündungsknall in 1 m Entfernung	128 dB (A)
V_0	ca. 340 m/s
V_{25}	ca. 325 m/s
E_0	ca. 490 Joule (J)
E_{25}	ca. 450 Joule (J)
Flugzeit für 25 Meter	ca. 0,08 Sec.
Flugzeit für 50 Meter	ca. 0,15 Sec.

Flugbahnsenkung des Geschosses bei angeschossener Pistole

bei 25 Meter Entfernung	= 0,0 cm
bei 50 Meter	= –5,9 cm
bei 75 Meter	= –17,6 cm
bei 100 Meter	= –35,2 cm
Horizontalschussweite	ca. 200 m
Gesamtflugweite des Geschosses	ca. 1.460 Meter bei 25 Grad Abgangswinkel
Gesamtgefahrenbereich	2.000 m
Steigweite des Geschosses	ca. 930 Meter bei 25 Grad Abgangswinkel
Scheitelhöhe dabei Geschwindigkeit des Geschosses beträgt nach Erreichen der Scheitelhöhe	ca. 300 Meter ca. 65 m/s
Gesamtflugzeit des Geschosses	ca. 14,6 sec.
bei 25 Grad Abgangswinkel 10 m vor Beendigung der Gesamtflugweite hat das Geschoss im Fallwinkel noch eine Energie von	ca. 1,7 m/kg
und durchschlägt dabei noch ein Weichholz-Tannenbrett von	ca. 1,6 cm

Der senkrechte Schuss nach oben in den freien Luftraum

Senkrechte Steighöhe	ca. 1.140 m
Benötigte Zeit dafür	ca. 12,5 sec.
Fallzeit ab Scheitelpunkt bis zum Aufschlag auf den Boden	35,5 sec.
Gesamtflugzeit	48,0 sec.

Durchschlagsleistungen/Eindringtiefen aus der Pistole aus der Entfernung:	25 m in Sand/Erdreich. ca. 0,36 m 50 m in Erdreich locker ca. 0,25 m 100 m in Erdreich locker. ca. 0,21 m
Durchschlägt (Vollmantel)	– 3 – Oberkörper von erwachsenen Personen (Oberkörperdurchmesser pro Person von ca. 30 cm bemessen)
Eindringtiefe (Vollmantel)	700 m Entfernung die Rippenpartie eines erwachsenen Menschen und dringt dabei noch bis zum Herzen vor

Anmerkung:
Ein senkrecht nach unten fallendes Geschoss verfügt immer noch über so viel Energie, dass ein Mensch, der von diesem Geschoss getroffen wird, tödliche Verletzungen erleiden kann. Hieran sollte gedacht werden, wenn Warnschüsse in die Luft geschossen werden.

15.8 Geschossablenkung

Geschosse können bei schrägem Auftreffen auf Hindernisse von der vorgegebenen Schussrichtung (Abgangsrichtung) abweichen, wenn sie auf ein Hindernis treffen.

Hindernisse, die der Schütze bei Abgabe eines Schusses beachten sollte, können z. B. sein:

- Steine (Felsen),
- Wände (Steine, Beton),
- Metallkonstruktionen,
- Wasser- und Eisflächen,
- ausgetrocknetes und gefrorenes Erdreich,
- Bäume, Sträucher und Holzkonstruktionen,
- Blendenkonstruktionen,
- übersättigtes Geschossfangmaterial in und auf Schießanlagen.

Beim schrägen Auftreffen eines Geschosses auf derartige Hindernisse besteht die Gefahr, dass das Geschoss von seiner vorbestimmten Flugbahn abweicht und damit auf ein Ziel trifft, das vom Schützen nicht zu treffen beabsichtigt war.

Darüber hinaus besteht die Gefahr, dass sich das Geschoss zerlegt und Splitter erzeugt. (Splittergeschwindigkeiten bis zu 2.000 m pro Sekunde.) Der Grad der Ablenkung, der Zerlegung oder der Deformation des Geschosses ist abhängig von der Form und der materiellen Zusammensetzung bzw. des Aufbaus des Geschosses. Hier kommen in Betracht.

- reines Bleigeschoss,
- Vollmantel (Messing, Tombak o.ä.) und Bleikern,
- Teilmantelgeschoss,
- Hohlspitzgeschoss.

Abprallgefahr für Pistolen- und Revolvergeschosse

Material	Auftreffwinkel:
Beton, Steine, Felsen, Metall	5 Grad
Wasser	5–10 Grad
Sand	10 Grad
Holz	23 Grad

15.9 Behandlung und Pflege von Faustfeuerwaffen

15.9.1 Allgemeines

Neben der Forderung nach Handhabungssicherheit und Handlungssicherheit ist es Aufgabe eines jeden Waffenträgers, sein „Handwerkszeug" – seine Faustfeuerwaffe – einsatzbereit zu halten. Parallel zur Schießaus- und -fortbildung ist das technische Wissen um eine sachgerechte Behandlung und für eine sinnvolle Waffenpflege zu vermitteln. Die Beherrschung des theoretischen und praktischen Aufgaben- und Befugnisspektrums ist wenig hilfreich, wenn im entscheidenden Augenblick die Schusswaffe versagt, weil sie nicht ordnungsgemäß behandelt oder gepflegt worden ist.

So ist auch zu beachten, dass sowohl das Zerlegen als auch das Zusammensetzen der Faustfeuerwaffen durch den Waffenträger nur so weit erfolgen soll, wie es für die jeweilige Reinigungsmaßnahme erforderlich ist und in jedem Falle ohne Anwendung von Gewalt und/oder nicht zugelassener Hilfsmittel.

Eine Beschädigung der Schusswaffe ist in jedem Falle dem zuständigen Fachpersonal mitzuteilen, damit die Auswirkungen auf die Funktion geprüft bzw. die Instandsetzung veranlasst werden können.

15.9.2 Füllen von Magazin und Trommel

Zu einer ordnungsgemäßen Behandlung gehört auch das einwandfreie Laden der Magazine für die Pistole oder der Trommel für den Revolver:

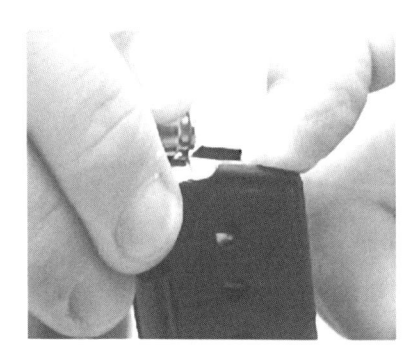

Die Bilder machen deutlich, dass das Laden von Magazin und Trommel ohne Hilfsmittel und ohne Gewalt erfolgt. So geschieht ebenfalls das Einführen des Magazins in das Griffstück und das Schließen der Trommel.

Beim Auftreten von technischen Hemmungen soll stets versucht werden, diese ohne Gewaltanwendung zu beseitigen bzw. das waffentechnische Fachpersonal heranzuziehen.

Im einzelnen ist zu beachten, dass bei dem Füllen eines Pistolenmagazins der Daumendruck der haltenden Hand die Vorspannung der Magazinfeder unmittelbar bzw. über eine bereits eingeführte Patrone wegnimmt. Hierdurch kann die nächste Patrone ohne große Kraftaufwendung nachgeschoben werden, gleichzeitig wird ein seitliches Abgleiten der Patrone verhindert.

Beim Füllen einer Revolvertrommel greift die unterstützende Hand mit Zeige-, Mittel- und Ringfinger in das Trommelfenster. Der Daumen liegt linksseitig an der Trommel an und ermöglicht die manuelle Drehung der Trommel. Beim Ladevorgang ist der Revolver vorwärts-abwärts, in Richtung Grundhaltung, zu halten. Nach dem Schließen der Trommel ist die einwandfreie Trommelarretierung zu überprüfen.

15.9.3 Pflege und Reinigung

Die technische Weiterentwicklung und hoch angesetzte Anforderungen des Nutzers haben Gebrauchs-Faustfeuerwaffen technisch ständig unkomplizierter, unempfindlicher und gleichwohl präziser werden lassen.

Neue Materialien lassen neue Fertigungsmethoden zu und die Haltbarkeit steigen. Die Anzahl von Funktionsteilen hat sich in den letzten Jahren nahezu halbiert.

Gleichwohl, oder gerade deswegen, kommt der Forderung nach einer eigenverantwortlichen Pflege und damit der Erhaltung des Materials und somit der Einsatzbereitschaft der Schusswaffe eine immer größere Bedeutung zu.

Eine ausgedehnte und noch so gründliche Reinigung der Waffe kann die Schäden nicht mehr beseitigen, die infolge zu spät durchgeführter Reinigung eingetreten sind. Es sollte auch stets bedacht werden, dass das Nichtentfernen von Schmutz und Feuchtigkeit in einer Schusswaffe auf Dauer ebenso schaden können wie ein Nichtreinigen nach einem Schusswaffengebrauch.

15.9.4 Durchführung der Reinigung

1. Vor Beginn der Reinigung ist zu prüfen, ob die Waffe entladen, das Magazin entfernt, die Trommel und das Rohr von Patronen frei sind (Sicherheit).
2. Die Waffe ist zum Reinigen nur so weit in ihre Hauptgruppen zu zerlegen, wie es erlaubt und erforderlich ist.
3. Zum Reinigen sind nur die zugelassenen Reinigungsgeräte und -mittel zu verwenden.

Behandlung und Pflege von Faustfeuerwaffen

4. Es wird zwischen einer **gewöhnlichen Reinigung** und einer **Hauptreinigung** unterschieden.

4.1 **Gewöhnliche Reinigung:**
Die Waffe ist nach jedem Gebrauch (z. B. Führen im Dienst) zu reinigen, auch wenn nicht geschossen wurde. Hierzu wird die Waffe zerlegt. Die verschmutzten Teile werden mit einem Lappen gereinigt und anschließend leicht eingeölt. Zur Entfernung von Staub, Feuchtigkeit usw. aus den Ecken sind entsprechend geformte Holzspäne oder Bürsten zu verwenden. Die Verwendung von Metallgegenständen zum Reinigen führt zur Beschädigung von Waffenteilen und ist untersagt, da hierdurch die Funktionsfähigkeit beeinträchtigt werden kann.

4.2 **Hauptreinigung:**
Die Waffe ist stets gründlich zu reinigen nach
– jedem Schießen,
– jedem Gebrauch, wenn sie der Feuchtigkeit, Nässe oder Verschmutzung ausgesetzt war.

Zur Hauptreinigung wird die Waffe wie zur gewöhnlichen Reinigung zerlegt und gereinigt. Das Laufinnere wird mit dem Reinigungsgerät gereinigt und sorgfältig eingeölt.

Zum Reinigen des Laufinneren dürfen nur die zugelassenen Reinigungsdochte verwendet werden, da sonst Beschädigungen unvermeidbar sind.

Die Reinigung ist beendet, wenn der zuletzt durchgezogene Reinigungsdocht sauber bleibt.

Nach der Reinigung ist der Lauf wieder sorgfältig einzuölen. Dazu ist er mit einer sauberen, gut eingeölten Ölbürste mehrere Male langsam durchzuziehen. Wird die Ölbürste zu schnell durch das Rohr hindurchgezogen, bleibt das Öl im Patronenlager hängen, die Züge bleiben uneingeölt und damit gegen die Luftfeuchtigkeit ungeschützt.

Die übrigen Waffenteile werden nur hauchartig eingeölt. Ein zu starkes Einölen nützt der Waffe gar nichts.

Es ist zu bedenken, dass die Rohre nach einem Schießen nachschlagen. Deshalb ist ein Nachreinigen erforderlich.

Bedenke:
Eine Schusswaffe ist nur dann hilfreich, wenn sie zur richtigen Zeit funktionsfähig ist – eine nicht funktionsfähige Waffe kann unter Umständen Dein Leben kosten!

Anmerkung:
Die o. a. Ausführung gelten in erster Linie für den Waffenträger und nur bedingt für das waffentechnische Fachpersonal.

16. Schießtechnische Begriffe

Die hier aufgeführten schießtechnischen Begriffe beschränken sich auf den Bereich, der für die Schießaus- und -fortbildung mit Faustfeuerwaffen von Bedeutung ist.

Abgangswinkel ist der Winkel, den die Seelenachse in dem Augenblick mit der Mündungswaagerechten bildet, in dem das Geschoss das Rohr verlässt (Abgangsrichtung)

Abkommen ist der Punkt, auf den die verlängerte Visierlinie bei Brechen des Schusses tatsächlich gerichtet war (bezogen auf den gewählten Haltepunkt)

Abkrümmen ist das mit stetiger und steigender Druckerhöhung Betätigen des Abzuges einer Schusswaffe zum Zweck der Schussauslösung

Abzugswiderstand ist der Widerstand, der beim Abkrümmen überwunden werden muss, um den Schuss auszulösen. Dieser Widerstand kann, je nach Art des Abzugssystems der Faustfeuerwaffe unterschiedlich sein (z. B.: Double Action [DA], Single Action [SA])

Anfangsgeschwindigkeit (Vo) ist die in m/sec gemessene Geschwindigkeit des Geschosses, wenn dieses das Rohr verlässt

Anschlagarten Sammelbegriff für verschiedenartige Waffenhaltungen und Schießstellungen

Ast – absteigender – ist der Abschnitt der Flugbahn vom Gipfelpunkt bis zum Ende der Flugbahn

Ast – aufsteigender – ist der Abschnitt der Flugbahn von der Rohrmündung bis zum Gipfelpunkt der Flugbahn

Auftreffenergie ist die Energie, über die ein Geschoss im Augenblick des Auftreffens verfügt. Mit zunehmender Flugdauer (Schussentfernung) nimmt diese Energie ab. Von der Auftreffenergie hängt die Wirkung des Geschosses im Ziel ab

Auftreffgeschwindigkeit ist die Geschwindigkeit, mit der das Geschoss im Ziel aufschlägt

Auftreffpunkt ist der Punkt, in dem das Geschoss in seiner Flugbahn das Ziel trifft

Auftreffwinkel ist der Winkel, den das Geschoss beim Auftreffen auf die Zieloberfläche mit der Tangente seiner Flugbahn bildet

Ballistik ist die wissenschaftliche Lehre vom Schuss. Sie erläutert den Schussvorgang in der Waffe, die Bewegung des Geschosses innerhalb und außerhalb der Waffe und die für das Schießen wichtigen Begriffe

Bleigeschoss ist ein Geschoss, das über keinen Geschossmantel verfügt und aus Weich- oder Hartblei mit Zusätzen von Zinn und Antimon in Abhängigkeit vom Verwendungszweck besteht

CO_2-Waffen gehören waffenrechtlich in die Gruppe der Luftdruck- und Federdruckwaffen. Sie gibt es als Kurz- und Langwaffen. Als Antrieb der Geschosse wird hochgespanntes Kohlendioxid (CO_2) benutzt

Deuten (Deutschuss) ist das Einrichten der Waffe auf ein Ziel, ohne über Kimme und Korn zu visieren

Drall ist die dem Geschoss durch Züge und Felder im Rohr verliehene Rotation um die Längsachse. Bei sogenannten Polygonrohren erfolgt die Vermittlung des Dralls durch die entsprechende Ausgestaltung des Rohrinneren (Polygon = Vieleck)

Druckpunktabzug ist ein Abzug, bei dem auf dem Abzugsweg ein zusätzlicher Widerstand auftritt, der vom Schützen vor der Schussauslösung überwunden werden muss. Dieser Druckpunkt bewirkt somit einen bewussten Übergang zur Schussabgabe

Durchreißen ist das unkontrollierte und zu schnelle Zurückziehen des Abzuges von seiner vorderen Position (aus der Ruhestellung) bis zur Schussabgabe

Durchschlagskraft ist die Energie, mit der verschiedene Medien durchschlagen werden

Durchschuss liegt vor, wenn das Geschoss das Zielmedium durchdrungen hat. Es liegen eine Einschuss- und eine Ausschussöffnung (Austrittsöffnung) vor

Doublette ist die schnelle Abgabe von zwei Schüssen nacheinander auf ein Ziel oder auf zwei verschiedene Ziele

Double Action (DA) ist ein Bewegungsablauf in einer Faustfeuerwaffe, bei der mit einer Bewegung des Abzuges sowohl die Trommel transportiert als auch der Schlaghebel gespannt und der Schlagbolzen zur Schussabgabe freigegeben wird (andere technische Möglichkeiten zum Spannen und Auslösen des Schlagbolzens und seiner Freigabe sind auch möglich)

Eindringtiefe ist die Tiefe, mit der ein Geschoss in ein Medium eindringt. Es liegen dann lediglich eine Einschussöffnung und ein Schusskanal vor

Erhöhung ist der Winkel, den die Seelenachse der eingerichteten Waffe vor Abgabe des Schusses mit der Waagerechten bildet

Erdanziehung ist die nach den Gesetzen der Schwerkraft auf das Geschoss einwirkende Anziehungskraft der Erde

Fallwinkel ist der Winkel, mit dem das Geschoss am Ende seiner Flugbahn auf die Horizontale auftrifft

Faustfeuerwaffen sind Kurzwaffen, die vornehmlich für den einhändigen Gebrauch bestimmt sind. Hierzu zählen Pistolen und Revolver aller Art, waffenrechtlich auch solche bis zu einer Gesamtlänge von 60 cm

Feinkorn der obere Rand des Korns steht unter dem Kimmenrand oder unter der Mitte der Lochkimme (bei geschlossener Visierung)

Felder siehe **Züge**

Fleckschuss ist die Bezeichnung für einen abgegebenen Schuss, bei dem Haltepunkt und Abkommen absolut übereinstimmen

Flugbahn = Geschossbahn ist der Weg, den ein Geschoss vom Verlassen des Rohres/Laufes bis zum Auftreffen im Ziel zurücklegt.
Auf die Gestaltung dieser Strecke haben Einfluss:
- Anfangsgeschwindigkeit des Geschosses
- Schwerkraft des Geschosses durch die Erdanziehung
- Luftwiderstand durch Geschossquerschnitt
- Aerodynamische Form des Geschosses
- Drall des Geschosses
- Oberflächengestaltung des Geschosses
- Abgangswinkel des Rohres

Flughöhe ist der lotrechte Abstand eines beliebigen Punktes der Flugbahn auf die Mündungswaagerechte

Flugweite ist die Gesamtstrecke, die ein Geschoss nach Verlassen der Mündung bis zum Auftreffpunkt zurücklegt (siehe auch Gefahrenbereich)

Flugzeit ist die Dauer der Geschossbewegung vom Verlassen der Mündung bis zum Auftreffpunkt (Stillstand des Geschosses)

Gefahrenbereich ist der Bereich, der innerhalb der Höchstflugweite eines Geschosses und in einem bestimmten seitlichen Bereich davon liegt

Gebrauchspistolen/-revolver sind Faustfeuerwaffen allgemeiner Art, die für einen alltäglichen Gebrauch (z. B. Polizei, Jagd) konzipiert und verwendet werden

Geschoss ist ein Sammelbegriff für alle Geschosse, die aus einer Schusswaffe verschossen werden (waffenrechtlich können diese fest, gasförmig oder flüssig sein)

Geschossenergie ist die einem Geschoss während seiner Flugbahn innewohnende „Kraft". Sie ist abhängig von der Geschossgeschwindigkeit, der Geschossmasse, dem Geschossquerschnitt und wird in kg gemessen. Die Geschossmasse wird auch „als lebendige Kraft" oder „Geschosswucht" genannt

Geschossformen abhängig vom jeweiligen Verwendungszweck werden Geschosse mit besonderen Formen versehen (z. B. Rundkopf, Kegelstumpf, Wadcutter)

Geschossgeschwindigkeit ist die Geschwindigkeit eines Geschosses an einer bestimmten Stelle. Die Geschossgeschwindigkeit V_0 (V = Velocitas) wird somit unmittelbar an der Mündung der Waffe im m/sec gemessen

Geschossknall entsteht durch eine Luftverdichtung, die sich bei Geschossen, die mit Überschallgeschwindigkeit fliegen, vor diesem bildet (Kopfwelle)

Geschossgarbe setzt sich aus den Flugbahnen mehrerer schnell hintereinander abgegebener Schüsse aus einer oder mehreren Waffen zusammen

Geschosswucht siehe Geschossenergie

Gestrichen Korn ist dann gegeben, wenn die Oberkante des Kornes mit der Oberkante des Kimmenausschnittes exakt abschneidet. Bei einer geschlossenen Visierung muss das Korn in der Mitte der Lochkimme stehen

Gipfelentfernung ist die Entfernung auf der Mündungswaagerechten von der Rohrmündung gemessen bis zu dem Punkt, der senkrecht unter der Gipfelhöhe liegt

Gipfelhöhe ist der lotrechte Abstand des Gipfelpunktes zur Mündungswaagerechten

Gipfelpunkt ist der höchste Punkt der Flugbahn

Handfeuerwaffen sind nach dem allgemeinen Sprachgebrauch Schusswaffen, die üblicher Weise von einer Person getragen und bedient werden können. Sind nach dem Waffengesetz Geräte, bei denen zum Antrieb von Geschossen heiße Gase, entzündbare flüssige oder gasförmige Gemische verwendet werden

Haltepunkt ist der Punkt, auf den die verlängerte Visierlinie bei Abgabe des Schusses gerichtet sein soll

Haltefläche ist ein vergrößerter „Haltepunkt". Sie soll bei der Schussabgabe natürliche Körperschwankungen und eine Waffenstreuung berücksichtigen und die unbewusste Schussabgabe erleichtern bzw. ermöglichen – ein Durchreißen in einem Haltepunkt vermeiden

Holster ist eine amerikanische Bezeichnung für eine Anwender-Tragevorrichtung für Faustfeuerwaffen. Für Polizeibeamte und Angehörige von Sicherheits-/Bewachungsunternehmen usw. dienen diese Holster sowohl zum sicheren Transportieren als auch zum schnellen Ergreifen der Waffe

Hülse ist Teil einer Patrone, die den Anzündsatz, die Treibladung und das Geschoss aufnimmt

HV-Kleinkaliberpatrone HV = High Velocity = hohe Geschwindigkeit ist die Bezeichnung für eine Kleinkaliberpatrone im Kaliber .22 lfB/lr mit einer höheren Mündungsgeschwindigkeit als die normale KK-Patrone. Sie entwickelt bei 0,13 g Treibladungspulver einen Gasdruck von 1.800 bar. Die Reichweite dieses 2,55 g schweren Geschosses und damit der Gefahrenbereich liegt bei ca. 1.400 m. HV-Geschosse sind mit einem Kupferfilm überzogen

Innenballistik ist die Lehre von der Geschossbewegung vom Augenblick der Zündung des Zündhütchens bis zum Verlassen des Laufes

Joule (J) ist die Maßeinheit der Energie, die einem Geschoss innewohnt. -1- J entspricht -1- kp/m (Näheres hierzu s. Ausführungsanordnung zum Gesetz über Einheiten im Messwesen)

Justieren bedeutet, eine Visiereinrichtung und die Waffe so aufeinander abzustimmen, dass ein aus einer eingerichteten Waffe abgefeuertes Geschoss den gewählten Haltepunkt in einer vorgegebenen (Anschuss-)Entfernung trifft. Das Einrichten einer Waffe kann mittels einer Anschussmaschine oder eines Anschussschützen erfolgen

Kadenz ist die Bezeichnung für Schussgeschwindigkeit bei der Abgabe mehrerer Schüsse aus einer Waffe. Spielt in erster Linie bei vollautomatischen Waffen eine Rolle

Kaliber ist vereinfacht gesagt der Bohrungsdurchmesser eines Laufes von Schusswaffen und gleichzeitig der Geschossdurchmesser. Der Begriff stammt aus dem Arabischen „Kalib" (= Maßeinheit für Schuhleisten), ist über das italienische „Calibro", über das französische „Calibre" zum Deutschen „Kaliber" geworden. Bei Pistolen wird das Kaliber überwiegend in Millimeter und bei Revolvern überwiegend in Zoll angegeben

Kimme ist der Ausschnitt in der Mitte eines offenen Visiers. Die Kimme kann unterschiedliche Formen aufweisen

Kleinkaliber ist ein neuzeitlicher (seit ca. 1900) Umgangsbegriff für kleinkalibrige Schusswaffen und die dazugehörige Munition im bestimmten Kalibermaß: .22 Z, .22 kurz, .22 lfB (lang für Büchsen, auch .lr – long riffle)

Klemmkorn ist das seitliche nach links oder rechts Verschieben des Kornes im Kimmenausschnitt

Knall ist ein Sammelbegriff für die bei einer Schussentwicklung/Schussabgabe entstehenden Knallarten wie **Geschossknall, Mündungsfeuerknall** und **Schussknall** (siehe dort)

Korn ist das Teil der Visiereinrichtung, das im Bereich der Laufmündung montiert ist. Es ist niedriger als die näher zum Schützen montierte Kimme. Diese unterschiedlichen Höhen bewirken ein Anheben der Mündung, um bei der Schussabgabe die gekrümmte Flugbahn des Geschosses auszugleichen

Kurve, ballistische ist die Bezeichnung für die Flugbahn eines geworfenen bzw. abgeschossenen Körpers. Hierbei sind zwei Drittel der Flugbahn ansteigend und ein Drittel abfallend. Diese Kurve entsteht durch das Einwirken von Schwerkraft, Luftwiderstand auf den Flugkörper (das Geschoss) und wird u. a. beeinflusst vom Geschossquerschnitt und der aerodynamischen Form des Geschosses

Kurzschuss (in Abhängigkeit vom Auftreffziel auch als Tiefschuss bezeichnet) ist ein Schuss, der vor bzw. unterhalb des beabsichtigten Haltepunktes auftrifft

Lauf (im Bereich des Militärs und bei Behörden auch als **Rohr** bezeichnet) gibt dem Geschoss die Abgangsrichtung und den Drall, und i. V. m. der Treibladung die Anfangsgeschwindigkeit vor.
Waffenrechtlich ist der Lauf, neben Verschluss, Griffstück und Abzugsvorrichtung ein **wesentliches Teil** einer Schusswaffe, zu dessen Erwerb es einer waffenrechtlichen Erlaubnis (Waffenbesitzkarte) bedarf

Laufverschmierung (in Abhängigkeit von der Geschossoberfläche auch als Verbleiung oder Verkupferung bezeichnet) entsteht durch Ablagerungen der Geschossoberfläche auf die Innenseite des Laufes, wenn das Geschoss durch den Lauf getrieben wird. Sollte regelmäßig entfernt werden, um Schäden an der Schusswaffe zu vermeiden

Leerschlagen ist die Bezeichnung für das Betätigen der Abzugseinrichtung einer Schusswaffe, ohne dass sich im Patronenlager ein Widerlager für den Schlagbolzen befindet – sollte zur Vermeidung von Beschädigungen an der Waffe vermieden werden

Luftwiderstand ist die dem Geschoss entgegenwirkende Kraft, sobald sich dieses in Bewegung setzt. Er verringert, in Abhängigkeit von der Geschossform, die Geschossgeschwindigkeit

Magazin ist ein kasten- oder röhrenförmiger Aufnahmebehälter für eine bestimmte Anzahl von Patronen für eine Mehr- oder Selbstladewaffe (z. B. Pistole). Bei einem Revolver wird dieses Waffenteil als Trommel bezeichnet

Mantelgeschoss ist ein Geschoss, dessen Kern von einer Umhüllung (Mantel) umgeben wird. Dieser Mantel besteht i. d. R. aus Messing, Tombak oder Kupfer. Mantelkern und Mantel bestimmen im wesentlichen den jeweiligen Verwendungszweck der Munition

Mündungsgeschwindigkeit ist die Geschwindigkeit eines Geschosses bei Verlassen der Mündung einer Schusswaffe

Munition ist ein Sammelbegriff für Patronenmunition, Kartuschenmunition und pyrotechnische Munition. Die in diesem Zusammenhang interessierende Patronenmunition besteht aus einer Hülse mit Zündvorrichtung, einer Pulverladung und dem Geschoss

Mündungsknall (Mündungsfeuerknall) entsteht durch die hinter dem Geschoss stoßartig aus dem Rohr/Lauf austretenden Pulvergase (Knallgase)

Schießtechnische Begriffe

Mündungswaagerechte ist die gedachte waagerechte Ebene durch die Mitte der Rohrmündung, wenn das Geschoss das Rohr verlässt

Nachbrenner ist die Bezeichnung für die Umsetzung eines Treibladungspulvers, das nicht sofort mit Aufschlagen des Schlagbolzens auf das Zündhütchen der Patrone, sondern mit einer gewissen zeitlichen Verzögerung zur Umsetzung kommt. In diesem Falle muss der Schütze seine Schusswaffe mindestens eine Minute im Anschlag in Schussrichtung nachhalten, bevor weitere Maßnahmen (Entladen, erneutes Spannen und Abkrümmen) erfolgen

Nitrozellulosepulver ist ein Treibladungsmittel, das zum Antrieb von Geschossen bei Handwaffenmunition verwendet wird. Die Verbrennungstemperatur liegt bis 3.000 Grad C. Ein Gramm Nitrozellulosepulver entwickelt ca. 900 bis 970 ccm Gasvolumen

Offene Visierung bezeichnet eine Visiereinrichtung, die nur aus Kimme und Korn besteht. Dabei sind Kimmenausschnitt und Korn von oben frei sichtbar und nicht durch Abdeckungen oder sonstigen Schutz abgeschirmt

Patrone ist die Bezeichnung für die Gesamtheit von Patronenhülse mit Anzündvorrichtung, Treibladungspulver und Geschoss

Patrone SR (schadstoffreduziert) ist eine Kurzwaffen-Patrone in verschiedenen Kalibern. Sie besitzt
a) SINTOX-Anzündhütchen (lat. „sine oxid" = ohne Rost), ein knallquecksilberfreier Zündsatz ohne schwermetallhaltige Anzündkomponenten,
b) eine zusätzliche Abdeckung des Geschoßhecks in Form eines hochgezogenen Metallnapfes um den Geschossboden herum, um Geschossbleiabschmelzungen durch hohe Anzündtemperaturen zu vermeiden,
c) einen verzinnten Geschossmantel, um die Gleiteigenschaften des Geschosses im Lauf zu optimieren (toxikologisch unbedenklich)

Pistole ist die Bezeichnung für eine Faustfeuerwaffe (auch Kurzwaffe genannt), die im wesentlichen aus den Bauelementen Lauf mit Patronenlager, Verschluss und Griffstück mit Magazin besteht. Pistolen gibt es als Einzellader, Mehrlader und halbautomatische Selbstlader. Die Lauflänge beinhaltet das Patronenlager

PTB ist die Abkürzung für **Physikalisch-Technische Bundesanstalt** mit Sitz in Braunschweig. Diese Anstalt vergibt u. a. das sog. **PTB-Zeichen** für Schreckschuss-, Reizstoff- und Signalwaffen, nachdem sie von dieser Einrichtung auf Festigkeit, Haltbarkeit, Handhabungssicherheit und Kalibergleichhalt durch entsprechende Messverfahren geprüft und für unbedenklich befunden worden sind

PT-Patronen sind für Übungszwecke entwickelte Trainingspatronen mit einem **Plastikgeschoss** (Gewicht ca. 0,48 g). Diese Patronen haben eine Flugweite = Gefahrenbereich von ca. 125 m und eine V_0 von 1.048 m/sec, können somit unter anderen räumlichen Verhältnissen zum Üben eingesetzt werden. Achtung: PT-Munition ist „scharfer" Munition gleichzusetzen

Querschläger sind Geschosse, die flach auf harten, steinigen oder mit fester Grasnarbe bewachsenem Boden oder auf Wasser aufschlagen sowie an Gestrüpp oder Gräser anstreichen und hierbei ihre Flugstabilität verloren haben und unkontrolliert eine andere Flugbahn einnehmen

Rasanz ist die Bezeichnung für eine gestreckte Flugbahn (eines Geschosses). Sie wird bestimmt durch die Anfangsgeschwindigkeit, die Form und die Masse des Geschosses

Randfeuerpatronen sind Patronen, bei denen der Anzündsatz nicht zentral im Hülsenboden, sondern im Bodenrand eingebracht ist. Entsprechend versetzt ist der Schlagbolzen gelagert

Raum – bestrichener ist ein bestimmter gefährdeter Raum vor und hinter einem Ziel, wenn dieses beschossen wird

Raum – gedeckter (toter Winkel) ist der Raum hinter einer Deckung, der von dem Geschoss in seiner Flugbahn nicht erreicht werden kann

Revolver ist die Bezeichnung für eine Faustfeuerwaffe, in der der Patronenvorrat in einer Trommel untergebracht ist (anstelle eines Magazins wie bei der Pistole). Weiterhin übernimmt die Trommel die Aufgabe eines Patronenlagers. Der Lauf enthält hier nicht das Patronenlager. Revolver sind mit dem Single-Action-System (SA) und als Double-Action (DA) konstruiert. Anders als bei der Pistole, bei der die Verschlussbewegung nur vor Abgabe des ersten Schusses mit der Hand erfolgt, ansonsten über die Pulverkraft der gezündeten Patrone, erfolgt beim Revolver die Trommelbewegung durch die Abzugsbetätigung – zusätzlich wird der Schlaghebel gespannt und zum Schuss freigegeben

Rückstoß entsteht durch die sich nach allen Seiten gleichmäßig ausdehnenden Pulvergase nach der Entzündung. Dieser durch die Verbrennung der Pulvergase entstehende Druck treibt nicht nur das Geschoss nach vorn, sondern wirkt sich über den Patronenboden auch nach hinten aus und muss von der Schusshand des Schützen aufgefangen werden. Je größer die Masse der Faustfeuerwaffe, desto geringer ist der für den Schützen spürbare Rückstoß

Schussentwicklungsdauer ist die Bezeichnung für die Zeit vom Auftreffen der Schlagbolzenspitze/des Schlaghebels auf das Anzündhütchen der Patrone über das Anzünden des Treibladungspulvers, die Pulververbrennung, bis das Geschoss die Waffe verlässt (i. d. R. 5 bis 11 Millisekunden)

Schussknall setzt sich zusammen aus dem Mündungsknall, dem Geschoss- und Kopfwellenknall, der Reflexion und der Detonation unverbrannter Pulvergase

Schussleistung einer Waffe und ihrer Munition ist gekennzeichnet durch die Gestalt der Flugbahn, die Streuung und die Geschosswirkung

Seelenachse ist eine gedachte Linie durch die Mitte des Rohres

Single Action (SA) ist die Bezeichnung für nur einen waffentechnisch bedingten Bewegungsablauf – der Schlaghebel muss von Hand vorgespannt werden, und nur die Auslösung erfolgt durch Betätigung des Abzuges

Steckschuss ist ein Schuss, der im Zielmedium stecken bleibt. Es gibt eine Einschussöffnung, aber keine Ausschussöffnung

Streuung ist die Ablage der einzelnen Schüsse vom mittleren Treffpunkt, die unter gleichen Bedingungen aus einer Waffe auf ein Ziel abgegeben werden. Hiervon ist die sog. Schützenstreuung zu unterscheiden, die durch vom Schützen verursachte Fehler entsteht

Tages-/Witterungseinflüsse sind durch Tageslicht und Wetter bedingte Auswirkungen auf die Visiermöglichkeiten des Schützen und Einwirkungen auf die Flugbahn des Geschosses (Flugbahneinwirkungen treten vornehmlich bei größeren Schussentfernungen auf)

Trefferwahrscheinlichkeit ist die Wahrscheinlichkeit, mit einem Schuss ein Ziel zu treffen bzw. die Wahrscheinlichkeit, mit einer bestimmten Anzahl von Schüssen mindestens einmal zu treffen

Treffgenauigkeit ist die Lage der einzelnen Schüsse zum mittleren Treffpunkt

Treffleistung einer Waffe ist abhängig von Treffpunktlage und Treffgenauigkeit

Treffpunktlage ist die Lage des mittleren Treffpunktes mehrerer Schüsse zum Haltepunkt

Treibladungspulver sind chemische Gemische, die nach ihrer Anzündung innerhalb kürzester Zeit einen hohen Gasdruck entwickeln und somit in der Lage sind, ein Geschoss aus der Patronenhülse auszuziehen, in den Lauf einzupressen, durch diesen hindurchzutreiben und mit einer Geschwindigkeit zu versehen, sodass dieses sein Ziel erreichen kann. Treibladungspulver werden nach ihrem Verwendungszweck chemisch zusammengesetzt und entsprechend oberflächenbehandelt

Trommel ist die Bezeichnung für das walzenförmige Teil eines Revolvers, das die Patronen aufnimmt und gleichzeitig als Patronenlager bei der Zündung der Patrone dient

Übungspatrone ist eine Patrone mit geringerer Treibladung (Geschoss hat eine deutlich geringere Flugweite) und ein Geschoss aus z. B. Holz oder Plastik. Gleichwohl sind Sicherheitsbestimmungen zu beachten

Velocitas (V) ist die lateinische Bezeichnung für Geschwindigkeit – häufig ergänzt durch eine Entfernungsangabe, z. B. V_0 = Geschwindigkeit an der Mündung, V_5 = Geschwindigkeit 5 m vor der Mündung

Verkanten ist das Verdrehen der Waffe nach rechts oder links um ihre Visierlinie. Hierbei verändert sich die Trefferlage immer nach der Seite, zu der die Waffe gedreht wird. Auf kurzen Schussentfernungen kann dieser Fehler in seinen Auswirkungen vernachlässigt werden. Der Grad des Verkantens, des Verdrehens, ist abhängig vom Abstand der Visierlinie zur Seelenachse

Versager ist die Bezeichnung für eine Patrone, die trotz Ablaufs des technischen Vorganges nicht zur Anzündung kommt. Eine Schussauslösung findet somit nicht statt. Die Waffe sollte in diesem Falle mindestens 60 Sekunden im Anschlag verbleiben (Gefahr des Nachbrennens). Waffentechnisches Fachpersonal sollte hinzugezogen werden

Visieren ist das Einrichten einer Waffe nach Höhe und Seite, sodass die verlängerte Visierlinie auf das Ziel (den Haltepunkt) zeigt

Visierung/Visier lateinisch = videre = sehen ist die Visiereinrichtung (Kimme und Korn) einer Waffe. Visiereinrichtungen gibt es als offene (überwiegend Faustfeuerwaffen) und als geschlossene (vornehmlich Langwaffen) Einrichtungen

Visierbereich ist der Bereich, in dem ein Ziel von bestimmter Größe bei gleichbleibendem Haltepunkt ohne Umstellen des Visiers getroffen werden kann

Visierlinie ist eine gedachte gerade Linie zwischen der Mitte des Kimmenausschnitts bis zur Oberkante des Korns

Visierlinie, verlängert ist eine gedachte Linie vom Auge des Schützen über die Visiereinrichtung (Kimme und Korn) bis zum Haltepunkt im Ziel

Visierschuss ist der Schuss, der dort eintrifft, wo Haltepunkt und Treffpunkt zusammenfallen

Visierschussweite ist die Entfernung von der Waffe bis zum zweiten Schnittpunkt der Flugbahn mit der Visierlinie, also dort, wo Haltepunkt und Treffpunkt zusammenfallen

Vollmantelgeschoss ist ein Geschoss, bei dem der Geschosskern teilweise oder vollständig von einem Mantel (z. B. Kupfer, Tombak, Messing) ummantelt ist

Vollkorn – der obere Rand des Korns ragt über den Kimmenrand oder über die Mitte der Lochkimme (gedachtes Fadenkreuz) hinaus

Vorhaltemaß ist das Maß, das ein Schütze in Abhängigkeit von der seitlichen Bewegungsgeschwindigkeit und der Entfernung zum Ziel vorhalten muss, um sein Ziel zu treffen

Wadcutter (WC; engl. Wad = Pfropfen, cut = schneiden) sind für sportliches Schießen konzipierte Geschosse, um sauber begrenzte (geschnittene) Treffer in die Papp-/Schießscheibe zu stanzen

Waffen sind nach den Bestimmungen des Waffengesetzes Schusswaffen für Angriff, Verteidigung, Sport, Spiel oder Jagd; tragbare Geräte, die zum Abschießen von Munition bestimmt sind, sowie Hieb- und Stoßwaffen, die unter unmittelbarer Ausnutzung ihrer Muskelkraft durch Hieb oder Stoß

Verletzungen beibringen. Auch fallen hierunter Geräte, die durch Ausnutzung einer anderen Energieform (z. B. einfache Berührung) Verletzungen beibringen können

Wundballistik ist die Bezeichnung für die Wirkung eines Geschosses im Körper eines Lebewesens

Zentralfeuerzündung gibt Auskunft darüber, dass sich der Anzündsatz einer Patrone im Zentrum des Patronenbodens befindet (s. hierzu auch Randfeuerpatrone). Entsprechend ist die Anbringung und das Auftreffen des Schlagbolzens

Zielen ist das Einrichten einer Waffe auf ein Ziel ohne zu visieren (Auge des Schützen – Kimme – Korn – Ziel = verlängerte Visierlinie). Der Schwerpunkt des Schützen liegt auf dem Korn und das Ziel (Auge des Schützen – Korn – Ziel)

Zielkelle ist ein Hilfsmittel zur Überprüfung der Visierfähigkeit eines Schützen. Dieses Verfahren findet in der Schießvorschule zur Durchführung von Visierübungen Anwendung

Zielwaagerechte heißt die gedachte waagerechte Ebene, in der das Ziel liegt

Züge vermitteln einem Geschoss die für eine Flugbahn erforderliche Stabilität, es erhält einen **Drall**. Dieser wird von einem gezogenen Lauf vermittelt (schraubenförmig in die Innenwand eines Laufes geschnittene Nuten – hierdurch entstehen **Züge** = herausgenommene Teile und **Felder** = erhabene Teile)

Zündung ist der Vorgang, bei dem nach Auftreffen des Schlagbolzens/ Schlaghebels auf das Anzündhütchen der Patrone dieses zur Anzündung kommt und das Treibladungspulver in der Patronenhülse zündet

17. Schlussbetrachtung

Das vorliegende Buch stellt eine völlig überarbeitete und erweiterte Abhandlung über die Schießaus- und -fortbildung in der Polizei dar, die ihre Grundlage in der im Jahre 1982 ebenfalls im Boorberg-Verlag erschienenen Broschüre „Schießausbildung in der Polizei" von Engelbrecht hat.

Die durch eigenes tägliches Erleben im Umgang mit dieser Materie erworbenen Kenntnisse um die Bedeutung für die Durchführung der praktischen Schießaus- und -fortbildung einerseits und die entstehenden Probleme bei einem tatsächlichen Schusswaffeneinsatz in der täglichen Praxis andererseits haben die Verfasser veranlasst, mit diesem Buch sowohl auf die Gesamtproblematik hinzuweisen, als auch die aus der Praxis gewonnenen Erfahrungen in der Durchführung einer erfolgreichen Schießaus- und fortbildung zu dieser Ausbildungshilfe zusammenzustellen.

Dieses Buch ist in erster Linie dafür geschaffen worden, Anregungen und Hilfen für die Durchführung einer soliden Schieß-Grundausbildung mit einer danach regelmäßig durchzuführenden Schieß-Fortbildung zu geben.

Zahlreiche Themen, die die eigentliche Schießausbildung nicht unmittelbar berühren, sollen die Materie abrunden und gleichzeitig auf seine Komplexität hinweisen.

Bewusst ist die Schießaus- und -fortbildung für Spezialeinheiten/-kräfte nicht abgehandelt worden. Möge dieses Buch jedoch mithelfen, eine solide Basis für die weitere Qualifizierung auch für diesen Personenkreis zu schaffen.

Es wird an dieser Stelle ausdrücklich darauf hingewiesen, dass für eine realitätsbezogene (interaktive) und erfolgreiche Schießaus- und -fortbildung genügend engagiertes und qualifiziertes Lehrpersonal erforderlich sein muss, das für die Durchführung erforderlicher Schießvorhaben über eine moderne Infrastruktur, optimales Schießausbildungsmaterial und genügend Zeit verfügen muss.

Diese hier vermittelten Grundkenntnisse sind Voraussetzung und Basis für den eigentlichen Schwerpunkt polizeilicher Fortbildung: das zwangsläufig jeder „Grundausbildung" folgen müssende fächerübergreifende (interdisziplinäre) **Polizei-Einsatztraining**. Nur dieses Training schafft letztendlich die unabdingbaren Voraussetzungen zur Wahrnehmung polizeilicher Alltagsarbeit.

Möge dieses Buch somit dazu beitragen, dem zu schulenden Personenkreis so viel Handlungssicherheit und Handlungskompetenz zu vermitteln, dass der Einsatz der Schusswaffe, wenn er denn unabdingbar ist, erfolgreich verläuft.

Stichwortverzeichnis

A
Abgangsrichtung 69
Abkrümmen 110
Abzieh-Trainingsgerät 115
Abziehtechnik 105
Abzugsstäbchen 112
Abzugstraining 111
Anfangsgeschwindigkeit 69
Angst 21
Anschlag
– kniend 134
– liegend 139
– stehend beidhändig (Präzision) 123
Anschlagarten 119, 122
Anschläge, aufgelegt 144
Anvisieren 94
Atemtechnik 90
Aufbau, Systematischer 47
Aufmerksame Sicherungshaltung 119
Aufsichtspersonen 59
Ausführung, unmittelbare 29
Auszubildenden 5

B
Balkenkreuz 114
Ballistik
– äußere 68
– Innere 65
Befugnisnormen, Beschränkung von 30
Begriffe, Schießtechnische 212
Berechtigten 5
Besprechung/Nachbereitung 47
Bestimmungen, Ermächtigungsbegrenzenden 30
Betrachtung, Rechtliche 26
Breitenstreuung 155

D
DA-Abziehtechnik 109
Deckungsanschlag
– Linksseitiger 142
– Rechtsseitiger 141
Deckungsanschläge 141
Deformationsgeschoss für Behörden 200
Drall 66
Duldung 118
Durchschlagsleistung 72

E
Einhändig 88
Ellenbogen 113
Entschlossene Schießhaltung 121
Entschlossene Sicherungshaltung 120
Erfassen und Halten 85
Erfindung 199
Erkennen des Abkommens 104

F
Faustfeuerwaffe
– Beidhändig 84
– Erfassen und Halten 84
Faustfeuerwaffen
– Behandlung und Pflege 209
– Handhabungsübungen 117
– Visiergestaltung 94
FBI-Technik 174
Federwild 189
Feinkorn 78
Fingerhut 112
Führungsauges, Feststellen des 92

G
Gedächtnisverlust 22
Gefährdungsgrad 185

225

G

Georg Luger 205
Geschoss
– bewegung 67
– knall 71
– profil 70
Geschossablenkung 208
– Abprallgefahr 209
Geschosswirkung 72
Grundgesetz 26

H

Haarwild
– Aufbau des Körpers 186
– Heimisches 186
Handhabungs 43
– sicherheit 48
Handhabungsübungen 117
Handlungs
– sicherheit 14
– training 43
Handlungskompetenz 14
Harries-Anschlag 175
Hauptreinigung 211
Hunde 194

I

Isosceles-Anschlag 125

K

Klemmkorn 78
Konflikvermeidungsfertigkeiten 16
Korn 95
– Verlängertes 115

L

Laufmündung, Erscheinung an der 71
Lichtverhältnis, unterschiedlichen 102
Lichtverhältnisse, Schießen bei ungünstigen 172
Lichtverhältnissen, ungünstigen 180
Luftwiderstand 70

M

Maßnahmen, Erforderlichkeit 28
Magazin, Füllen von 209
Magazine, Leerschießen 48
Mannstoppwirkung 72
Motivation 47
Mündungsfeuer 72
Mündungsknall 71

N

Nachhalten 111
Nichtschießen 16
Nichtschießhand, kniend, Schießen mit der 137
Niederwild 190

P

Parabellum-Geschichte 199
Patronen
– hülse 114
– Vergleichsübersicht 206
Pistole – Revolver, Gegenüberstellung 198
Police-Crouch, Stehend einhändig 133
Polizeibeamten 5
Polizeidienstvorschriften 5

R

Reinigung, Gewöhnliche 211
Rückstoß 67
Rückstoßkontrolle 117
Ruhe 46

S

SA-Abziehtechnik 109
Schießfortbildung 17
Schießanlagen
– Aufgabenverteilung auf 56
– Schießen auf 54
Schießaus- und -fortbildung
– Begriffsbestimmungen 62
– Grundsätze 45
– Merkmale einer modernen 42
Schießaus- und -fortbildung
– Entwicklung der 32
– realitätsbezogenen 32

Stichwortverzeichnis

Schießausbilder 17
Schießausbildung
– Praktische 83
– Theoretische 62
Schießen 180
– auf kranke, verletzte und gefährliche Tiere 187
– Schulmäßiges 42
Schießen mit der Nichtschießhand 137
Schießergebnisse, Ursachen für schlechte 80
Schießhaltung, Entschlossene 39
Schießlehre 65
Schießlehrer 17
Schießordnung 55
Schießstände 54
Schießstellungen, Erzwungene 134
Schießtrainer 17
Schießvorschule 83
Schlaghebel, Vorgespannter 112
Schuss
– Schnell gezielter 129
– Stehend beidhändig 129
Schussabgabe, Unbeabsichtigte 53
Schussauslösung, Möglichkeiten der 108
Schussleistung 72
Schusswaffengebrauch, Rechtliche Zusammenhänge 183
Schusswaffengebrauch gegen Tiere 182
Schusswaffengebrauch, Zweck und zulässiges Maß 30
Schützen 5
Schwächen, Menschliche 80
Schwerkraft 69
Sicherheit 45
Sicherheitsüberprüfung, bewusste 52
Sicherung gegen Abhandenkommen 61
Sicherungshaltung
– Aufmerksame 38
– Entschlossene 38
SINOXID-Zündsatzes
– Entwicklung 200

– Erfindung 199
Situationstraining/situatives 43
Spannabzug 112
Ständige Kontrolle 47
Stehend, beidhändig 85, 123, 129
Stehend, einhändig Präzision 128
Stress 21
– reaktionen 21
– reize 21
– situationen 22
– symptome 23
Streuung 73, 153

T
Tiere
– Arten 184
– Einteilung der 184
– Krankheitssymptomen 185
– tollwutkranke 195
Tieren, Töten von kranken, verletzten oder gefährlichen 189
Trefferbildern, Auswerten von 149
Trefferergebnisse
– schlechte 149
– Ursachen für 149
Trefferlage
– hoch 166
– hoch-links 163
– hoch-rechts 164
– links 157
– rechts 156
– tief 168
– tief-links 160
– tief-rechts 161
Treffsicherheit 43
Trommel 209

U
Übermaßverbot 27
Übung 180
Übungen, Einsatzmäßige 40
Umgang mit der Schusswaffe, Eigenverantwortlichkeit 49

V
Verantwortliche, polizeiliche 28
Verfügung, polizeilichen 27

Verhältnismäßigkeit 28
– Grundsatz der 26
Verkanten 79, 142 ff.
Verlängerte Visierlinie 96
Verriegelung 118
Vertikalstreuung 165
Verwaltung, Gesetzmäßigkeit der 26
Visier/Visieren 96
Visiereinrichtung 73
Visieren 110
– Begriffsbestimmungen beim 74
Visierfehler 77
Visierlinie 96
Visiertechnik 92
Visierter Schuss 97
Vollkorn 77
Vollzug, sofortiger 29
Vorgänge im Ziel 203
Vorhalten 170
Vorrang
– milderer Mittel 30
– von Sachmitteln 30
Vorrang des Gesetzes 27

W
Waffen- und Schießausbildung, Mängel in der Durchführung 81
Waffenschulung 54
Warnsignale, körpereigene 23
Weaver-Anschlag 127
Witterungseinflüsse 71
Wundballistik 202
– Physikalische Grundlagen 203

Z
Zeitliches Übermaßverbot 28
Zielen 75, 97
Zulässigkeitsvoraussetzungen 30
Zwanges, Anwendung unmittelbaren 29

OPTIMALE PRÜFUNGSVORBEREITUNG.

Waffensachkundeprüfung »leicht gemacht«

Leitfaden zur Vorbereitung auf die Prüfung

von Dipl.-Verwaltungswirt (FH) Rudolf Ochs, Leiter Personal- und Organisationsentwicklung, SECURITAS Deutschland Holding GmbH, und Heiko Boden, Oberstleutnant a.D.

2001, 3. Auflage, 91 Seiten + 24-seitiges Infoheft, € 17,– (Mengenpreise)

ISBN 3-415-02803-8

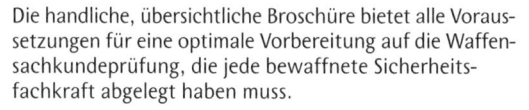

Die handliche, übersichtliche Broschüre bietet alle Voraussetzungen für eine optimale Vorbereitung auf die Waffensachkundeprüfung, die jede bewaffnete Sicherheitsfachkraft abgelegt haben muss.

Das Praxisbuch umfasst das gesamte rechtliche und technische Wissen zum Umgang mit Waffen und Munition, zu deren Handhabung und Wirkungsweise. Die Gegenüberstellung von Fragen und Antworten, knappe Erläuterungen des geltenden Rechts sowie übersichtliche Abbildungen, Grafiken und Zusammenfassungen erleichtern den Lesern Aufnahme und Umsetzung des Lernstoffs. Im Anhang finden sich nützliche Formulare und Muster, wie z.B. Fristenblatt, Waffenbesitzkarte, Waffenschein.

Besonders praktisch: In einer im Buchumschlag eingefügten Plastiktasche befindet sich ein DIN-A6-Infoheft, das herausgenommen und zu den Schießübungen mitgenommen werden kann. So kann man die wichtigsten Kurzinformationen während der Übungen noch einmal schnell nachschlagen.

Zu beziehen bei Ihrer Buchhandlung oder beim
RICHARD BOORBERG VERLAG
70551 Stuttgart bzw. Postfach 80 03 40, 81603 München
Internet: www.boorberg.de E-Mail: bestellung@boorberg.de

BOORBERG

Deutsches Polizeiblatt
[DPolBl] für die Aus- und Fortbildung

Verantwortliche Schriftleiter: Helmut Gerbert, Inspekteur der Polizei a.D., und Bernd Walter, Präsident eines GSP a.D.
**Erscheint am 15. jeden ungeraden Monats;
Jahresbezugspreis € 38,10, für Beamte in Ausbildung € 31,80, jeweils inkl. Versandkosten; Einzelheftpreis € 9,60, für Beamte in Ausbildung € 7,40, jeweils zzgl. Versandkosten**
ISSN 0175-4815

Das »Deutsche Polizeiblatt« behandelt pro Ausgabe ein aktuelles Thema aus der Praxis, das länder- und fachübergreifend dargestellt wird. Sonderausgaben stellen für jedes dieser Themen Checklisten zur Verfügung.

Die Fachzeitschrift unterstützt die Fort- und Weiterbildung des Polizeidienstes. Die Polizeibeamtinnen und Polizeibeamten erhalten somit eine hervorragende Möglichkeit, kontinuierlich über alles auf dem Laufenden zu bleiben, was in der Praxis wichtig ist.

Fordern Sie ein kostenloses Probeexemplar an!

Zu beziehen bei Ihrer Buchhandlung oder beim
RICHARD BOORBERG VERLAG, 70551 Stuttgart bzw.
Postfach 80 03 40, 81603 München
Internet: www.boorberg.de E-Mail: bestellung@boorberg.de

⊕|BOORBERG